中国行为法学会类案裁判规则研究丛书

海洋生态环境司法裁判类案甄别与裁判规则确立

主　编：唐　瑭
副主编：曾青未　张　静

http://press.hust.edu.cn
中国·武汉

图书在版编目（CIP）数据

海洋生态环境司法裁判类案甄别与裁判规则确立/唐瑭主编；曾青未，张静副主编. —武汉：华中科技大学出版社，2024.5
（中国行为法学会类案裁判规则研究丛书）
ISBN 978-7-5772-0814-5

Ⅰ.①海… Ⅱ.①唐… ②曾… ③张… Ⅲ.①海洋环境保护法-审判-研究-中国 Ⅳ.① D922.680.4

中国国家版本馆 CIP 数据核字（2024）第 096892 号

海洋生态环境司法裁判类案甄别与裁判规则确立	唐　瑭　主　编
	曾青未　张　静　副主编

Haiyang Shengtai Huanjing Sifa Caipan Leian Zhenbie yu Caipan Guize Queli

策划编辑：郭善珊　　田兆麟
责任编辑：郭善珊　　田兆麟
封面设计：沈仙卫
版式设计：赵慧萍
责任校对：张会军
责任监印：朱　玢
出版发行：华中科技大学出版社（中国•武汉）　　电话：(027) 81321913
　　　　　武汉市东湖新技术开发区华工科技园　　邮编：430223
录　　排：华中科技大学出版社美编室
印　　刷：武汉科源印刷设计有限公司
开　　本：710mm×1000mm　1/16
印　　张：22.5
字　　数：400千字
版　　次：2024年5月第1版第1次印刷
定　　价：138.00元

本书若有印装质量问题，请向出版社营销中心调换
全国免费服务热线：400-6679-118　　竭诚为您服务
版权所有　侵权必究

《海洋生态环境司法裁判类案甄别与裁判规则确立》

编审委员会

编委会主任

张恒山

编委会委员

李文燕　高贵君　吴高盛　宋朝武　杨朝飞　孙佑海　王灿发
曹明德　梁相斌　韩德强　秦天宝　朱崇坤　冯　丰　崔　勇
寇秉辉　常静元　钱　伟　程　鑫　匡　浩　李俊红　林盛泓

本书编写组

主　编

唐　瑭

副主编

曾青未　张　静

参与人（按撰稿顺序排列）

朱荣迪　苏馨垠　马逍逍　潘　峰　柴阳阳　郑安哲　孙杨益康
肖　伟　赵世娇　唐一卓　张子恬　马博弈　高　磊

序言 Foreword

党的十八大报告提出要"提高海洋资源开发能力,发展海洋经济,保护海洋生态环境,坚决维护国家海洋权益,建设海洋强国"。海洋强国的提出,突显了海洋生态环境保护在新时代发展过程中的重要意义。党的十九大报告提出"坚持陆海统筹,加快建设海洋强国",党的二十大报告更是进一步强调,要"发展海洋经济,保护海洋生态环境,加快建设海洋强国"。

海洋是生命的起源,更是我国海洋强国战略的关键。建设海洋强国的基础,便是海洋生态环境的保护。《中华人民共和国海洋环境保护法》自1982年通过以来,经历了两次修订和三次修正,形成了现行较为体系化和完善的制度文本。然而,法律的生命不在于逻辑,而在于经验。类案裁判规则可以为立法提供有价值的参考,可以更为明确地指引司法和执法行为,并为理论研究提供方向和素材。故无论是理论研究还是立法、司法和执法,都离不开类案裁判规则的研究。有鉴于此,现阶段我们亟须通过司法裁判的类案研究,不断丰富和完善海洋环境保护的司法裁判规则,从而实现海洋生态环境保护目标,促进加快建设海洋强国。

本书按照海洋生态环境保护司法裁判类型,即依照涉及海洋生态环境保护行政案件、刑事案件和民事案件的顺序进行了类案甄别和适用规则的凝练。首先,从司法案件裁判观点中的争议焦点和裁判观点入手,选取类案作为相关司法案例样本进行对比。其次,通过上述司法案例进行类案甄别,对类案的事实和法律适用进行进一步的研究和探讨,并通过对案件数量变化、地域分布、案由分布、行业分类情况、程序分类分布状况、一审和二审裁判结果等的分析，对类案进行精细化的数据研究。最终，通过前述类案甄别，对司法裁判内容进行解析和概括，归纳和提炼出类案的具体裁判规则。

本书的编写分工如下：

规则一至规则十（共计20万字）——曾青未；

规则十一至规则二十（共计20万字）——张静；

全书统稿——唐瑭；

全书审校——唐瑭、曾青未、张静。

在本书的写作过程中，苏馨垠、马逍逍、潘峰、朱荣迪、柴阳阳、郑安哲、孙杨益康、肖伟、赵世娇、唐一卓、张子恬、马博弈、高磊等研究生参与了案例的收集与整理，在此感谢他们对本书的辛勤付出。

海洋生态环境司法裁判规则第 1 条：
在海洋行政管理过程中涉及海岸线的确定，不能以自然地理环境以及擅自开发形成的人工岸线来认定（如声称滩涂不属于海域），应以依法划定的海岸线为准，即根据国家统一部署开展并经省级人民政府批准的海岸线修测成果为准 // **001**

一、聚焦司法案件裁判观点 // 003

二、司法案例样本对比 // 003

三、司法案例类案甄别 // 012

四、类案裁判规则的解析确立 // 014

五、关联法律法规 // 016

海洋生态环境司法裁判规则第 2 条：
行政机关应当从保护行政相对人的利益出发，未在法定期限内提交海域使用权续期申请的，并不必然导致后续海域使用权的丧失 // **017**

一、聚焦司法案件裁判观点 // 019

二、司法案例样本对比 // 019

三、司法案例类案甄别 // 028

四、类案裁判规则的解析确立 // 031

五、关联法律法规 // 033

001

海洋生态环境司法裁判规则第 3 条：
海域使用权、水域滩涂养殖证等到期前，行为人应当及时按照规定申请续期，怠于行使续期权利的，不受法律保护 // **035**

- 一、聚焦司法案件裁判观点 // 037
- 二、司法案例样本对比 // 037
- 三、司法案例类案甄别 // 043
- 四、类案裁判规则的解析确立 // 045
- 五、关联法律法规 // 046

海洋生态环境司法裁判规则第 4 条：
未经批准非法占海、围海、填海行为，与行为人对其享有海域使用权的海域实施的改变经批准海域用途等的违法用海行为，在行为性质、处罚法律依据、处罚种类、量罚幅度等方面均不同，故行政机关在作出行政处罚决定前需要严格区分非法用海方式 // **047**

- 一、聚焦司法案件裁判观点 // 049
- 二、司法案例样本对比 // 049
- 三、司法案例类案甄别 // 060
- 四、类案裁判规则的解析确立 // 063
- 五、关联法律法规 // 065

海洋生态环境司法裁判规则第 5 条：
认定非法用海方式时，应当依照海洋行业标准，对建造设施性质属于透水构筑物还是非透水构筑物等类型进行判断 // 067

一、聚焦司法案件裁判观点 // 069

二、司法案例样本对比 // 069

三、司法案例类案甄别 // 080

四、类案裁判规则的解析确立 // 083

五、关联法律法规 // 084

海洋生态环境司法裁判规则第 6 条：
在计算非法占用海域的罚款金额时，应考虑非法占用海域的实际使用期限和使用面积。仅依据一次性征收海域使用金为基数进行计算，属于法律适用错误，违背了行政法的比例原则 // 087

一、聚焦司法案件裁判观点 // 089

二、司法案例样本对比 // 089

三、司法案例类案甄别 // 099

四、类案裁判规则的解析确立 // 101

五、关联法律法规 // 103

海洋生态环境司法裁判规则第 7 条：
因公共利益或者国家安全需要，依法收回海域使用权时，需要对海域使用权人给予相应的补偿。补偿对象应当包括依法取得海域使用权证书，或者没有海域使用权证书，但有其他有效权属证明，从事海水养殖和捕捞生产的单位和个人。以"非海域使用权人"为由，排除实际经营人获得行政补偿的主体资格的，不予支持。其他中间环节的承租人和转租人不享有补偿利益，应该排除其征收补偿主体资格 // **105**

一、聚焦司法案件裁判观点 // 107

二、司法案例样本对比 // 107

三、司法案例类案甄别 // 114

四、类案裁判规则的解析确立 // 116

五、关联法律法规 // 117

海洋生态环境司法裁判规则第 8 条：
未取得海域使用权属于非法占用海域养殖行为，相关养殖产品和设施不受法律保护，不能视为合法权益，国家不予赔偿 // **119**

一、聚焦司法案件裁判观点 // 121

二、司法案例样本对比 // 121

三、司法案例类案甄别 // 128

四、类案裁判规则的解析确立 // 132

五、关联法律法规 // 133

海洋生态环境司法裁判规则第 9 条：
已经合法取得海域生产养殖权的主体，在生产养殖活动中，应当自觉遵守海洋生态环境保护的要求。行政机关发现行为人的海域活动可能会对海洋环境造成破坏时，出于海洋环境保护的需要，可对带来环境污染的海域设施等，依法采取相应行政措施 // 135

　　一、聚焦司法案件裁判观点 // 137

　　二、司法案例样本对比 // 137

　　三、司法案例类案甄别 // 147

　　四、类案裁判规则的解析确立 // 149

　　五、关联法律法规 // 150

海洋生态环境司法裁判规则第 10 条：
渔业捕捞是一个过程，包括捕捞准备行为及捕捞实施行为，捕捞准备行为系捕捞实施行为的必经阶段。通过实施行政处罚将违法行为遏制在捕捞准备阶段，更有利于保护海洋渔业资源，维护公共利益和社会秩序，而不能要求执法部门对下水作业实施捕捞行为当场抓获时才能处罚。即使涉案渔船未实际下水作业，但去目标渔区实施作业之前的航行行为，禁渔期携带网具等行为，属于"准备捕捞"，应认定是渔业捕捞活动 // 153

　　一、聚焦司法案件裁判观点 // 155

　　二、司法案例样本对比 // 155

　　三、司法案例类案甄别 // 164

　　四、类案裁判规则的解析确立 // 168

　　五、关联法律法规 // 169

海洋生态环境司法裁判规则第 11 条：
行政机关对排污行为进行认定时，应确认排污行为性质、检测养殖尾水水质、成分等，并衡量排污是否超出国家现行排放标准，以及是否会对当地海洋环境造成损害。未进行确认便对行政相对人进行处罚的，该行政行为缺乏事实依据，不予支持 // 171

　　一、聚焦司法案件裁判观点 // 173

　　二、司法案例样本对比 // 173

　　三、司法案例类案甄别 // 184

　　四、类案裁判规则的解析确立 // 187

　　五、关联法律法规 // 188

海洋生态环境司法裁判规则第 12 条：
利用船舶进行违法倾废行为时，不能以存在委托协议为由逃避责任。实施违法行为的个人、船舶登记经营人、船舶实际所有人、船舶实际经营人，皆属于应承担行政处罚责任的主体 // 189

　　一、聚焦司法案件裁判观点 // 191

　　二、司法案例样本对比 // 192

　　三、司法案例类案甄别 // 200

　　四、类案裁判规则的解析确立 // 204

　　五、关联法律法规 // 205

海洋生态环境司法裁判规则第 13 条：
在非法采矿罪案件审理中，应以被告实际参与的积极程度对事实进行认定，仅以受他人雇请为由不构成犯罪的辩护意见，不予采纳 // **207**

- 一、聚焦司法案件裁判观点 // 209
- 二、司法案例样本对比 // 209
- 三、司法案例类案甄别 // 217
- 四、类案裁判规则的解析确立 // 221
- 五、关联法律法规 // 222

海洋生态环境司法裁判规则第 14 条：
被告取得疏浚工程许可，以航道清淤疏浚为名，在未办理海域使用权证和采矿许可证的情况下，以出售疏浚物海砂牟利为目的，不按规定方式处置海砂或超越工程权限抽取海砂，情节严重的，应当以非法采矿罪定罪处罚 // **225**

- 一、聚焦司法案件裁判观点 // 227
- 二、司法案例样本对比 // 227
- 三、司法案例类案甄别 // 232
- 四、类案裁判规则的解析确立 // 235
- 五、关联法律法规 // 236

海洋生态环境司法裁判规则第 15 条：
被告明知他人交付的水产品为非法捕捞所得，仍代为销售，构成掩饰、隐瞒犯罪所得罪 // 239

一、聚焦司法案件裁判观点 // 241

二、司法案例样本对比 // 241

三、司法案例类案甄别 // 250

四、类案裁判规则的解析确立 // 253

五、关联法律法规 // 254

海洋生态环境司法裁判规则第 16 条：
被告在禁渔区、禁渔期非法捕捞水产品，不利于海洋生物休养繁殖，对海域海洋生态环境造成严重影响，构成非法捕捞水产品罪。对该类犯罪，被告可以同时根据相关部门出具的评估报告承担相应的增殖放流责任，科学、合理地修复被破坏的海洋资源和生态环境 // 257

一、聚焦司法案件裁判观点 // 259

二、司法案例样本对比 // 259

三、司法案例类案甄别 // 268

四、类案裁判规则的解析确立 // 272

五、关联法律法规 // 273

海洋生态环境司法裁判规则第 17 条：
在非法捕捞水产品罪的刑事案件中，应坚持结合宽严相济刑事政策，若被告能主动交纳海洋生态环境修复保证金并以实际行动（如人工增殖放流等方式）修复被其犯罪行为损害的海洋生态环境，量刑时可酌情从轻处罚 // 277

- 一、聚焦司法案件裁判观点 // 279
- 二、司法案例样本对比 // 279
- 三、司法案例类案甄别 // 288
- 四、类案裁判规则的解析确立 // 291
- 五、关联法律法规 // 293

海洋生态环境司法裁判规则第 18 条：
单位和个人使用海域，必须依法取得海域使用权。海域使用权无论是最初申请取得，还是后续受让取得，均需办理海域使用权登记，且权利主体自领取海域使用权证书之日起取得海域使用权，否则均为非法使用、无权使用 // 295

- 一、聚焦司法案件裁判观点 // 297
- 二、司法案例样本对比 // 297
- 三、司法案例类案甄别 // 307
- 四、类案裁判规则的解析确立 // 310
- 五、关联法律法规 // 311

海洋生态环境司法裁判规则第 19 条：
发生事故的船舶，其所有人应当对由船上或者源自船舶的任何燃油造成的污染损害承担责任。非漏油船舶就案涉船舶碰撞漏油事故负有过失的，非漏油船舶所有人应当根据其过错程度承担相应污染损害赔偿责任，且油污损害索赔权利人可直接请求其赔偿 // 313

- 一、聚焦司法案件裁判观点 // 315
- 二、司法案例样本对比 // 315
- 三、司法案例类案甄别 // 322
- 四、类案裁判规则的解析确立 // 324
- 五、关联法律法规 // 326

海洋生态环境司法裁判规则第 20 条：
海洋生态环境损害使养殖者遭受损失，养殖者可凭养殖证申请补偿或索取赔偿；无证养殖并不意味着养殖户的财产毫无法律上的权利，法律保护其在养殖区域投入的养殖成本，他人在非法侵害时仍应承担赔偿责任 // 327

- 一、聚焦司法案件裁判观点 // 329
- 二、司法案例样本对比 // 329
- 三、司法案例类案甄别 // 339
- 四、类案裁判规则的解析确立 // 342
- 五、关联法律法规 // 343

海洋生态环境司法裁判规则
第1条

在海洋行政管理过程中涉及海岸线的确定,不能以自然地理环境以及擅自开发形成的人工岸线来认定(如声称滩涂不属于海域),应以依法划定的海岸线为准,即根据国家统一部署开展并经省级人民政府批准的海岸线修测成果为准

一、聚焦司法案件裁判观点

■ **争议焦点**

在海洋行政管理过程中应如何确定"海岸线"？

■ **裁判观点**

在因非法使用海域所涉的行政处罚案件中，行政相对人往往以自然地理环境，如大潮来袭时所达到的最高界线，或者其擅自开发（如围海、填海等）形成的人工岸线来辩称其使用的部分系滩涂而非海域。其实不然，行政处罚的法定原则要求海岸线的确定必须具有相对恒定性和同一性，这也决定了处罚依据中的"海岸线"应系一个法定化的概念，即每个省级人民政府均会根据国家统一部署批复辖区内的海岸线，且以海洋功能区划登记表及海洋功能区划图件的形式对"海岸线"予以展示，海洋行政管理部门应以此划定为准来开展行政管理工作。

二、司法案例样本对比

案例一

某市乃某海洋科技有限公司诉某市海洋与渔业局海洋行政处罚案

- 法院

广西壮族自治区某人民法院

- 当事人

上诉人（原审原告）：某市乃某海洋科技有限公司（简称"乃某公司"）

被上诉人（原审被告）：某市海洋与渔业局

一审第三人：某市渔某海水养殖有限公司（简称"渔某公司"）

• 基本案情

2013年6月1日，渔某公司与某村小组签订《农村土地租赁合同》，约定某村小组将位于某村海边的空地租给渔某公司管理使用，2016年5月12日，乃某公司与渔某公司签订《土地承包合同转让协议》，约定渔某公司将上述合同转让给乃某公司，乃某公司取得渔某公司在原合同中的权利。转让协议签订时，渔某公司吹沙填海的沙堆有部分被海水冲走。2016年7月至9月，乃某公司对渔某公司在该片海域上吹填的沙堆进行平整，准备建设冷冻厂。

2016年11月和12月，某市海洋与渔业局相继收到中国海监某支队关于某海域执法检查情况通报、某市人大常委会办公室信访处理笺，反映某村附近海域有一处新填海造地项目，涉嫌未取得海域使用权非法占用海域。2017年10月8日，海洋与渔业局对该围填海施工行为进行立案查处。2017年10月20日至2018年1月19日期间，海洋与渔业局为查清上述涉嫌违反《中华人民共和国海域使用管理法》（以下简称《海域使用管理法》）的行为，开展了调查工作。其中对乃某公司的法定代表人、某区某社区党总支书和其他相关人员进行了调查询问。2018年1月16日，海洋与渔业局向乃某公司发出责令停止违法行为通知书和检查通知书，责令乃某公司立即停止非法占用海域的行为，要求乃某公司配合检查。2018年1月22日，某地理国情监测院出具《××乃某海洋科技有限公司违法占海临时码头海域勘测定界报告》，测定乃某公司用海海域面积为0.3804公顷，并附乃某公司违法占海临时码头用海勘测图。海洋与渔业局办案人员制作案件调查终结报告，建议对乃某公司处以"责令退还非法占用海域，并处非法占用海域期间内该海域面积应缴纳海域使用金10倍共计171.18万元的罚款"的行政处罚。2018年1月26日，海洋与渔业局组织海洋违法案件会审委员会对该案行政处罚进行了会审，讨论结果为对乃某公司拟处以"责令退还非法占用海域，恢复海域原状，并处非法占用海域期间内该海域面积应缴纳海域使用金15倍，共计256.77万元罚款"的行政处罚。2018年1月31日，海洋与渔业局制作行政处罚意见审批表，承办人员处罚意见与1月26日的会审意见一致，审查人员、审批人员均拟同意该处罚意见。同日，海洋与渔业局制作行政处罚听证告知书，告知乃某公司在收到该告知书之日起三日内有权进行陈述申辩、申请听证。2018年2月1日,海洋与渔业局将该告知书送达乃某公司,并听取了该公司的陈述和申辩,制作了陈述申辩笔录。2018年2月5日,乃某公司向海洋与渔业局提交听证申请书。2018年3月6日,海洋与渔业局召开听证会,调查人员提出乃某公司涉嫌违法的事实、证据和行政处罚建议,乃某公司进行了申辩和质证。2018年3月9日,听证主持人、听证员制作了行政处罚听证会报告书。2018年3月23日,海洋与渔业局组织海洋违法案件会审委员会对本案行政处罚进行了第二次会审,认为乃某公司违法事实清楚,证据确凿,程序合法,适用法律正确,处罚裁量得当,乃某公司提出的事实理由和证据不成立,不予采纳,拟作出与第一次会审相同的行政处罚意见。2018年4月8日,海洋与渔业局作出行政处罚决定书(下简称"09号行政处罚决定"),对乃某公司作出如下行政处罚:责令退还非法占用海域,恢复海域原状,并处非法占用海域期间内该海域面积应缴纳海域使用金的15倍,共计人民币256.77万元的罚款。要求乃某公司在收到处罚决定书之日起十五日内缴纳罚款。但至开庭审理时,乃某公司并未按处罚决定缴纳罚款。乃某公司不服该行政处罚,遂诉至该院,诉请撤销海洋与渔业局作出的09号行政处罚决定。

一审法院认为:本案系乃某公司认为海洋与渔业局违法作出涉及海域使用的行政处罚而提起的行政诉讼,属海洋行政处罚纠纷。综合各方当事人的诉辩意见,本案争议焦点为:

1. 关于乃某公司是否实施围海、填海行为并占用涉案海域的问题。乃某公司实施了围海、填海行为并占用涉案海域,理由如下:乃某公司与渔某公司签订《土地承包合同转让协议》,取得了渔某公司与某村小组签订的《农村土地租赁合同》中的相关权利,就是为了取得渔某公司对涉案海域的实际使用权,作下一步进行改造后建设冷冻厂之用。实际上,乃某公司取得和接管了渔某公司的工作成果,即2013年渔某公司抽沙吹填形成的沙堆,并实际使用和管理该海域,构成占用海域的行为。乃某公司平整填充场地以及围堰护岸等行为,是对渔某公司吹沙填海行为的延续与巩固,并最终形成陆地现状。这表明乃某公司存在填海行为。从平整和填海的结果看,乃某公司组织实施围堰和外运泥土、建筑废料平整场地施工形成了目前的陆域现状。乃某公司填海和平整场地形成陆地,改变了涉案海域的海洋环境,使该海域性质发生变化,原有海洋功能丧失,就已实际占用了该海域。

2. 关于如果乃某公司存在违法围填和占用涉案海域的行为，海洋与渔业局对其处以该海域面积应缴海域使用金15倍的罚款是否明显不当的问题。海洋与渔业局依据《海域使用管理法》第四十二条规定的并处占用海域使用金十倍以上二十倍以下罚款，决定按十五倍处罚，未违反《中华人民共和国行政处罚法》（2021年修订，以下简称《行政处罚法》）第四章关于行政处罚的适用的相关规定，符合《关于进一步规范海洋行政处罚裁量权行使的若干意见》（海监字〔2006〕9号）对于行政处罚幅度中的一般规定，并非从重处罚。海洋与渔业局对乃某公司并处应缴海域使用金十五倍的罚款并无不当。且其依照《财政部、国家海洋局关于加强海域使用金征收管理的通知》（财综〔2007〕10号）计算的罚款数额正确无误。

综上所述，本案被诉行政行为系海洋行政处罚，乃某公司在未取得海域使用权的情况下，实施围海、填海活动，非法占用海域0.380 4公顷，海洋与渔业局享有海洋行政处罚职权，其作出的09号行政处罚决定认定的事实清楚，证据确凿，适用法律、法规正确，符合法定程序，该院依照《中华人民共和国行政诉讼法》（2017年修正，以下简称《行政诉讼法》）第六十九条、《最高人民法院关于适用〈中华人民共和国行政诉讼法〉的解释》（法释〔2018〕1号，以下简称《行政诉讼法解释》）第七十九条第二款的规定，判决驳回乃某公司的诉讼请求。案件受理费100元，由乃某公司负担。

乃某公司不服一审判决，向二审法院提起上诉。

• **案件争点**

乃某公司是否实施围海、填海行为并占用涉案海域？

• **裁判要旨**

二审法院认为：乃某公司使用外运泥土及建筑废料对涉案海域上的沙堆进行平整、充实形成临时码头，并在该码头靠海一侧设置围堰和护岸设施，最终使涉案海域形成目前的陆域现状。根据《国家海洋局关于印发〈海域使用分类体系〉和〈海籍调查规范〉的通知》（国海管字〔2008〕273号）"2.5 填海造地——指筑堤围割海域填成土地，并形成有效岸线的用海方式"的定义，乃某公司平整、填海和围堰的用海方式，构成"填海造地"。经某地理国情监测院勘测定界，乃某公司非法填占海域面积为 0.308 4 公顷，该认定已扣除了办理相关土地证件的面积。故海洋与渔业局对违法行为的性质及占填海域面积的认定事实清楚，证据确实、充分。

案例二
陈良某、陈建某与某市海洋与渔业局海域管理行政处罚案

• 法院

福建省某中级人民法院

• 当事人

上诉人（原审原告）：陈良某、陈建某
被上诉人（原审被告）：某市海洋与渔业局

• 基本案情

2014年7月17日，被告执法人员在某村岸线巡查时发现某港边附近海域有新增围海的现象，遂进行现场拍照、制作现场笔录。陈良某在现场笔录上签注：以上情况属实。7月22日，陈建某出具《委托书》，全权委托陈良某作为代表配合被告处理某村某港边海域围海事件的查处。7月25日，被告对陈良某未经审批擅自围海非法占用某村某港边海域的行为进行立案查处。当日，被告向陈良某送达了《检查通知书》。7月29日，被告对陈良某进行询问并制作了笔录。8月6日，被告对陈祖某（某村村民委员会主任）进行询问并制作了调查笔录，并提取了《关于某村某港边海滩开发养殖情况说明》。8月16日，被告向陈良某送达了《责令停止违法行为通知书》，责令陈良某立即停止在某村某港边海域围海占用海域的行为。8月27日，被告出具《鉴定委托书》，委托某测绘有限公司对陈良某非法围海占用海域的实际面积进行现场测量，并出具测量报告。8月28日，某测绘有限公司根据委托作出《陈良某非法围海占用海域面积鉴定结论》，鉴定结论为陈良某在某村某港边海域非法围海占用海域面积为 129 111.93 平方米。9月24日，被告作出《案件调查终结报告》。

2014年10月10日,被告对陈良某、陈建某未经审批擅自围海非法占用某村某港边海域的行政处罚案件的处罚建议进行审议,并形成案件讨论(会审)笔录。10月14日,被告进行审批。10月17日,被告向陈良某送达《行政处罚听证告知书》。10月20日,被告制作《陈述、申辩笔录》,陈良某表示放弃陈述和申辩以及听证的权利,并请求被告立即作出行政处罚决定。10月23日,被告作出并向陈良某送达《行政处罚决定书》,该决定书决定对陈良某、陈建某作出责令退还非法占用的海域,恢复海域原状,并处非法占用海域期间内该海域面积应缴纳的海域使用金12倍,共计232 404元罚款的行政处罚。当日,原告向被告缴纳232 404元罚款。

2014年6月15日,某村村民委员会出具《证明》,对某村某港边潮湿滩涂开发养殖的情况进行说明。

原告主张被告应处罚海域的"所有者"(即转让人),即便有原告所称海域的"所有者",但其并未实施围海行为,被告对原告而非转让人进行行政处罚,符合《海域使用管理法》第四十二条规定。陈良某和陈祖某在接受被告调查时均陈述原告与陈吓某于2013年9月在某村某港边海域开始实施围海作业,陈吓某于2014年7月退资,现该港边的新增围海的业主只剩原告。因此,本案实际围海非法占用海域的行为人只有原告,并未有其他渔民参与涉案海域围海养殖。被告仅对原告进行行政处罚,而未对陈吓某及其他渔民进行行政处罚并无不当。原告关于被告未提前告知其不能围半堤,且未在原告清除互米花草时进行制止,有故意以既成事实来处罚原告追求罚款的嫌疑等主张,无相应证据佐证,原审法院不予采纳。

被告所举证据《陈述、申辩笔录》已有"陈良某放弃陈述和申辩以及听证的权利"的记载,原告陈良某已在该笔录上签名按手印。根据笔录现有记载情况和《行政处罚听证告知书》及其送达回证,应当认定被告履行了告知原告享有听证权利的义务。纵观本案被告所提供的证据,可以认定被告作出行政处罚前履行了立案、调查、委托测量、听证告知、审批等程序,所履行的程序符合法律规定。原告关于被告在作出行政处罚之前未告知其听证权利的意见不能成立。

综上,被告作出的《行政处罚决定书》适用法律正确,符合法定程序,量罚适当。原告的诉讼主张及理由不足以否定被诉行政行为的合法性。依照《行政诉讼法》第六十九条之规定,经审判委员会研究决定,驳回原告的诉讼请求。

宣判后,陈良某、陈建某不服,向二审法院提起上诉。

- 案件争点

海域应如何确定？

- 裁判要旨

二审法院认为：上诉人提出其养殖区域属于滩涂，不属于海域，被上诉人不应对其进行处罚。《海域使用管理法》第二条第一、二款规定："本法所称海域，是指中华人民共和国内水、领海的水面、水体、海床和底土。本法所称内水，是指中华人民共和国领海基线向陆地一侧至海岸线的海域。"《福建省海域使用管理条例》（2016年修正）第二条第一款也规定："本条例所称海域，是指毗邻本省陆地的平均大潮高潮时水陆分界痕迹线向海一侧的内水和领海的水面、水体、海床和底土。"上诉人涉讼养殖场经某测绘有限公司测量，位于某村某港边海域，结合被上诉人提交的证据，即福建省海洋功能区划图件和福建省海洋功能区划登记表，可以证明涉诉养殖场所属于海域。上诉人称其养殖场所属于滩涂不是海域，于法无据，亦与事实不符。上诉人在未取得海域使用权证书的情况下，围海占用海域进行养殖，其行为违反了《海域使用管理法》第四十二条关于未经批准进行围海、填海活动的规定，被上诉人对其作出《行政处罚决定书》，适用法律正确，量罚适当。上诉人的上诉理由不能成立。

案例三

某县水利工程管理站与某县自然资源局行政处罚案

- 法院

某海事法院

- 当事人

原告：某县水利工程管理站
被告：某县自然资源局

• 基本案情

某县某倒虹吸涵管水利设施始建于1966年。由于年久失修，该设施逐渐受损，至1992年完全丧失了输水功能，严重影响了当地群众的生产和生活。为此，自治区政府、某市政府决定对该水利设施进行抢修重修。

为实施案涉工程，原告（发包人）与广西晟某建设工程有限公司（承包人，以下简称"晟某公司"）于2019年9月18日签订案涉工程施工承包合同。该合同第三部分专用合同条款第6.1.2项约定"承包人自行承担修建临时设施的费用，需要临时占地的，由承包人办理相关申请手续，发包人予以协助，发生的相关费用由承包人承担。"

案涉工程于2019年9月27日动工，同年12月中旬才开始围堰施工。春节后迟迟未能复工，导致该工程未能按合同计划工期完工。案涉工程施工方式为采用一次性拦断河床临时围堰，先回填，再挖基槽，然后铺设涵管，最后拆除围堰，恢复海域原状。围堰采用材料为砂、止水薄膜、钢板桩等。2020年5月，涵管铺设施工完毕后，该围堰被清除，没有形成阻碍物、污染物，不形成有效岸线。

案涉工程未经海洋行政主管部门批准，未取得海域使用权。案涉工程围堰施工期间，自然资源部南海局监测发现案涉工程围堰施工区域为南海区海域使用疑点疑区，并于2020年1月20日函告某海洋局，要求开展现场核查、整改。某市海域使用动态监管中心于1月23日向某市海洋局发送《某市海域使用动态监管中心关于某县附近海域疑点疑区情况报告》，认为案涉工程围堰施工区域位于广西海洋生态红线的某湾旅游休闲娱乐限制区、南流江口限制类红线区以及广西海洋功能区划的某湾旅游休闲娱乐区范围内；初步核查结论为疑似新增违法违规用海，未批先用；建议督促指导属地海洋行政主管部门迅速查处。

2020年3月13日，执法人员开始对案涉工程涉嫌违法用海情况展开调查。同年3月23日，被告批准立案。5月18日被告向原告送达行政处罚听证告知书，告知原告有权进行陈述、申辩，可以对被告调查认定的事实提出异议并有权在收到告知书后3日内申请听证。原告委托代理人龙某武在《陈述、申辩笔录》中表示不需要听证，也未对被告调查认定的事实提出异议。5月22日，被告作出案涉处罚决定书，认定原告于2019年9月起，在未经海洋行政主管部门批准，未取得海域使用权的情况下，擅自在某县海域实施围堰及倒虹吸涵管工程，其占用海域面积0.699 6公顷的行为，违反了《海域使用管理法》第三条第二款的规定。依据该法第四十二条和《财政部、国家海洋局关于加强海域使用金征收管理的通知》（财综〔2007〕10号）的规定，决定对原告作出责令退还非法占用海域，恢复海域原状，并处罚款101 918元的行政处罚。案涉行政处罚决定书于2020年5月22日送达原告。

被告认定本案原告用海方式有两种：一是围海方式，某县海域等级为六等，应缴纳海域使用金按年度征收，海域使用金标准为每年0.23万元/公顷；二是"电缆管道用海方式"，属于构筑物用海中的"跨海桥梁、海底隧道用海"，海域使用金征收方式为一次性征收，标准为17.30万元/公顷；认定原告占用海域面积共0.699 6公顷，其中管道占海面积为0.109 986公顷；罚款数额按海域使用金5倍计算。因此，案涉处罚决定的罚款金额的计算方法为：（0.699 6公顷－0.109 986公顷）×0.23万元/公顷×5倍＋0.109 986公顷×17.3万元/公顷×5倍＝10.191 8万元。

- **案件争点**

案涉工程围堰施工地点是否属于海域？

- **裁判要旨**

关于案涉工程围堰施工地点是否属于海域的问题，《海域使用管理法》第二条规定"本法所称海域，是指中华人民共和国内水、领海的水面、水体、海床和底土。本法所称内水，是指中华人民共和国领海基线向陆地一侧至海岸线的海域。在中华人民共和国内水、领海持续使用特定海域三个月以上的排他性用海活动，适用本法。"第四条规定"国家实行海洋功能区划制度。海域使用必须符合海洋功能区划。国家严格管理填海、围海等改变海域自然属性的用海活动。"本案的证据表明，案涉工程围堰施工地点属于自然资源部南海局监测的海域范围，属于广西海洋生态红线的某湾旅游休闲娱乐限制区。根据《广西壮族自治区海洋功能区划（2011—2020年）图》和《某市某县党江镇疑点疑区核查示意图》，案涉工程围堰施工地点处于海岸线向海一侧水域，该水域符合《海域使用管理法》第二条所称的内水，即海域。案涉工程围堰用海持续超过三个月以上，应适用《海域使用管理法》处理。因此，原告主张案涉工程围堰施工地点属于河道，不属于海域的理由不成立，不予采纳。

三、司法案例类案甄别

（一）事实对比

从认定事实情况看，案例一、二、三均涉及围海、填海行为，而在行为认定过程中，最为重要的，就是对海域范围的确定。海域的确定，应当以海岸线的确定为依据。仅以滩涂为名，声称滩涂不属于海域于法无据。案例一中采用的是国家海洋局"908 专项"海岸线修测后，广西壮族自治区人民政府批复的海岸线。由于我国对国土自然资源管理的客观历史情况，陆地资源和海洋资源曾分别由不同的行政主管部门管理，土地行政管理部门在第二次全国土地调查过程中测定的海陆分界线，与海洋行政主管部门依法开展海岸线修测确定的大陆海岸线并不完全一致，存在交叉重叠区域。在本案例中表现为，有部分土地经政府土地管理部门批准取得相关土地证书，海洋与渔业局作出涉案行政处罚决定时，扣除了该证书记载的面积。乃某公司占用的海边空地在海岸线之外向海一侧，属于海域，其公司从外运来泥土和建筑废料对渔某公司吹填形成的沙堆进行平整、充实，形成临时码头，并在临时码头西南面新填了部分海域，在北面靠海一侧建造沙袋围堰和护岸设施。上述平整填充场地以及围堰护岸等行为，导致海域自然属性改变，形成了有效岸线，属于围海、填海行为。乃某公司未取得案涉 0.38 公顷海域的合法使用权，却在该区域内进行围海、填海，构成非法围海、填海。案例二中，上诉人涉讼养殖场经某测绘有限公司测量位于某村某港边海域，结合被上诉人提交的证据 A29、A30，即福建省海洋功能区划图件和福建省海洋功能区划登记表，可以证明涉讼养殖场所属于海域。上诉人称其养殖场所属于滩涂不是海域，于法无据，亦与事实不符。案例三中，为查明案涉施工点附近的海岸线划分情况，法院依据职权向某市海域使用动态监管中心调取《广西壮族自治区海洋功能区划（2011—2020 年）图》和《某市某县党江镇疑点疑区核查示意图》，庭上交由双方当事人质证。双方当事人对上述两份证据的合法性、客观真实性和关联性无异议。

（二）适用法律对比

案例一：法院认为乃某公司使用外运泥土及建筑废料对涉案海域上的

沙堆进行平整、充实形成临时码头，并在该码头靠海一侧设置围堰和护岸设施，最终使涉案海域形成目前的陆域现状。根据《国家海洋局关于印发〈海域使用分类体系〉和〈海籍调查规范〉的通知》（国海管字〔2008〕273号）"2.5填海造地——指筑堤围割海域填成土地，并形成有效岸线的用海方式"的定义，乃某公司平整、填海和围堰的用海方式，构成"填海造地"。海洋与渔业局在处理本案行政处罚过程中，依法履行了立案、调查、勘察、检查、调查询问、委托鉴定、告知相对人权利、预告知拟处罚结论、组织听证、集体讨论等程序，符合《行政处罚法》及《海洋行政处罚实施办法》（中华人民共和国国土资源部令第15号）中关于海洋行政处罚的相关程序性规定。《海域使用管理法》第四十二条规定："未经批准或者骗取批准，非法占用海域的，责令退还非法占用的海域，恢复海域原状，没收违法所得，并处非法占用海域期间内该海域面积应缴纳的海域使用金五倍以上十五倍以下的罚款；对未经批准或者骗取批准，进行围海、填海活动的，并处非法占用海域期间内该海域面积应缴纳的海域使用金十倍以上二十倍以下的罚款。"该条对非法进行填海、围海的行为规定了较重的处罚，是因为填海、围海活动会对海域的自然形状、环境、功能等属性产生直接的影响。

案例二：法院认为应依照《海域使用管理法》第二条第一、二款规定："本法所称海域，是指中华人民共和国内水、领海的水面、水体、海床和底土。本法所称内水，是指中华人民共和国领海基线向陆地一侧至海岸线的海域。"《福建省海域使用管理条例》（2016年修正）第二条也规定："本条例所称海域，是指毗邻本省陆地的平均大潮高潮时水陆分界痕迹线向海一侧的内水和领海的水面、水体、海床和底土。"

案例三：法院认为，本案的证据表明，案涉工程围堰施工地点属于自然资源部南海局监测的海域范围，属于广西海洋生态红线的某湾旅游休闲娱乐限制区。根据《广西壮族自治区海洋功能区划（2011—2020年）图》和《某市某县党江镇疑点疑区核查示意图》，案涉工程围堰施工地点处于海岸线向海一侧水域，该水域符合《海域使用管理法》第二条所称的内水，即海域。案涉工程围堰用海持续超过三个月以上，应适用《海域使用管理法》处理。因此，原告主张案涉工程围堰施工地点属于河道，不属于海域的理由不成立，法院不予采纳。

（三）类案数据分析

截至 2024 年 1 月 26 日，以"海洋行政管理""海岸线的确定""依法划定"为关键词，通过公开案例库共检索出类案 24 件。

从地域分布来看，当前案例主要集中在山东省、浙江省、海南省，分别占比 50.00%、16.67%、8.33%。其中山东省的案件量最多，达到 12 件。

从案件案由分类情况看，当前的案由分布由多至少分别是行政 22 件，刑事 2 件。

从行业分类情况看，当前的行业分布主要集中在农、林、牧、渔业，共 1 件；房地产业，共 1 件。

从审理程序分布情况看，一审案件有 6 件，二审案件有 6 件，再审案件有 12 件。并能够推算出一审上诉率为 45.64%。

通过对一审裁判结果进行分析可知：当前条件下全部驳回的有 3 件，全部/部分支持的有 1 件。

通过对二审裁判结果进行分析可知：当前条件下维持原判的有 5 件。

四、类案裁判规则的解析确立

在海洋行政管理过程中，行政相对人常因未取得海域使用权证构成非法占用海域而受到行政处罚。而海洋行政管理部门在作出处罚之前必然要对行政相对人是否系使用"海域"做出认定。根据《海域使用管理法》第二条之规定，"海域"范围的认定必然要以"海岸线"的确定为依据，而对于"海岸线"的确定应遵循以下规则：

1. 确保"海岸线"确定依据的法定性。

行政处罚法定原则必然包含行政处罚依据的法定化，行政处罚依据则包含法律依据和事实依据，而"海岸线"的确定则是海洋行政管理部门对于非法使用海域者作出行政处罚的事实依据。海岸线是海洋与陆地分界线，又称陆海分界线，但在海洋行政管理的相关法律、法规、规章中却没有关于"海岸线"的明确定义，那么为了保证行政处罚的稳定性、公平性，需要将海岸线的概念加以法定化，该法定化的过程一般由省级人民政府通过批准海岸线修测成果的方式加以完成。自然地理环境中形成的岸线以及擅自开发形成的人工岸线则具有不确定性及变动性，以此为依据处罚将给不同的行政相对人带来不公，甚至会导致选择性执法的发生。

2."海岸线"的确定应首先以行政辖区内的海洋功能区划登记表及海洋功能区划图件为依据。

各省级人民政府根据国家"海洋功能区划"的要求，对辖区内自然海岸线、人工海岸线的现状加以测绘摸排，经修订、调整，最终通过批复对辖区内的海岸线予以确定，且通过行政辖区内的海洋功能区划登记表及海洋功能区划图件的形式加以固定。省级人民政府批准海岸线修测结果的过程，本质上系将原本仅具自然属性的"海岸线"加以法定化的过程，海洋行政管理部门以此为准作出的行政处罚决定更客观、公正，具有较强的公信力。因为该标准系经过省级人民政府批复，对辖区内的行政相对人而言，在一定时期内具有恒定性。而自然地理环境中形成的岸线以及擅自开发形成的人工岸线均不具备该特征，自然岸线系平均大潮高潮的痕迹形成的水陆分界线，由于自然因素如潮汐作用，平均大潮高潮的痕迹不是一条固定的线，而是随着潮汐变化在一个条状带区域内变化。同样，人类的擅自开发活动会导致海岸线类型发生转变，空间位置亦会随着开发活动的推动而发生变化。若以此来确定"海岸线"，则会因评判标准变化而导致同一行为得到不同的评判结果，从而引发不公。

3.对于因管理职能调整而导致行政管理部门对海岸线做出前后不一致测定的，调整后的行政管理部门应对之前的认定予以承认。

由于行政管理部门的职能调整，我国关于海陆分界线的测定曾经分属于不同的行政主管部门，即在由海洋行政主管部门依法开展测绘之前系由土地行政管理部门负责。鉴于两个主管部门的测绘标准有异，土地行政管理部门在第二次全国土地调查过程中测定的海陆分界线与海洋行政主管部门依法开展海岸线修测确定的海岸线并不完全一致，可能存在交叉重叠区域。在具体的个案中表现为根据土地行政管理部门确定的标准，有部分土地系经政府土地管理部门批准取得相关土地证书，海洋行政管理部门在进行行政处罚时，应对之前土地行政管理部门的行为予以承认，在认定非法使用海域的具体面积时应扣除之前证书已有记载的面积。这是因为无论系哪个行政管理部门，均系行使国家公权力，其对海岸线的测绘确定在一定程度上亦系其对区域行政管理权的宣示，为了彰显政府公信力，职能调整后的行政主管部门应对之前职能部门的政府行为加以承认。

五、关联法律法规

《中华人民共和国海域使用管理法》（2002年1月1日施行）

第二条　本法所称海域，是指中华人民共和国内水、领海的水面、水体、海床和底土。

本法所称内水，是指中华人民共和国领海基线向陆地一侧至海岸线的海域。

在中华人民共和国内水、领海持续使用特定海域三个月以上的排他性用海活动，适用本法。

海洋生态环境司法裁判规则
第 2 条

行政机关应当从保护行政相对人的利益出发，未在法定期限内提交海域使用权续期申请的，并不必然导致后续海域使用权的丧失

一、聚焦司法案件裁判观点

■ **争议焦点**

海域使用权人未在法定期限内提出续期申请,后续海域使用权是否必然丧失?

■ **裁判观点**

即便原海域使用权人未在期限届满前二个月内提出续期申请,其仍然有权在后续提出续期申请;但若在海域使用权期满时,海域使用权人仍未申请续期或者申请续期未获批准的情况下,会产生海域使用权终止的法律后果,即便如此也并不必然导致后续海域使用权的丧失,因为只要海域使用权人在后续责令限期的期限内办理有关手续,其仍然可以获得后续的海域使用权。

二、司法案例样本对比

案例一

戚爱某与某市人民政府等行政许可及行政复议纠纷案

- 法院

山东省某人民法院

- 当事人

上诉人(原审原告):戚爱某
被上诉人(原审被告):某市人民政府

被上诉人（原审被告）：山东省人民政府

被上诉人（原审第三人）：某市刘某某水产有限公司（简称"刘某某水产公司"）

• 基本案情

2003年1月1日，原告戚爱某与第三人刘某某水产公司签订海区租赁合同，第三人将其位于某岛周边海域部分海参养殖区出租给原告使用和管理，租赁期限自2003年1月1日至2017年12月30日。2005年9月1日，被告某市政府为第三人刘某某水产公司换发《海域使用权证书》，批准用海时间为2002年9月1日至2012年8月31日，用海类型为海水养殖，海域使用范围包括上述租赁合同所出租的海参养殖区。

2012年2月17日，某岛管委会向被告某市政府提交《关于收回某岛周边海域使用权的请示》。建议将某岛国家级海洋公园范围内由企业和个人用于海水养殖的海域（含第三人使用的海域）予以收回。2012年8月3日，某市海洋与渔业局向某市政府提交《关于收回某岛周边海域使用权的意见》，建议待某岛周边海域使用权到期后，将筏式养殖海域全部收回，对底播养殖海域视情况进行部分收回。某市政府始终未作出收回第三人海域使用权的决定。

2012年8月7日，第三人刘某某水产公司向某市海洋与渔业局提交《海域使用权续期申请》、海域使用权续期申请书、《海域使用权证书》复印件、营业执照副本复印件、组织机构代码证副本复印件和法定代表人身份证复印件等材料，提出案涉海域使用权续期申请。2014年7月11日，某市海洋与渔业局向被告某市政府报送《关于某市某岛水产有限公司等17宗底播养殖用海海域使用权续期的请示》。7月17日，某市政府作出《关于同意某市某岛水产有限公司等17宗底播养殖用海海域使用权续期的批复》，同意将第三人刘某某水产公司底播养殖用海的海域使用权延长至2018年12月31日。2014年8月4日，某市海洋与渔业局向第三人刘某某水产公司下达《海域使用权批准通知书》，通知其缴纳海域使用金，并按规定办理海域使用权登记。8月6日，第三人刘某某水产公司提交了海域使用权登记申请。2014年9月15日，某市海洋与渔业局为第三人刘某某水产公司办理海域使用权登记，登记记载的用海时间为2012年9月1日至2018年12月31日。9月16日，某市政府核发《海域使用权证书》，使用权终止日期为2018年12月31日。2014年10月10日，某市海洋与渔业局在某报上对第三人海域使用权续期的相关事宜进行了公告。

2015年2月9日，原告戚爱某向被告山东省人民政府申请行政复议，请求撤销《海域使用权证书》。2月11日，山东省政府作出行政复议受理通知书，对原告的申请予以受理，并通知刘某某水产公司作为第三人参加行政复议。4月13日，山东省政府作出行政复议决定延期通知书，告知各方当事人该案行政复议决定延期至2015年5月12日前作出。2015年4月20日，山东省政府作出行政复议决定书，维持某市政府向刘某某水产公司核发的《海域使用权证书》。

原审法院认为，本案的审理重点有三方面：（1）戚爱某是否具有本案原告主体资格；（2）被告某市政府为刘某某水产公司核发《海域使用权证书》的行为是否合法；（3）被告山东省政府作出行政复议决定的程序是否合法。

（一）戚爱某具有本案原告主体资格

本案中，原告戚爱某作为案涉海域使用权证项下海域的承租人认为被诉海域使用权行政许可行为侵犯其合法权益，根据《行政诉讼法》第二条第一款规定，其有权提起行政诉讼。

（二）被诉海域使用权行政许可行为合法

本案中，第三人刘某某水产公司于2005年领取《海域使用权证书》，取得海域使用权，海域使用权期限至2012年8月31日。2012年8月7日，第三人于海域使用权期限届满前，提出海域使用权续期申请，其所提交的申请材料齐全，符合法定形式，且不存在根据公共利益或者国家安全需要收回海域使用权的情形，被告某市政府予以批准续期，符合《海域使用管理法》第二十六条的规定。某市海洋与渔业局受理第三人的申请并经审核后，向被告某市政府提出续期的请示，某市政府予以批准；某市海洋与渔业局为第三人办理海域使用权登记后，某市政府核发了《海域使用权证书》，某市海洋与渔业局在某报上对续期事宜进行了公告，故某市政府核发海域使用权证的行为符合法定程序。

《海域使用管理法》第二十九条第一款规定："海域使用权期满，未申请续期或者申请续期未获批准的，海域使用权终止。"根据该规定，海域使用权期满未申请续期的，海域使用权终止。故第三人虽然未在期限届满前二个月提出续期申请,但其申请续期时海域使用权尚未期满,其享有的海域使用权并未终止,该瑕疵并不影响续期申请的有效性,故原告主张第三人未在法定期限内提出续期申请海域使用权即终止,因而批准续期适用法律错误,理由不当,亦不予支持。

《中华人民共和国行政许可法》(2003年修正,以下简称《行政许可法》)第五十条第二款规定:"行政机关应当根据被许可人的申请,在该行政许可有效期届满前作出是否准予延续的决定;逾期未作决定的,视为准予延续。"根据该规定,如果行政许可机关逾期既没有作出是否准予延续的决定,也没有作出不予延续的决定,则推定为行政许可机关准予延续,即默示批准,以充分保护被许可人的合法权益。本案中,被告某市政府虽然未在第三人的海域使用权期限届满前作出是否准予续期的决定,但根据上述默示批准的规定,某市政府在海域使用权期限届满后作出续期批准并核发海域使用权证书的行为,符合行政许可法的相关规定,且未影响国家利益或者公共利益,亦符合保护无过错被许可人合法权益的立法本意和价值取向。根据国家海洋局《海域使用权登记技术规程(试行)》规定,"海域使用权续期的,用海起始日期一般应为原海域使用权终止日期的下一自然日",故某市海洋与渔业局将第三人的用海时间登记为2012年9月1日至2018年12月31日并无不当。

综上,被告某市政府作出的海域使用权行政许可行为认定事实清楚,证据充分,程序合法,适用法律正确。被告山东省政府作出行政复议决定的程序合法。原告的诉讼理由不当,不予支持。依照《行政诉讼法》第六十九条之规定,判决驳回原告戚爱某的诉讼请求。

戚爱某不服原审法院判决提起上诉,请求撤销原审法院判决,改判撤销某市政府核发的《海域使用权证书》。二审中未提交新的证据。经庭审质证,合议庭同意原审法院判决查明的相关程序性事实。

• **案件争点**

某市政府为刘某某水产公司核发《海域使用权证书》的行为是否合法?

• **裁判要旨**

1. 关于上诉人主张的刘某某水产公司原海域使用权已经被收回的问题。根据《海域使用管理法》第三十一条第一款之规定,因公共利益或者国家安全的需要，原批准用海的人民政府可以依法收回海域使用权，某市政府具有收回刘某某水产公司海域使用权的法定职权。某岛管委会和某市海洋与渔业局虽曾分别向某市政府提交过收回海域使用权的请示及有关处理意见，某市政府的负责人也在有关请示上作出过批示，但有关请示及处理意见属于行政机关的内部公文，并不具有法律上的执行效力，某市政府并未作出收回刘某某水产公司海域使用权的决定。上诉人戚爱某主张某市政府已将刘某某水产公司的原海域使用权收回，缺乏证据支持，不应予以支持。

2. 关于上诉人主张的刘某某水产公司未在法定期限内提出海域使用权续期申请的问题。根据《海域使用管理法》第二十六条规定，海域使用权期限届满，海域使用权人需要继续使用海域的，应当至迟于期限届满前二个月向原批准用海的人民政府申请续期。本案中，刘某某水产公司于2005年领取海域使用权证书，海域使用权期限至2012年8月31日，其于2012年8月7日在海域使用权期限届满前提出海域使用权续期申请，并不符合《海域使用管理法》关于至迟于期限届满前二个月申请续期的规定。但《海域使用管理法》第四十五条规定："违反本法第二十六条规定，海域使用权期满，未办理有关手续仍继续使用海域的，责令限期办理，可以并处一万元以下的罚款；拒不办理的，以非法占用海域论处。"《海域使用管理法》第二十九条第一款规定："海域使用权期满，未申请续期或者申请续期未获批准的，海域使用权终止。"上述规定表明，海域使用权人原海域使用权期满，未办理有关手续仍继续使用海域的，并不必然导致海域使用权终止，只有在海域使用权期满，海域使用权人未申请续期或者申请续期未获批准的情况下，才产生海域使用权终止的法律后果。因此，刘某某水产公司未在海域使用权期限届满前二个月提出海域使用权续期申请，其海域使用权并不必然终止。

3. 关于某市政府核发《海域使用权证书》的行政行为程序是否合法的问题。

第一，关于某市政府在海域使用权期限届满后作出续期批准并核发海域使用权证书的行为是否合法的问题。《行政许可法》第五十条第二款规定，行政机关应当根据被许可人的申请，在该行政许可有效期届满前作出是否准予延续的决定；逾期未作决定的，视为准予延续。本案中，某市政府未在刘某某水产公司的海域使用权期限届满前作出是否准予续期的决定，根据上述视为准予延续的规定以及《海域使用管理法》第二十六条的规定，某市政府经审查，认为刘某某水产公司所提交的申请材料齐全，符合法定形式，且不存在根据公共利益或者国家安全需要收回海域使用权的情形，在海域使用权期限届满后作出续期批准并核发海域使用权证书的行为，未违反《行政许可法》及《海域使用管理法》相关准予延续的规定精神。

第二，关于某市政府在刘某某水产公司提出续期申请两年后颁发海域使用权证书是否合法的问题。《行政许可法》第四十二条第一款规定："除可以当场作出行政许可决定的外，行政机关应当自受理行政许可申请之日起二十日内作出行政许可决定。二十日内不能作出决定的，经本行政机关负责人批准，可以延长十日，并应当将延长期限的理由告知申请人。但是，法律、法规另有规定的，依照其规定。"《海域使用管理法》及国家海洋局《海域使用权管理规定》虽然未对续期审批的期限作出具体规定，但对行政许可续期申请的审批行为，仍属于行政许可的范畴，应当符合《行政许可法》有关作出行政许可决定期限的规定。被上诉人某市政府辩称其在当事人提出续期申请两年后颁发海域使用权证书没有违反法律规定，既不符合《行政许可法》的规定，也不符合行政效率原则，不应予以支持。

案例二

于显某与某市海洋与渔业局、某市人民政府不予延续海洋行政许可纠纷案

- **法院**

某海事法院

- **当事人**

原告：于显某
被告：某市人民政府
被告：某市海洋与渔业局

- **基本案情**

被告某市海洋与渔业局于2015年10月15日就原告关于《海域使用权证书》的延期申请，作出了不予延续海洋行政许可决定书，该决定书认为

用海位置为某湾港口航运区，根据《行政许可法》第五十条的规定，不予延续行政许可。原告不服该决定书，于2015年12月9日，向某市政府提起行政复议，2016年2月2日，某市政府作出行政复议决定书，维持了某市海洋与渔业局作出的不予延续海洋行政许可决定书。

原告诉称：（1）某市海洋与渔业局未依照《行政许可法》第四十六条的规定，组织听证；（2）根据《海域使用管理法》第四条、第十二条、第十三条、第十四条、第三十条的规定，在海域使用权期满前，提前收回海域使用权的，应当对海域使用权人给予相应的补偿。某市海洋与渔业局不予办理海洋使用权证书延期，违反了上述的法律规定，损害了原告的合法权益。因此请求撤销海域使用权证书的延期申请作出的不予延续海洋行政许可决定书，并撤销某市政府作出的行政复议决定书，为原告颁发新的《海域使用权证书》，并补偿原告的损失。

被告某市海洋与渔业局辩称：（1）原告没有按法律规定的时间申请延续用海，被告作出不予延续海洋行政许可的决定正确；（2）原告要求对其经济损失进行合理补偿无法律依据。

被告某市政府辩称：在对原告提起的行政复议申请进行审查后，某市政府依法履行了相关法律程序，作出了维持决定，被告的行政复议行为符合法律规定。

经审理查明，2005年5月11日，某市政府向原告颁发了《海域使用权证书》，批准使用终止日期为2015年5月10日。该《海域使用权证书》期满后，原告口头向某市海洋与渔业局申请续期，某市海洋与渔业局于2015年10月15日作出不予延续海洋行政许可决定书，并于当天向原告送达，原告不服该决定书，于2015年12月9日向某市政府提起行政复议，2016年2月2日，某市政府作出行政复议决定书，维持了某市海洋与渔业局作出的不予延续海洋行政许可决定书。

以上事实，有原告提供的不予延续海洋行政许可决定书、某市海洋与渔业局提供的《海域使用权证书》及办证材料、某市政府提供的行政复议程序文书及庭审笔录等相关证据为证，经质证，当事人均无异议，法院予以认定。

• 案件争点

海域使用权人没有按法律规定的时间申请延续海域使用权，行政机关超越权限作出的不予延续的海洋行政许可决定是否合法？

• 裁判要旨

法院认为，行政机关应当依法行政，其作出的行政行为应当符合职权法定、证据确凿、适法正确、程序正当的标准。某市海洋与渔业局称其作出的不予延续行政许可决定的职权依据是《海域使用管理法》第二十六条。据此，海域使用权期限届满，应由海域使用权人向原批准用海的人民政府申请续期，由人民政府作出是否准予续期的决定，即某市政府依法享有对海域使用权续期的审批权，某市海洋与渔业局不具有对海域使用权的续期申请进行审批的权限，故某市海洋与渔业局作出不予延续的海洋行政许可决定是超越职权作出的行政行为。行政机关只有在法定权限内作出的行政行为才能成为合法的行政行为；行政机关超越权限作出的行政行为，无论行政行为作出的事实依据是否充分、适用法律是否正确、程序是否正当，均是违法的行政行为。某市政府对某市海洋与渔业局违法的行为予以维持，某市政府的复议决定亦违法。故原告请求撤销某市海洋与渔业局就《海域使用权证书》作出的不予延续的海洋行政许可决定及某市政府作出的行政复议决定书，于法有据，法院予以支持。原告请求对其经济损失予以补偿，但原告并未提供其损失的相关证据，因原告的该项诉请亦缺乏法律依据，法院不予支持。

案例三

江苏渔某岛紫菜种植有限公司与江苏省某市自然资源和规划局行政纠纷上诉案

• 法院

江苏省某人民法院

• 当事人

上诉人（原审被告）：江苏省某市自然资源和规划局（简称"某市资规局"）

被上诉人（原审原告）：江苏渔某岛紫菜种植有限公司（简称"渔某岛公司"）

• 基本案情

渔某岛公司于2019年11月20日取得《海域使用权证书》（以下称"049×号海域证"），发证机关为某市人民政府，宗海面积420.46公顷，终止时间为2020年6月30日。2020年6月16日，渔某岛公司向某市资规局邮寄续期申请，申请延长049×号海域证期限。某市资规局收到申请后，于2020年6月19日作出不予受理决定书，认定渔某岛公司所提出的延期申请已超过法定受理期限，依据《海域使用管理法》第二十六条之规定，决定不予受理。渔某岛公司不服，认为某市资规局的不予受理决定违法，且某地区有5宗海域的海域使用权于2019年12月31日才到期，海域使用权人于2019年12月6日向某市资规局申请续期，某市资规局于2019年12月9日受理，并于2020年1月9日公示办理延期手续，故提起本案诉讼，要求撤销某市资规局作出的不予受理决定。

法院经审理认为：虽然渔某岛公司提出续期申请超过了法定申请期限，但某市资规局以渔某岛公司的续期申请逾期为由作出不予受理决定没有法律依据。首先，某市资规局作出不予受理决定没有《海域使用管理法》上的依据，也没有行政许可法上的依据。其次，《海域使用管理法》第四十五条关于"违反本法第二十六条规定，海域使用权期满未办理有关手续仍继续使用海域的，责令限期办理，可以并处一万元以下的罚款；拒不办理，以非法占用海域论处"的规定表明，即便海域使用权人在海域使用权期满、未办理有关手续的情况下继续使用海域，在行政机关责令其限期办理的情况下，海域使用权人仍可以办理相关延续手续并取得海域使用权。此外，某市资规局以渔某岛公司的续期申请逾期为由作出不予受理决定违反了比例原则；并且因渔某岛公司逾期提出续期申请，即使行政机关受理后未能在行政许可有效期届满前作出是否准予延续的决定，逾期申请人亦无权援引《行政许可法》第五十条第二款关于"视为准予延续"的规定，故某市资规局关于对渔某岛公司的申请一旦受理即会导致自动续期的抗辩不能成立。法院依照《行政诉讼法》第七十条第二项之规定，判决撤销某市资规局作出的不予受理决定书中对渔某岛公司提出的049×号海域证续期申请不予受理的决定；责令某市资规局于判决生效之日起5日内对渔某岛公司提出的续期申请重新作出处理。

一审判决后，某市资规局不服提起上诉。

• 案件争点

海域使用权续期申请超过了法定期限,是否当然丧失续期申请权?

• 裁判要旨

二审法院认为:渔某岛公司提出海域使用权续期申请超过了法定期限,但续期申请超过法定期限并不丧失续期申请权。行政合理性原则是指行政机关的自由裁量行为要做到合情、合理、恰当和适度。相同情况相同对待是行政合理性原则的应有之义。对于案外超过法定期限的5宗海域使用权续期申请,某市资规局不仅应受理,而且在海域使用权到期后应准予续期;渔某岛公司的续期申请与上述5宗海域使用权续期申请基本相同,某市资规局直接以续期申请超过法定期限为由不予受理,明显违反行政合理性原则。综上,一审法院认定事实清楚,适用法律正确,审判程序合法。二审法院依照《行政诉讼法》第八十九条第一款第一项规定,判决驳回上诉,维持原判。

三、司法案例类案甄别

(一)事实对比

案例一:2012年8月7日,第三人刘某某水产公司向某市海洋与渔业局提交《海域使用权续期申请》、海域使用权续期申请书、《海域使用权证书》复印件、营业执照副本复印件、组织机构代码证副本复印件和法定代表人身份证复印件等材料,提出案涉海域使用权续期申请。2014年7月11日,某市海洋与渔业局向被告某市政府报送《关于某市某岛水产有限公司等17宗底播养殖用海海域使用权续期的请示》。7月17日,某市政府作出《关于同意某市某岛水产有限公司等17宗底播养殖用海海域使用权续期的批复》,同意将第三人底播养殖用海的海域使用权延长至2018年12月31日。2014年8月4日,某市海洋与渔业局向第三人下达《海域使用权批准通知书》,通知其缴纳海域使用金,并按规定办理海域使用权登记。8月6日,第三人提交了海域使用权登记申请。2014年9月15日,某市海洋与渔业局为第三人办理海域使用权登记,登记记载的用海时间为2012年9月1日至2018年12月31日、用海总面积为165.703 6公顷。9月16日,某市政府向第三人核发《海域使用权证书》，载明使用权终止日期为2018年12月31日。10月10日，某市海洋与渔业局在某报上对第三人海域使用权续期的相关事宜进行了公告。

案例二：2005年5月11日，某市政府向原告颁发了《海域使用权证书》，批准使用终止日期为2015年5月10日。该《海域使用权证书》期满后，原告口头向某市海洋局申请续期，某市海洋局于2015年10月15日作出不予延续海洋行政许可决定书，并于当天向原告送达，原告不服该决定书，于2015年12月9日，向某市政府提起行政复议，2016年2月2日，某市政府作出行政复议决定书，维持了某市海洋与渔业局作出的不予延续海洋行政许可决定书。

案例三：渔某岛公司提出海域使用权续期申请超过了法定期限，但续期申请超过法定期限并不丧失续期申请权。行政合理性原则是指行政机关的自由裁量行为要做到合情、合理、恰当和适度。相同情况相同对待是行政合理性原则的应有之义。对于案外超过法定期限的5宗海域使用权续期申请，某市资规局不仅应受理，而且在海域使用权到期后应准予续期；渔某岛公司的续期申请与上述5宗海域使用权续期申请基本相同，某市资规局直接以续期申请超过法定期限为由不予受理，明显违反行政合理性原则。

（二）适用法律对比

案例一：法院认为，依照《海域使用管理法》第十七条第一款规定，"县级以上人民政府海洋行政主管部门依据海洋功能区划，对海域使用申请进行审核，并依照本法和省、自治区、直辖市人民政府的规定，报有批准权的人民政府批准。"第十九条规定，"海域使用申请经依法批准后，……地方人民政府批准用海的，由地方人民政府登记造册，向海域使用申请人颁发海域使用权证书。海域使用申请人自领取海域使用权证书之日起，取得海域使用权。"被告某市政府具有对海域使用申请进行批准并向海域使用申请人颁发海域使用权证书的法定职权。《海域使用管理法》第二十六条规定："海域使用权期限届满，海域使用权人需要继续使用海域的，应当至迟于期限届满前二个月向原批准用海的人民政府申请续期。除根据公共利益或者国家安全需要收回海域使用权的外，原批准用海的人民政府应当批准续期。准予续期的，海域使用权人应当依法缴纳续期的海域使用金。"本案中，第三人刘某某水产公司于2005年领取海域使用权证书，取得海域使用权，海域使用权期限至2012年8月31日。2012年8月7日，第三人于海域使用权期限届满前，提出海域使用权续期申请，其所提交的申请材料齐全，符合法定形式，且不存在根据公共利益或者国家安全需要收回海域使用权的情形，被告某市政府予以批准续期，符合规定。某市海洋与渔业局受理第三人的申请，并经审核后向被告某市政府提出续期的请示，某市政府予以批准；某市海洋与渔业局为第三人办理海域使用权登记后，某市政府核发了海域使用权证，某市海洋与渔业局在报纸上对续期事宜进行了公告，故某市政府核发海域使用权证的行为符合法定程序。《海域使用管理法》第二十九条第一款规定，"海域使用权期满，未申请续期或者申请续期未获批准的，海域使用权终止。"根据该规定，海域使用权期满未申请续期的，海域使用权终止。故第三人虽然未在期限届满前二个月提出续期申请，但其申请续期时海域使用权尚未期满，其享有的海域使用权并未终止，该瑕疵并不影响续期申请的有效性，故原告主张第三人未在法定期限内提出续期申请海域使用权即终止，因而批准续期适用法律错误，理由不当，法院亦不予支持。

案例二：法院认为某市海洋与渔业局称其作出的不予延续行政许可决定的职权依据是《海域使用管理法》第二十六条，海域使用权期限届满，应由海域使用权人向原批准用海的人民政府申请续期，由人民政府作出是否准予续期的决定，即某市政府依法享有对海域使用权续期的审批权，某市海洋与渔业局不具有对海域使用权的续期申请进行审批的权限，故某市海洋与渔业局作出不予延续海洋行政许可决定是超越职权作出的行政行为。行政机关只有在法定权限内作出的行政行为才能成为合法的行政行为；行政机关超越权限作出的行政行为，无论行政行为作出的事实依据是否充分、适用法律是否正确、程序是否正当，均是违法的行政行为。

案例三：法院认为，依照《海域使用管理法》第四十五条关于"违反本法第二十六条规定，海域使用权期满，未办理有关手续仍继续使用海域的，责令限期办理，可以并处一万元以下的罚款；拒不办理的，以非法占用海域论处"的规定，即便海域使用权人在海域使用权期满未办理有关手续的情况下继续使用海域，在行政机关责令其限期办理的情况下，海域使用权人仍可以办理相关延续手续并取得海域使用权。此外，某市资规局以渔某岛公司的续期申请逾期为由作出不予受理决定违反了比例原则；并且因渔某岛公司逾期提出续期申请，即使行政机关受理后未能在行政许可有效期届满前作出是否准予延续的决定，逾期申请人亦无权援引《行政许可法》第五十条第二款关于"视为准予延续"的规定，故某市资规局关于对渔某岛公司的申请一旦受理即会导致自动续期的抗辩不能成立。法院依照《行政诉讼法》第七十条第二项之规定，判决撤销某市资规局作出的不予受理决定书中对渔某岛公司提出的049×号海域证续期申请不予受理的决定；责令某市资规局于判决生效之日起5日内对渔某岛公司提出的续期申请重新作出处理。

（三）类案数据分析

截至2024年1月26日，以"行政机关""海域使用权""续期申请权"为关键词，通过公开案例库共检索出类案297件。

从地域分布来看，当前案例主要集中在上海市、广东省、辽宁省，分别占比16.84％、16.50％、15.15％。其中上海市的案件量最多，达到50件。

从案由分类情况来看，当前最主要的案由是行政，有196件；其次是民事，共98件；国家赔偿，共2件；刑事，共1件。

从行业分类情况来看，当前的案件主要集中在制造业，共39件；房地产业共34件；金融业共11件；农、林、牧、渔业共9件；电力、热力、燃气及水生产和供应业共8件。

从审理程序分布情况来看，一审案件有162件，二审案件有115件，再审案件有10件，国家赔偿案件有8件。并能够推算出一审上诉率为70.99％。

通过对一审裁判结果进行分析可知：当前条件下驳回起诉的有59件；全部/部分支持的有50件；全部驳回的有31件。

通过对二审裁判结果进行分析可知：当前条件下维持原判的有93件；改判的有12件；其他的有5件。

四、类案裁判规则的解析确立

海域使用权的取得需要行政机关的审批，原海域使用权期满，权利人仍需申请续期，且需在届满前二个月提出。但若使用权人逾期申请，其后续海域使用权并不必然丧失。无论是行政机关在办理续期审批时，还是法院在对行政机关的审批行为进行合法性审查时，均应对法律规定进行系统性理解，并对相关精神予以准确把握。

（一）提前续期申请的要求系管理性的期限要求

《海域使用管理法》第二十六条规定，海域使用权期限届满，海域使用权人需要继续使用海域的，应当至迟于期限届满前二个月向原批准用海的人民政府申请续期。该处的届满前"二个月"就应提出续期的要求，系为了能够给予行政机关和行政相对人相对充足的准备时间，即行政机关在原使用权届满前有足够的时间作出是否予以续期审批的决定；若行政机关同意续期，则海域使用权人的先后权利能够得以顺利衔接，若行政机关不同意续期，则海域使用权人也有足够的时间拆除用海设施和构筑物。因此，该条关于提前续期的时限要求本质上系一个管理性的法律规定，而当事人违反管理性的法律规定并不必然导致其行为无效，即原海域使用权人即便未提前二个月提出续期申请，其在后续提出续期申请的行为仍然有效。

（二）行政机关不能以逾期申请为由而做出不予续期的决定

如上文所述，既然"提前二个月提出续期申请"的规定系管理性规定，则使用权人在超过二个月后仍有权提出续期申请，无非需承担违反管理规定的相关责任，但行政机关还应按要求进行审查进而作出是否同意续期的决定。另外，根据《海域使用管理法》第四十五条规定，海域使用权人未在法定期限内提出续期申请的，不仅后续可以继续申请办理，而且应该申请办理，否则还需被责令办理，但做出是否同意续期决定的行政机关应系适格行政主体。实践中，有些本就不适格的行政主体往往以海域使用权人逾期申请为由作出不予续期的决定，上一级行政机关应在行政复议的过程中改变该决定，法院亦应在行政诉讼中加以纠正。因为适格的行政机关都无权以逾期申请为由来拒绝续期，那么不适当的行政主体更不能以此为由来作出不予续期的决定，无论不适格的行政主体作出行政行为所依据的事实是否充分、适用法律是否正确、程序是否正当，均是违法的行政行为。

（三）给予申请人逾期申请续期的权利不仅符合行政合法性原则，也符合行政合理性要求

《海域使用管理法》中关于海域使用权续期的规定主要散见于第二十六条、第二十九条及第四十五条，但对于这些法律条文应作整体的系统理解，方能准确把握法律精神。首先，《海域使用管理法》第二十六条规定的宗旨在于海域使用权人应提前做好续期的申请，提前的时间一般为期满前二个月。但若权利人因各种原因未按法定要求提前申请，则其在期满前的二个月之后至期限届满间仍可申请，行政机关仍需做出是否同意续期的决定；但如果海域使用权期满，使用权人仍未申请续期或虽申请续期但未获批准，则原海域使用权终止，这也是第二十九条规定的应有之义。这里需要重点关注的是，第二十九条所规定的"海域使用权终止"系指原海域使用权因期满而宣告结束，并非指后续海域使用权的丧失。恰恰相反，在原海域使用权期满后，未办理续期手续的使用人仍应在行政机关责令的限期内申请办理相关审批手续以获得后续的海域使用权，实现合法使用海域。依据《海域使用管理法》条文的系统规定，给予申请人逾期申请续期的权利系《海域使用管理法》的应有之义，行政机关据此作出审批决定亦符合行政合法性原则。

另外，行政合理性原则要求行政机关的自由裁量行为要做到合情、合理、恰当和适度。相同情况相同对待是行政合理性原则的应有之义。在实践中往往会存在与案件申请人使用条件相当的海域使用权人，这些使用权人因其遵守提前续期的规定而获得了后续的海域使用权，但其实此类使用权人与案涉申请人在条件符合程度上并无差异，若仅对提前申请的权利人予以批准，对未提前申请的权利人剥夺其再行申请的权利则明显违反行政合理性原则。

五、关联法律法规

《中华人民共和国海域使用管理法》（2002年1月1日施行）

第二十六条 海域使用权期限届满，海域使用权人需要继续使用海域的，应当至迟于期限届满前二个月向原批准用海的人民政府申请续期。除根据公共利益或者国家安全需要收回海域使用权的外，原批准用海的人民

政府应当批准续期。准予续期的，海域使用权人应当依法缴纳续期的海域使用金。

第四十五条 违反本法第二十六条规定，海域使用权期满，未办理有关手续仍继续使用海域的，责令限期办理，可以并处一万元以下的罚款；拒不办理的，以非法占用海域论处。

海洋生态环境司法裁判规则
第 3 条

海域使用权、水域滩涂养殖证等到期前,行为人应当及时按照规定申请续期,怠于行使续期权利的,不受法律保护

一、聚焦司法案件裁判观点

■ 争议焦点

未按照要求及时申请续期的海域使用权、水域滩涂养殖证等,是否受到法律保护?

■ 裁判观点

养殖证的取得,是行为人获得合法养殖资格的前提,在养殖期限届满前提出延展申请,是行为人作为养殖人的法定义务。在水域、滩涂从事养殖生产的,应当在期限届满60日前向原发证登记机关办理延展手续,因养殖水域滩涂规划调整不得从事养殖的,期限届满后不再办理延展手续。养殖证期限届满未延续的,行政机关应当依法办理有关行政许可的注销手续。海域使用权期限届满前,怠于行使其具有的续期权利的,根据《海域使用管理法》第二十九条的规定,海域使用权终止。

二、司法案例样本对比

案例一

黄生某与某县自然资源和规划局不予延续海域使用权行政许可案

- 法院

江苏省某市中级人民法院

- 当事人

上诉人(原审原告):黄生某

被上诉人（原审被告）：某县自然资源和规划局

• **基本案情**

黄生某系证书编号为2016D3207230076×的海域使用权人，用海时间为2016年2月6日至2017年2月5日。据某县自然资源和规划局海洋资源管理科的成某出具的《情况说明》，黄生某于2017年1月向成某口头提出海域使用权续期申请，未得到答复。2018年1月17日，黄生某向某县自然资源和规划局提交书面的《海域使用权续期申请书》。某县自然资源和规划局于2018年1月25日作出《关于海域使用权续期申请的复函》，该复函认为由于海上风电重大项目建设需要，案涉海域不再设置其他用海形式的，根据《海域使用权管理规定》第二十二条第五款的规定，告知黄生某的续期申请不符合条件。

原审法院认为，根据《海域使用管理法》第二十六条，"海域使用权期限届满，海域使用权人需要继续使用海域的，应当至迟于期限届满前二个月向原批准用海的人民政府申请续期"，以及第十六条第二款，"申请使用海域的，申请人应当提交下列书面材料：（一）海域使用申请书……"规定，海域使用权的续期申请应至迟于期限届满前两个月以书面形式提出。本案中，黄生某原海域使用权期间届满之日为2017年2月5日，但是黄生某于2018年1月17日才向某县自然资源和规划局提交书面续期申请，黄生某虽认为其于2017年1月已向某县自然资源和规划局工作人员成某提出过口头续期申请，且提交成某出具的《情况说明》一份，但成某未到庭作证且该《情况说明》不能证明黄生某于海域使用权届满前两个月向某县自然资源和规划局提交过符合法律规定的续期申请材料。黄生某在海域使用权期限届满前，怠于行使其具有的续期权利，根据《海域使用管理法》第二十九条的规定，海域使用权期满，未申请续期或者申请续期未获批准的，海域使用权终止。据此，黄生某已不是案涉海域合法使用权人，故黄生某要求撤销《关于海域使用权续期申请的复函》的诉讼主张于法无据，法院不予支持。综上，黄生某的诉讼请求缺少事实和法律依据，依照《行政诉讼法》第六十九条之规定，法院作出判决如下：驳回黄生某其他诉讼请求。案件受理费50元，由黄生某负担。

黄生某不服该判决，向二审法院提起上诉。

• 案件争点

海域使用权期限届满前，怠于行使其具有的续期权利，或未按要求进行续期申请，致使海域使用权期满，未申请续期或者申请续期未获批准的，海域使用权是否终止，终止后是否可以申请补偿？

• 裁判要旨

法院认为，根据《海域使用管理法》的相关规定，办理海域使用续期的有关手续，是指海域使用权人应当至迟于期限届满前二个月向原批准用海的人民政府申请续期，如果在期限届满前二个月未提出申请的，则视为海域使用权人在海域使用权届满后放弃使用该海域的权利。海域使用权人在提出申请时，还应当提交相应的书面申请材料。原海域使用权的取得不论是通过申请、审批取得，还是通过招标或者拍卖取得，其进行续期申请的程序和要求相同。如果因公共利益和国家安全需要使用该海域的，原批准用海的人民政府也可以不批准海域使用权人的续期使用申请。本案中，黄生某原海域使用权期限届满之日为2017年2月5日，但是黄生某于2018年1月17日才提交书面续期申请，已超过法律规定期间。上诉人称其在法定期间口头申请续期使用涉案海域，未提供充分证据证明，且不符合法律规定程序，故其上诉理由不能成立。黄生某在海域使用权期限届满前，怠于行使续期权利，依《海域使用管理法》第二十九条规定，海域使用权期满，未申请续期或者申请续期未获批准的，海域使用权终止。故上诉人的上诉请求不能成立，原审法院认定事实清楚，适用法律法规正确，程序合法，二审法院予以维持。

案例二

邹旺某与广东省农业农村厅行政复议纠纷案

• 法院

广东省某人民法院

当事人

上诉人（原审原告）：邹旺某

被上诉人（原审被告）：广东省农业农村厅

原审第三人：李某某

基本案情

第三人李某某于2002年8月17日取得《中华人民共和国水域滩涂养殖证》，该证载明：本证有效期至2007年8月16日，以核准使用期限为准。有效期满后，请到原发证机关申请延展使用期，或注销本证。核准使用期限最后记载日期为"自2009年5月20日至2010年5月19日"。

2014年6月20日，第三人李某某再次取得《中华人民共和国水域滩涂养殖证》，核准水域滩涂养殖权期限为2014年6月20日至2015年10月19日。养殖证"注意事项"栏注明：本证期限与水域滩涂养殖权期限一致，期满60天前应向原登记机关办理期限延展手续。

2017年11月3日，原某市海洋与渔业局作出涉案公告称，大亚湾经济技术开发区194份《水域滩涂养殖证》因养殖权人未在使用期限届满60日前提交办理延展申请，根据原农业部《水域滩涂养殖发证登记办法》第十八条第一款和《行政许可法》第七十条第一项规定，现予以注销。公告还具体公布了上述194份《水域滩涂养殖证》的编号、养殖权人情况，涉案第三人李某某于2014年取得的养殖证为其中之一，但其于2002年取得的养殖证不在涉案公告之中。

2014年7月14日，第三人李某某与原告签订《网箱养殖场转让协议》，以人民币90 000元转让2002年取得的养殖证。原告在诉讼中提交渔排移动追踪识别系统设备安装协议书、收据和标明"某湾渔排082某区海洋与渔业局2016年9月"的铭牌相片，主张行政机关要求原告安装渔排移动追踪识别系统设备并制作铭牌的事实，即应视为行政机关实际上准许原告继续养殖。

原告不服涉案公告，向原省海洋与渔业厅申请行政复议。原省海洋与渔业厅于2017年12月26日作出《行政复议受理通知书》和《提出行政复议答复通知书》；2018年2月3日作出《延长行政复议审查期限通知书》，决定对该案的审查期限延长30日，审查期限从2018年2月20日至2018年3月21日。2018年3月8日，原省海洋与渔业厅作出《中止行政复议审查通知书》,决定中止对该案的审查。2019年1月28日,被告收到省政府行政复议办抄送的《行政复议申诉处理告知书》,认为原海洋与渔业厅中止行政复议审理,符合《中华人民共和国行政复议法实施条例》(中华人民共和国国务院令第499号,以下简称《行政复议法实施条例》)第四十一条第一款的规定。在这期间该省开展机构改革,根据《广东省机构改革方案》,原省海洋与渔业厅的渔业渔政管理职责划归省农业农村厅,根据《广东省关于市县机构改革的总体意见》,原某市海洋与渔业局的渔业管理职责划归某市农业农村局。2019年3月18日,某市中级人民法院对起诉撤销涉案公告的相关当事人作出了终审行政裁定。由于中止的原因已消除,被告根据《行政复议法实施条例》第四十一条第二款的规定,决定于2019年4月2日恢复行政复议审理,2019年4月13日作出《驳回行政复议申请决定书》,并于4月18日送达原告。

　　原审法院认为,本案因原告不服被告作出的《驳回行政复议申请决定书》而提起行政诉讼。本案中,原告在签订水域滩涂养殖证转让协议后,未依法重新办理水域滩涂养殖证发证登记。原告主张其曾到当地海洋与渔业部门申请延展,为证明该事实,原告有义务向法院提交其申请延展的初步证明材料,原告为此提交了证人证言,但证人没有到庭接受询问,证言提及的事实也没有相关有效证据予以证实,该证据不具有证明效力。

　　关于原告主张其根据行政机关的要求安装渔排移动追踪识别系统设备,应视为行政机关准许原告继续养殖的问题,安装渔排移动追踪识别系统设备,其主要目的在于行政管理。养殖证的取得,是原告获得合法养殖的前提,在养殖期限届满前提出延展申请,是原告作为养殖人的法定义务。即使行政机关存在要求原告安装渔排移动追踪识别系统设备的事实,该事实也不能免除原告依据《水域滩涂养殖发证登记办法》的相关规定,在养殖期限届满前提交资料申请延展的义务。原告关于行政机关要求安装渔排移动追踪识别系统设备,即应视为行政机关同意原告继续养殖的主张,缺乏法律依据,不予支持。因原告无法证明在水域滩涂养殖证期限届满60日前向当地海洋与渔业部门申请延展的事实,原告关于已依法申请续期的主张,原审法院不予采信。原告未能申请有效延展,第三人李某某原持有的养殖证已于2015年10月19日届满,其在该期限届满后仍继续从事养殖活动,违反了相关法律规定,属于无证养殖行为,依法不受法律保护。原某市海洋与渔业局基于养殖证已经过期失效的事实,作出涉案公告,本质上只是一种宣告行为,这种宣告行为在后,并不对原告的合法权益产生实质影响。因此,原告提出的行政复议申请,不符合《行政复议法》第六条和《中华人民共和国行政复议法实施条例》第二十八条规定的受理条件,被告作出驳回行政复议申请的决定,于法有据。

综上,被告作出的行政复议决定认定事实清楚、证据确凿、适用法律法规正确,符合法定程序。法院依照《行政诉讼法》第六十九条的规定,判决驳回原告邹旺某的诉讼请求。

上诉人邹旺某不服原审判决,向法院上诉请求撤销一审判决。

• 案件争点

未按要求及时进行续展,其《水域滩涂养殖证》是否会届满失效?

• 裁判要旨

《行政许可法》第七十条规定:"有下列情形之一的,行政机关应当依法办理有关行政许可的注销手续:(一)行政许可有效期届满未延续的;……"《水域滩涂养殖发证登记办法》第十八条第一款规定:"水域滩涂养殖权期限届满,水域滩涂养殖权人依法继续使用国家所有的水域、滩涂从事养殖生产的,应当在期限届满60日前,持养殖证向原发证登记机关办理延展手续,并按本办法第五条规定提交相关材料。"《行政复议法实施条例》第四十八条第一款规定:"有下列情形之一的,行政复议机关应当决定驳回行政复议申请:……(二)受理行政复议申请后,发现该行政复议申请不符合行政复议法和本条例规定的受理条件的。"

本案中上诉人邹旺某在受让原审第三人李某某原经营的涉案养殖渔排后,未重新办理《中华人民共和国水域滩涂养殖使用证》,李某某原持有的《中华人民共和国水域滩涂养殖使用证》于2015年10月19日到期后,李某某未在规定期限内办理延展手续,该《中华人民共和国水域滩涂养殖使用证》已经丧失了效力,某市海洋与渔业局依据上述行政许可法的相关规定,对李某某原持有的《中华人民共和国水域滩涂养殖使用证》依法予以公告注销,对邹旺某的权利义务不产生实际影响。邹旺某不服该注销行为,向被上诉人广东省农业农村厅提起涉案行政复议申请,广东省农业农村厅受理其复议申请后,因机构职责调整中止复议,中止原因消除后恢复复议程序,后以某市海洋与渔业局注销李某某已失去效力的《中华人民共和国水域滩涂养殖许可证》,对邹旺某的权利义务不产生实际影响为由,认定邹旺某的复议申请不符合行政复议的受理条件,据此驳回其复议申请并无不当，上诉人关于请求撤销被诉《驳回行政复议申请决定书》的理由不能成立，原审法院判决予以驳回并无不当，法院依法予以维持。上诉人上诉主张，一审判决认定事实错误，被诉《驳回行政复议申请决定书》程序错误、不合法等，请求撤销一审判决，因理据不足，法院不予采纳。

综上所述，原审判决正确，二审法院予以维持。上诉人上诉请求撤销的理由不成立，法院予以驳回。

三、司法案例类案甄别

（一）事实对比

案例一：黄生某系证书编号为 2016D3207230076× 的海域使用权人，用海时间为 2016 年 2 月 6 日至 2017 年 2 月 5 日。据某县自然资源和规划局海洋资源管理科的成某出具的《情况说明》，黄生某于 2017 年 1 月向成某口头提出海域使用权续期申请，未得到答复。2018 年 1 月 17 日，黄生某向某县自然资源和规划局提交书面的《海域使用权续期申请书》。某县自然资源和规划局于 2018 年 1 月 25 日作出《关于海域使用权续期申请的复函》，该复函认为由于海上风电重大项目建设需要，涉案海域不再设置其他用海形式，根据《海域使用权管理规定》第二十二条第五款的规定，告知黄生某的续期申请不符合条件。

案例二：原告在签订水域滩涂养殖证转让协议后，未依法重新办理水域滩涂养殖证发证登记。原告主张其曾到当地海洋与渔业部门申请延展，为证明该事实，原告有义务向法院提交其申请延展的初步证明材料，原告为此提交了证人证言，但证人没有到庭接受询问，证言提及的事实也没有相关有效证据予以证实，该证据不具有证明效力。安装渔排移动追踪识别系统设备，其主要目的在于行政管理。养殖证的取得，是原告获得合法养殖的前提，在养殖期限届满前提出延展申请，是原告作为养殖人的法定义务。即使行政机关存在要求原告安装渔排移动追踪识别系统设备的事实，但该事实不能替代原告依据《水域滩涂养殖发证登记办法》的相关规定在养殖期间届满前提交资料申请延展的义务。原告关于行政机关要求安装渔排移动追踪识别系统设备，即应视为行政机关同意原告继续养殖的主张，缺乏法律依据，法院不予支持。因原告无法证明在水域滩涂养殖证期限届满 60 日前向当地海洋与渔业部门申请延展的事实，对于原告关于已依法申请续期的主张,原审法院不予采信。原告未能申请有效延展,第三人李某某原持有的养殖证已于2015年10月19日届满,其在该期限届满后仍继续从事养殖活动,违反了相关法律规定,属于无证养殖行为,不受法律保护。原某市海洋与渔业局基于养殖证已经过期失效的事实,作出涉案公告,本质上只是一种宣告行为,因这种宣告行为在后,并不对原告的合法权益产生实质影响。

(二) 适用法律对比

案例一:根据《海域使用管理法》的相关规定,办理海域使用续期的有关手续,是指海域使用权人应当至迟于期限届满前二个月向原批准用海的人民政府申请续期,如果在期限届满前二个月未提出申请的,则视为海域使用权人在海域使用权期限届满后放弃使用该海域的权利。海域使用权人在提出申请时,还应当提交相应的书面申请材料。原海域使用权的取得不论是通过申请、审批取得,还是通过招标或者拍卖取得,其进行续期申请的程序和要求相同。如果因公共利益和国家安全需要使用该海域的,原批准用海的人民政府也可以不批准海域使用权人的续期使用申请。本案中,黄生某原海域使用权期限届满之日为2017年2月5日,但是黄生某于2018年1月17日才向某县自然资源和规划局提交书面续期申请,已超过法律规定期。上诉人称其在法定期间口头申请续期使用涉案海域,未提供充分证据证明,且不符合法律规定程序,故其上诉理由不能成立。黄生某在海域使用权期限届满前,怠于行使续期权利,依《海域使用管理法》第二十九条规定,海域使用权终止。

案例二:法院认为,《行政许可法》第七十条规定:"有下列情形之一的,行政机关应当依法办理有关行政许可的注销手续:(一)行政许可有效期届满未延续的;……"《水域滩涂养殖发证登记办法》第十八条第一款规定:"水域滩涂养殖权期限届满,水域滩涂养殖权人依法继续使用国家所有的水域、滩涂从事养殖生产的,应当在期限届满60日前,持养殖证向原发证登记机关办理延展手续,并按本办法第五条规定提交相关材料。"《行政复议法实施条例》第四十八条第一款规定:"有下列情形之一的,行政复议机关应当决定驳回行政复议申请:……(二)受理行政复议申请后,发现该行政复议申请不符合行政复议法和本条例规定的受理条件的。"

(三)类案数据分析

截至 2024 年 1 月 26 日,以"海域使用权""水域滩涂养殖证""按照规定申请续期""怠于行使"为关键词,通过公开案例库共检索出类案 13 件。

从地域分布来看,当前案例主要集中在江苏省、福建省、辽宁省,分别占比 30.77%、23.08%、15.38%。其中江苏省的案件量最多,达到 4 件。

从案由分类情况来看,当前最主要的案由是民事,有 9 件;其次是行政,共 2 件;刑事,共 1 件;国家赔偿,共 1 件。

从行业分类情况来看,当前的行业分布主要集中在金融业,共 3 件;农、林、牧、渔业,共 2 件;制造业,共 1 件;房地产业,共 1 件;租赁和商务服务业,共 1 件。

从审理程序分布情况来看,一审案件有 9 件,二审案件有 3 件,国家赔偿案件有 1 件。并能够推算出一审上诉率为 33.33%。

通过对一审裁判结果进行分析可知:当前条件下全部/部分支持的有 7 件;全部驳回的有 1 件。

通过对二审裁判结果进行分析可知:当前条件下维持原判的有 2 件;改判的有 1 件。

四、类案裁判规则的解析确立

养殖证的取得,是养殖人获得合法养殖的前提,在养殖期限届满前提出延展申请,是行为人作为养殖人的法定义务。根据《水域滩涂养殖发证登记办法》第十八条,"水域滩涂养殖权期限届满,水域滩涂养殖权人依法继续使用国家所有的水域、滩涂从事养殖生产的,应当在期限届满 60 日前,持养殖证向原发证登记机关办理延展手续,并按本办法第五条规定提交相关材料。因养殖水域滩涂规划调整不得从事养殖的,期限届满后不再办理延展手续",以及《行政许可法》第七十条第一、六项,"有下列情形之一的,行政机关应当依法办理有关行政许可的注销手续:(一)行政许可有效期届满未延续的;……(六)法律、法规规定的应当注销行政许可的其他情形"的规定，在水域、滩涂从事养殖生产的，应当在期限届满60日前向原发证登记机关办理延展手续，因养殖水域滩涂规划调整不得从事养殖的，期限届满后不再办理延展手续。

根据《海域使用管理法》的相关规定，办理海域使用续期的有关手续，是指海域使用权人应当至迟于期限届满前2个月向原批准用海的人民政府申请续期，如果在期限届满前2个月未提出申请，则视为海域使用权人在海域使用权届满后放弃使用该海域的权利。海域使用权人在提出申请时，还应当提交相应的书面申请材料。原海域使用权的取得不论是通过申请、审批取得，还是通过招标或者拍卖取得，其进行续期申请的程序和要求相同。如果养殖证期限届满未延续，行政机关应当依法办理有关行政许可的注销手续。在海域使用权期限届满前，海域使用权人怠于行使其具有的续期权利，根据《海域使用管理法》第二十九条的规定，其海域使用权终止。法院在审理涉及养殖证期限届满的案件过程中，如果行政机关已经依照法定程序和相应职权对期限届满的海域使用权人进行告知且注销，或对未按照要求进行续期申请不予批准，法院应当支持。

五、关联法律法规

（一）《中华人民共和国海域使用管理法》（2002年1月1日施行）

第二十九条　海域使用权期满，未申请续期或者申请续期未获批准的，海域使用权终止。

（二）《水域滩涂养殖发证登记办法》（2010年7月1日施行，中华人民共和国农业部令2010年第9号）

第十八条　水域滩涂养殖权期限届满，水域滩涂养殖权人依法继续使用国家所有的水域、滩涂从事养殖生产的，应当在期限届满60日前，持养殖证向原发证登记机关办理延展手续，并按本办法第五条规定提交相关材料。

因养殖水域滩涂规划调整不得从事养殖的，期限届满后不再办理延展手续。

海洋生态环境司法裁判规则
第4条

未经批准非法占海、围海、填海行为，与行为人对其享有海域使用权的海域实施的改变经批准海域用途等的违法用海行为，在行为性质、处罚法律依据、处罚种类、量罚幅度等方面均不同，故行政机关在作出行政处罚决定前需要严格区分非法用海方式

一、聚焦司法案件裁判观点

■ **争议焦点**

行政机关是否应区分非法用海方式而作出不同的行政处罚？

■ **裁判观点**

非法用海的方式一般可分为未经任何批准的占海、围海、填海，以及经过批准但擅自改变海域用途等的用海。前一种行为系使用人未履行任何的申请、批复手续，属于完全的无权使用；后一种行为则系使用人履行了相关手续且取得了海域使用权证，但其在使用过程中超越了海洋行政管理部门所批准的用途或其他标准，属于越权使用。不同的非法用海情形中，使用者非法用海的主观恶性有所区别，客观上对海域生态环境的破坏程度也有差异，法律对于不同情形也规定了不同的惩罚幅度。因此，行政机关在作出行政处罚时也应严格区分非法用海的方式，根据比例原则、合理性原则等作出较为公正的行政处罚。法院在对行政行为进行审查时亦应重点考量行政相对人是否构成非法用海，以及在已经构成的前提下其用海方式究竟为何种类型，进而认定行政行为是否量罚适当。

二、司法案例样本对比

案例一

海某国际高尔夫球场有限公司与国家海洋局行政处罚纠纷案

- 法院

北京市某人民法院

- **当事人**

上诉人(原审原告):海某国际高尔夫球场有限公司(以下简称"海某公司")

被上诉人(原审被告):国家海洋局

- **基本案情**

原告海某公司未取得海域使用权证,在广东省某市某县某镇海某公司五星级酒店以南海域进行弧形护堤建设。2003年9月26日,涉案弧形护堤尚不存在。2009年3月9日,涉案弧形护堤部分形成。2010年10月21日,被告国家海洋局针对执法检查中发现的海某公司前述行为予以立案并进行调查。2011年3月,经南海工程勘察中心鉴定,涉案弧形护堤系填海形成的非透水构筑物(堤坝),面积为0.1228公顷。经听证等法定程序,国家海洋局于2012年7月25日作出行政处罚决定书(以下简称"被诉处罚决定"),认定海某公司的前述建设行为属填海活动,所建弧形护堤的用海类型为非透水构筑物用海,用海面积为0.1228公顷,据此,决定对海某公司处以涉案弧形护堤用海所应缴纳海域使用金的15倍罚款,总计82.89万元。海某公司不服被诉处罚决定,向法院提起行政诉讼。

法院经审理认为:《海域使用管理法》《广东省海域使用管理规定》(粤府〔1996〕27号)等有关规定明确了任何单位或个人实施填海等占用海域的行为,必须依法取得海域使用权,海域使用权证书是当事人合法使用海域的凭证。本案中,海某公司未经合法取得海域使用权,填海建设弧形护堤的行为,属于《海域使用管理法》第四十二条所指未经批准非法占用海域进行填海活动的情形,被诉处罚决定的该部分认定证据充分、定性准确。海某公司关于涉案弧形护堤并非建设于海域范围,故国家海洋局无管辖权的诉讼理由,缺乏事实依据;其关于某县政府与其签订的合同可以作为其取得海域使用权证明的诉讼理由,缺乏法律依据。故法院判决驳回海某公司关于撤销被诉处罚决定的诉讼请求。海某公司不服一审判决,提起上诉。

- **案件争点**

海域使用权的取得标志是有关机关批准还是海域使用权证的颁发?非透水构筑物的建设是否属于填海行为?

• 裁判要旨

海域使用权从性质上说是一种准用益物权。之所以为用益物权，一是基于海域使用权的特征，即其系对他人（国家）之物的占有、使用、收益的权利，其效力上具有直接支配性、排他性，客体上具有特定性；二是因为我国《物权法》（已废止，被《民法典》替代）在第三编用益物权中，以第一百二十二条明文规定了依法取得的海域使用权受法律保护，这表明海域使用权作为用益物权的一种也得到了物权法的明确肯认。之所以称之为"准"用益物权，是因为一般用益物权的设定基础是平等民事主体之间的物权设定合同，而海域使用权的设定基础是政府以海域资源的所有者（国家）之代表的名义所作的权利安排。即与一般用益物权相比，海域使用权的取得具有较浓的行政色彩。

即便具有较浓的行政色彩，海域使用权仍具有不动产用益物权的一般特征，即具有一定的要式要求，必须通过某种方式予以宣示，使社会第三人能够明确此种权利的设定和变动情况。因此，未取得海域使用权证的，不能认为当事人已经取得了海域使用权。2002年1月1日起施行的《海域使用管理法》第十九条明确规定，海域使用申请人自领取海域使用权证书之日起方取得海域使用权。

本案海某公司在未取得海域使用权证的情况下擅自建设涉案弧形护堤的行为，显系《海域使用管理法》第四十二条所指之非法占用海域行为，依法应予处罚。海某公司关于其已基于与某县政府签订的合同取得了后者同意，故已取得海域使用权的诉讼主张不能成立。

依照《海域使用管理法》第四十二条之规定，针对普通的非法占用海域行为，海洋行政主管部门应责令行为人退还非法占用的海域，恢复海域原状，没收违法所得，并处非法占用海域期间内该海域面积应缴纳的海域使用金5倍以上15倍以下的罚款；进行围海、填海活动的，海洋行政管理部门应责令行为人退还非法占用的海域，恢复海域原状，没收违法所得，并处非法占用海域期间内该海域面积应缴纳的海域使用金10倍以上20倍以下的罚款，也即围海、填海活动比普通非法用海行为情节更为严重，法律对此加重了罚款幅度。本案中，国家海洋局认定海某公司建设涉案弧形护堤的行为属于填海，故依照《海域使用管理法》第四十二条之规定，对海某公司处以罚款，并采用了加重罚（填海）的中间值，即15倍的罚款。

《海域使用管理法》第三十二条规定："填海项目竣工后形成的土地，属于国家所有。海域使用权人应当自填海项目竣工之日起三个月内，凭海域使用权证书，向县级以上人民政府土地行政主管部门提出土地登记申请，由县级以上人民政府登记造册，换发国有土地使用权证书，确认土地使用权。"从该条规定理解，填海活动似乎必须形成陆地的扩大及海岸线的改变，否则不会涉及颁发土地使用权证书的问题，也即填海似等同于填海造地。《海域使用管理法》第四十二条所指"填海"是否应理解为第三十二条所指"填海造地"，决定着国家海洋局对海某公司处以填海加重罚是否正确的问题，因为涉案弧形护堤只是建设在海中的一道堤坝，其与陆地之间还有海水相通，显然不会形成有效岸线，不属于填海造地。对此合议庭认为，《财政部、国家海洋局关于加强海域使用金征收管理的通知》（财综〔2007〕10号）的相关条文可作为参考。该通知的附件3"用海类型界定"中对"填海造地用海"的定义是"通过筑堤围割海域，填成能形成有效岸线土地，完全改变海域自然属性的用海"；对"构筑物用海"的定义是"采用透水或非透水等方式构筑海上各类设施，全部或部分改变海域自然属性的用海"；对构筑物用海中"非透水构筑物用海"的定义是"采用非透水方式构筑不形成有效岸线的码头、突堤、引堤、防波堤、路基等设施的填海用海。"由此可知，虽然与形成有效岸线的填海造地用海不同，非透水构筑物用海作为改变海域自然属性的用海方式，同样构成填海。《海域使用管理法》第四十二条所指"填海"应按照其字面意思，作改变海域自然属性的一般理解，不能狭义地理解为填海造地。被诉处罚决定基于此对海某公司处以填海的加重罚是正确的。

案例二

某市某区四某水产养殖基地与广东省海洋与渔业厅渔业行政处罚上诉案

- 法院

广东省某人民法院

● **当事人**

上诉人（原审原告）：某市某区四某水产养殖基地（以下简称"四某养殖基地"）

被上诉人（原审被告）：广东省海洋与渔业厅

● **基本案情**

2011年3月28日至5月10日，原告四某养殖基地在未取得海域使用权的情况下，擅自占用某市某区某镇某海域40平方米，实施堤坝构筑建设。某市某区海洋与渔业局于同年10月28日对原告作出责令退还非法占用的海域，恢复海域原状，并处罚款54 000元的行政处罚。同年11月11日，原告缴纳了该罚款。

2017年3月21日，被告作出粤海执处罚〔2017〕10×号《行政处罚决定书》，认定原告在未取得海域使用权证的情况下非法占用海域，填海1.002 5公顷，违反了《海域使用管理法》第三条第二款的规定，依据该法第四十二条的规定，对原告作出责令退还非法占用的海域，恢复海域原状，并处非法占用海域1.002 5公顷期间应缴纳的海域使用金16倍罚款21 654 000元。被告于同年3月24日将《行政处罚决定书》及《广东省省级非税收入缴款通知书》《转账缴款须知》送达原告。原告不服诉至原审法院，请求撤销该处罚决定。

原审法院认为：原告四某养殖基地不服被告作出的《行政处罚决定书》提起本案诉讼，本案为一宗环境管理行政处罚纠纷案件。根据原告、被告的诉辩及庭审情况，本案有以下争议焦点：

1. 被告作出行政处罚事实是否清楚，证据是否充分。

2011年10月28日，某市某区海洋与渔业局认定原告于同年3月28日至5月10日在未取得海域使用权的情况下，擅自占用某区某镇某海域40平方米，对其作出责令退还非法占用的海域，恢复海域原状，并处罚款54 000元的行政处罚。2012年8月9日，该局执法人员发现原告基地面向海一侧有新土围填成的陆地，对原告违法占用海域的行为进行调查取证并制作了《现场笔录》和《询问笔录》，原告当时的负责人余某承认是由其自行雇用车辆和人员施工填海。2013年3月15日，被告委托某市海域使用动态监管中心对原告实施填海占用海域的面积进行测绘，该中心出具的《填海区域测量报告》记载原告未经批准填海面积为 0.669 3 公顷。2016 年 7 月 25 日,广东省海域使用动态监视监测中心根据 2011 年至 2015 年期间的卫星遥感影像出具了《疑点疑区监测报告》,认定原告在此期间持续进行填海。同年 11 月 15 日,被告再次到原告基地进行执法检查并委托邦某公司对原告填海现场进行测量,邦某公司出具的《测量技术报告》记载未经批准填海用海面积为 1.002 5 公顷。被告为确定原告非法占用海域的面积先后两次委托有资质的检测单位进行测量,并根据最新作出的《测量技术报告》认定了原告的非法占用海域面积,说明被告作出行政处罚认定事实清楚,证据充分。

《测量技术报告》对原告填海区域内侧的界址点采用了法定海岸线的拐点及已经执法的界址点,界址点为法定海岸线说明该报告的测绘面积均为海域,并非原告所称的部分填海区域原为土地;界址点包括已经执法的界址点说明该报告的测绘面积已扣除了原告被处罚的 40 平方米违法填海面积,原告认为被告在作出行政处罚时对已作处罚的区域未予扣减构成重复处罚的主张亦不能成立。

2. 被告作出的行政处罚适用法律是否正确,处罚幅度是否适当。

原告在未取得海域使用权的情况下,非法占用海域进行填海活动,应当受到相应的行政处罚,原告称其填海属于防灾减灾的公益事业用海,应当免缴海域使用金的主张没有事实和法律依据。根据《海域使用管理法》第七条第一款的规定,被告作为广东省人民政府海洋行政主管部门,依法有权对原告未经批准非法占用海域的行为进行调查并作出行政处罚。原告未向海洋主管部门提出相关申请,未开展海域使用论证和海洋环境影响评价,未取得海域使用权证书而实施填海行为,用海类型不符合广东省海洋功能区划,且在被立案处罚并多次被责令停工后仍未能停止违法填海行为,被告根据《海域使用管理法》第四十二条以及《广东省海洋与渔业规范行政处罚自由裁量权标准(海洋类)》第二条的规定,对原告作出"责令退还非法占用的海域,恢复海域原状,并处非法占用海域 1.002 5 公顷期间内应缴纳的海域使用金 16 倍罚款,计人民币 21 654 000 元整"的涉案行政处罚,适用法律正确,处罚幅度适当。

综上所述,原审法院作出判决如下:一、确认被告广东省海洋与渔业厅作出的粤海执处罚(2017)10×号《行政处罚决定书》程序合法;二、驳回原告某市某区四某养殖基地关于撤销广东省海洋与渔业厅作出的粤海执处罚（2017）10×号《行政处罚决定书》的诉讼请求。本案一审案件受理费人民币 100 元，由原告某市某区四某水产养殖基地负担。

上诉人四某养殖基地不服一审判决，向法院提起上诉。

- **案件争点**

广东省海洋与渔业厅作出的被诉行政处罚决定是否合法？

- **裁判要旨**

《海域使用管理法》第三条第二款规定："单位和个人使用海域，必须依法取得海域使用权。"该法第四十二条规定："未经批准或者骗取批准，非法占用海域的，责令退还非法占用的海域，恢复海域原状，没收违法所得，并处非法占用海域期间内该海域面积应缴纳的海域使用金五倍以上十五倍以下的罚款；对未经批准或者骗取批准，进行围海、填海活动的，并处非法占用海域期间内该海域面积应缴纳的海域使用金十倍以上二十倍以下的罚款。"《广东省海洋与渔业规范行政处罚自由裁量权标准（海洋类）》第二条规定，未经批准或者骗取批准，进行围海、填海活动的，其中不符合海洋功能区划（或区域用海规划），不按要求停止违法用海行为属于较重情节，应当予以责令退还非法占用的海域，恢复海域原状，没收违法所得，并处非法占用海域期间内应缴海域使用金 16～20 倍的罚款。本案中，上诉人四某养殖基地 2011 年因非法占用海域实施填海被行政处罚后，未及时纠正其违法行为，在未办理任何批准手续的情况下，仍继续实施围海、填海等非法占用海域的行为，属于上述法律规定的应当予以处罚的情形。经具有相应资质的邦某公司实地测量后出具的《测量技术报告》确认，本案未经批准填海用海面积为 1.002 5 公顷，上诉人当时负责人余某亦对上述填海事实予以确认并在现场配合共同见证测量结果，收到上述报告后也未提出过异议。被上诉人广东省海洋与渔业厅据此作出被诉行政处罚，责令上诉人退还非法占用的海域，恢复海域原状，并处罚款人民币 21 654 000 元整。该处罚事实清楚，证据充分，罚款金额在相应的法定幅度内，适用法律正确。上诉人四某养殖基地在二审时否认其当时负责人余某所作的陈述，认为其 2012 年有加固行为之后再无填海行为，欠缺有效证据佐证，对该上诉主张，不予采纳。

案例三

某市自然资源和规划局与某市某海源工贸有限公司海洋行政处罚、行政复议案

• **法院**

福建省某人民法院

• **当事人**

上诉人（原审被告）：某市自然资源和规划局（以下简称"某资规局"）

被上诉人（原审原告）：某市某海源工贸有限公司（以下简称"某海源公司"）

原审被告：某市人民政府

原审第三人：某市海洋发展局（以下简称"某海发局"）

原审第三人：林某

• **基本案情**

原审原告某海源公司设立于2003年，法定代表人为林某。2010年8月24日某市海洋发展局作出《行政处罚决定书》（下称"2010年处罚决定"），认定原告于2009年7月在某区某水库海堤外侧海域，在未取得海域使用权的情况下，擅自将砂石场的建筑土头推倒入海，非法占用海域15平方米的行为，违反《海域使用管理法》第三条第一款、第二款的规定，作出责令退还非法占用的海域，恢复海域原状，并罚款20 250元的处罚。处罚作出后，原告缴纳了罚款，并将该15平方米海域恢复原状，整改完毕。2017年5月15日，某海发局立案调查某海源公司涉嫌违反《海域使用管理法》第三条第一款、第二款在某区某水库海堤外侧海域建砂场的行为。经调查，2018年6月19日某海发局作出《行政处罚决定书》（下称"被诉处罚决定"），认定原告于2003年左右开始，在某区某村某路附近，未经批准非法占用海域面积0.616 7公顷用于开设砂场，并处以罚款555 030元。2018年7月2日，某海发局在涉案场地向原告法定代表人林某送达了被诉处罚决定。原告不服，提起复议，某人民政府作出复议决定

维持了被诉处罚决定并送达原告。次日，原告缴纳了罚款。

原审法院认为，本案是一起海洋行政处罚案，在被诉处罚决定作出时，某海发局是某市的海洋行政主管部门，依据《海域使用管理法》第四十二条、第五十条的规定，其具有作出被诉处罚决定的法定职权。综合全案事实、证据，原审认为被诉处罚决定和被诉复议决定应予撤销。

被诉处罚决定法律适用错误。一方面，未适用"实体从旧兼从优"原则。根据《最高人民法院关于印发〈关于审理行政案件适用法律规范问题的座谈会纪要〉的通知》（法〔2004〕96号）的规定，针对新的法律规范施行之前的行政相对人的行为，一般实体问题应适用旧的法律规范。某海发局针对跨越2007年的持续性的相对人行为，完全适用新的法律规范（《财政部、国家海洋局关于加强海域使用金征收管理的通知》（财综〔2007〕10号）和《福建省人民政府办公厅关于印发福建省海域使用金征收配套管理办法的通知》（闽政办〔2007〕153号），即"2007年通知"）计算罚款金额，构成法律适用错误。在适用旧的法律规范（《福建省海域使用金征收管理暂行办法》（闽政办〔2001〕201号），即"2001年办法"）时，应由海洋主管机关行使首次判断权以确定原告占海行为应参照适用"2001年办法"第六条所列哪一用海类型的问题。在确定用海类型的前提下，如果查明按"2001年办法"是一次性征收海域使用金，则是对行政相对人负担较轻的算法，应予采用；如果查明按"2001年办法"是按年征收，则应分段适用"2001年办法"和"2007年通知"计算海域使用金，如此才符合"实体从旧兼从优"原则之本义。另一方面，即便不考虑"实体从旧兼从优"原则，被诉处罚决定在适用新的实体规范时仍存在错误。《海域使用管理法》第四十二条的文义本身亦包含了占用的期间要素，机械地按一次性征收海域使用金的模式计算罚款，曲解了法律规定。

被诉处罚决定认定事实不清、主要证据不足。由于涉案场地范围的测绘结果直接决定了罚款金额大小以及当事人将要负担退还、恢复原状责任的区域范围，皆关系到当事人的重大利益，所以基于行政法的程序正当原则，理应充分保障当事人的参与权、知情权，通知其到场参加指界。被诉处罚决定作出时有效的地方性法规《福建省行政执法程序规定》第二十四条将"测量"这一取证类型视为现场勘验检查的一种，并规定应通知相对人或其代理人"到场"。故行政执法中涉及界址范围确定时，应通知当事人到场参加指界，当事人经通知不到场，视为弃权。而本案被诉处罚决定的作出，把当事人的现场笔录制作活动与现场测量活动分隔开来，对当事人制作了现场笔录但没有让当事人参加测量活动、现场指界。而且,对于本案占用海域现场的靠陆一侧,南侧与另一砂场为邻,对于这种分属不同控制人的两块场地相邻的情况,本就需要当事人到场指明具体的边界位置,所以客观上难言界址清晰;西侧与道路为邻,经原审法院审判人员实地踏勘,相互之间存在一片林木带,且林木带有一定宽度,原告在本案中否认上述林木带属于其所有,某海发局、被告亦无证据证明林木带的业主。故现场的界址是不清晰的。此外,占海行为的起算日关系到海域使用金的计算,对罚款金额具有重大影响,而被诉处罚决定仅认定原告在"2003年左右"开始占海,该时间过于模糊,亦属于基础事实不清。

综上,被诉处罚决定适用法律错误,所依据的事实不清、主要证据不足,量罚明显错误,程序违法,应予撤销。被告某市人民政府所作的维持被诉处罚决定的复议决定亦应撤销。考虑到涉案海域生态环境被侵害的事实客观存在,必须查清事实依法作出处理,故应判决责令被告某资规局重新作出行政行为。依照《行政诉讼法》第七十条第一、二、三项及《行政诉讼法解释》第一百三十六条第一款之规定,判决如下:一、撤销×海渔处罚(2017)2×号《行政处罚决定书》,责令被告某资规局重新作出行政行为;二、撤销被告某市人民政府作出的×府行复〔2018〕7×号《行政复议决定书》。

上诉人某资规局不服原审判决,向法院提起上诉,请求撤销原审判决,改判驳回被上诉人的全部诉讼请求。

• **案件争点**

案涉处罚决定所依据的事实是否清楚、法律适用是否正确?

• **裁判要旨**

根据《行政诉讼法》第七十条的规定,行政机关作出行政行为应当认定事实清楚、证据确实、充分,适用法律正确,否则人民法院应当判决予以撤销,并可判决重新作出行政行为。根据该法第三十四条规定,被告对作出的行政行为的合法性负有举证责任。本案中,被诉处罚决定认定被上诉人某海源公司于"2003年左右开始""非法占用海域面积0.616 7公顷",该基本事实认定包括违法行为起始时间和非法占用海域面积两部分。某海发局在本案诉讼中提供的2010年处罚决定卷宗中的《企业法人营业执照》证明,某海源公司成立日期为2003年9月25日,亦即该日期之前本案违法行为主体某海源公司并不存在，而被诉处罚决定认定违法行为于"2003年左右开始"，使非法占用海域期间包含了2003年9月25日之前这一违法行为主体不存在的时段，显然对违法行为起始时间的事实认定并不清楚。某海发局在本案诉讼中提供的具体支持"非法占用海域面积0.616 7公顷"这一事实认定的主要证据，是国家海洋局厦门海洋环境监测中心站于2017年5月15日现场测量并于当月出具的测量报告。非法占用海域的具体面积，是衡量违法行为严重程度和确定罚款金额的重要因素，涉及当事人的重大利益，应当做到测量过程的公正和测量结果的准确。但是，在林某于测量当日配合制作现场笔录的情况下，调查部门并没有通知其参与现场测量和指界，且在现场西侧有一定宽度的林木带、南侧有另一砂场的情况下，调查部门也没有调查林木带和另一砂场的权利人以通知其作为利害关系人参与现场测量指界。可见，测量过程缺乏足够的参与度和公正性，使得案涉现场界址不准确，造成测量报告数据不可信。林某在2017年5月15日询问笔录中陈述砂场面积"估算4 000平方米"，其亦曾在2017年8月25日的听证会上提出"测量时我没在现场，连朝阳水库都测量进去了。"因此，被诉处罚决定对本案基本事实认定不清，证据不足。

违法行为处于持续状态的，应当适用违法行为终了时有效的法律规范。本案某海源公司非法占用海域具有持续性，持续至2017年5月15日其被通知停止违法行为之时，故本案应当适用2017年5月15日有效的法律规范。原审法院关于本案法律适用应遵循"实体从旧兼从优"原则的观点并不妥当，应予以指正。被诉处罚决定对某海源公司处以罚款适用的是《海域使用管理法》第四十二条，该条规定罚款数额以非法占海期间该海域面积应缴纳的海域使用金五倍至十五倍予以确定。按照"2007年通知"中的《财政部、国家海洋局关于加强海域使用金征收管理的通知》（财综〔2007〕10号）规定，海域使用金按照用海类型、海域等别以及相应征收标准征收，该通知附件3界定了构筑物用海、其他用海等五大用海类型的含义，其中"构筑物用海"项下的"跨海桥梁、海底隧道等用海"的含义是指"占用海面空间或底土用于建设跨海桥梁、海底隧道、海底仓储等工程用海"；"其他用海"的含义是指"上述用海类型之外的用海"。确定某海源公司非法占海的用海类型，是对本案违法行为进行依法处理的关键，是本案法律适用中的重要问题。处罚机关的首次判断权应予尊重，但其对本案用海类型的首次判断应经得起合法合理的审查。被诉处罚决定作出过程中认定某海源公司非法占海的用海类型属于"构筑物用海"项下的"跨海桥梁、海底隧道等用海"。根据处罚机关的调查和认定,本案违法行为具有一定特殊性,即在他人填海形成陆地又属海域范围的场地上予以非法占用经营砂场,该行为与具有建设构筑物行为的"工程用海"类型具有明显不同。某资规局主张的某海源公司实际是把海底当作建筑废土存储场所的"海底仓储"行为,某海发局主张的某海源公司在涉案场地设立大门、围墙等属建设构筑物的"工程用海"行为,均不符合本案实际。因此,被诉处罚决定适用法律不当。

综上,被诉处罚决定认定事实不清、证据不足,适用法律不当,原审判决予以撤销并责令重新作出行政行为,并无不当。至于某海源公司是否具有从轻处罚的法定情形,能否进行从轻处罚,属于行政机关裁量权范围,应由上诉人在重新作出行政行为时再予以裁量处理。原审被告经复议后决定维持被诉处罚决定错误,原审同时判决撤销被诉复议决定,亦无不当。据此,依照《行政诉讼法》第八十九条第一款第一项之规定,二审法院判决驳回上诉,维持原判。

三、司法案例类案甄别

(一)事实对比

案例一:海某公司未取得海域使用权证,在广东省某市某县某镇海某公司五星级酒店以南海域进行弧形护堤建设。2003年9月26日,涉案弧形护堤尚不存在。2009年3月9日,涉案弧形护堤部分形成。2010年10月21日,国家海洋局针对执法检查中发现的海某公司前述行为予以立案并进行调查。2011年3月,经南海工程勘察中心鉴定,涉案弧形护堤系填海形成的非透水构筑物,面积为0.122 8公顷。经听证等法定程序,国家海洋局于2012年7月25日作出行政处罚决定书,认定海某公司的前述建设行为属填海活动,所建弧形护堤的用海类型为非透水构筑物用海,用海面积为0.122 8公顷,据此,决定对海某公司处以涉案弧形护堤用海所应缴纳海域使用金的15倍罚款,总计82.89万元。

案例二:2011年10月28日,某市某区海洋与渔业局认定原告于同年3月28日至5月10日在未取得海域使用权的情况下,擅自占用某区某镇某海域40平方米,对其作出责令退还非法占用的海域,恢复海域原状,并处罚款54 000元的行政处罚。2012年8月9日,该局执法人员发现原告基地面向海一侧有新土围填成的陆地,对原告违法占用海域的行为进行调查取证并制作了《现场笔录》和《询问笔录》,原告当时的负责人余某承认是由其自行雇用车辆和人员施工填海。2013年3月15日,被告委托某市海域使用动态监管中心对原告实施填海占用海域的面积进行测绘,该中心出具的《填海区域测量报告》记载原告未经批准填海面积为0.669 3公顷。2016年7月25日,广东省海域使用动态监视监测中心根据2011年至2015年期间的卫星遥感影像出具了《疑点疑区监测报告》,认定原告在此期间持续进行填海。同年11月15日,被告再次到原告基地进行执法检查并委托邦某公司对原告填海现场进行测量,邦某公司出具的《测量技术报告》记载,未经批准填海用海面积为1.002 5公顷。被告在作出行政处罚前多次去原告处进行现场调查并对原告当时的负责人余某进行询问,余某对填海事实予以确认并在现场配合共同见证测量结果。被告为确定原告非法占用海域的面积先后两次委托有资质的检测单位进行测量,并根据最新作出的《测量技术报告》认定了原告的非法占用海域面积,说明被告作出行政处罚认定事实清楚,证据充分。

案例三:某海源公司设立于2003年,法定代表人为林某。2010年8月24日某市海洋发展局作出2010年处罚决定,认定原告于2009年7月在海沧区朝阳水库海堤外侧海域,在未取得海域使用权的情况下,擅自将砂石场的建筑土头推倒入海,非法占用海域15平方米的行为,违反《海域使用管理法》第三条第一款、第二款的规定,作出责令退还非法占用的海域,恢复海域原状,并罚款20 250元的处罚。处罚作出后,原告缴纳了罚款,并将该15平方米海域恢复原状,整改完毕。2017年5月15日,某海发局立案调查某海源公司涉嫌违反《海域使用管理法》第三条第一款、第二款,在某区某水库海堤外侧海域建砂场的行为。经调查,2018年6月19日某海发局作出被诉处罚决定,认定原告于2003年左右开始,在某区某村某路附近,未经批准非法占用海域面积0.616 7公顷用于开设砂场,处以罚款555 030元。2018年7月2日,某海发局在涉案场地向原告法定代表人林某送达了被诉处罚决定。次日,原告缴纳了罚款。

(二)适用法律对比

案例一:《海域使用管理法》《广东省海域使用管理规定》(粤府

〔1996〕27号）等有关规定明确了任何单位或个人实施填海等占用海域的行为，必须依法取得海域使用权，海域使用权证书是当事人合法使用海域的凭证。本案中，海某公司未经合法取得海域使用权，填海建设弧形护堤的行为，属于《海域使用管理法》第四十二条所指未经批准非法占用海域进行填海活动的情形，被诉处罚决定的该部分认定证据充分、定性准确。海某公司关于涉案弧形护堤并非建设于海域范围，故国家海洋局无管辖权的诉讼理由，缺乏事实依据，其关于某县政府与其签订的合同可以作为其取得海域使用权证明的诉讼理由，缺乏法律依据。

案例二：《海域使用管理法》第三条第二款规定："单位和个人使用海域，必须依法取得海域使用权。"该法第四十二条规定："未经批准或者骗取批准，非法占用海域的，责令退还非法占用的海域，恢复海域原状，没收违法所得，并处非法占用海域期间内该海域面积应缴纳的海域使用金五倍以上十五倍以下的罚款；对未经批准或者骗取批准，进行围海、填海活动的，并处非法占用海域期间内该海域面积应缴纳的海域使用金十倍以上二十倍以下的罚款。"原告未向海洋主管部门提出相关申请，未开展海域使用论证和海洋环境影响评价，未取得海域使用权证书而实施填海行为，用海类型不符合广东省海洋功能区划，且在被立案处罚并多次被责令停工后仍未能停止违法填海行为，被告根据《海域使用管理法》第四十二条以及《广东省海洋与渔业规范行政处罚自由裁量权标准（海洋类）》第二条规定，对原告作出"责令退还非法占用的海域，恢复海域原状，并处罚款人民币21 654 000元整"的涉案行政处罚，适用法律正确，对原告处以十六倍罚款在《海域使用管理法》第四十二条规定的十倍以上二十倍以下罚款的范围内，也符合其内部规定，属于行政机关的自由裁量权，处罚幅度适当。

案例三：被诉处罚决定对某海源公司处以罚款适用的是《海域使用管理法》第四十二条，该条规定罚款数额以非法占海期间该海域面积应缴纳的海域使用金五倍至十五倍予以确定。按照"2007年通知"中的《财政部、国家海洋局关于加强海域使用金征收管理的通知》（财综〔2007〕10号）规定，海域使用金按照用海类型、海域等别以及相应征收标准征收。确定某海源公司非法占海的用海类型，是对本案违法行为进行依法处理的关键，是本案法律适用中的重要问题。处罚机关的首次判断权应予尊重，但其对本案用海类型的首次判断应经得起合法合理的审查。被诉处罚决定作出过程中认定某海源公司非法占海的用海类型属于"构筑物用海"项下的"跨海桥梁、海底隧道等用海"。根据处罚机关的调查和认定，本案违法行为具有一定特殊性，即在他人填海形成陆地又属海域范围的场地上予以非法占用经营砂场，该行为与具有建设构筑物行为的"工程用海"类型具有明显不同。

（三）类案数据分析

截至 2024 年 1 月 26 日，以"非法占海、围海""海域使用权的海域""改变经批准海域用途""违法用海行为""区分非法用海方式"为关键词，通过公开案例库共检索出类案 481 件。

从地域分布来看，当前案例主要集中在广东省、江苏省、辽宁省，分别占比 15.38%、12.47%、11.23%。其中广东省的案件量最多，达到 74 件。

从案由分类情况来看，当前最主要的案由是行政，有 275 件；其次是民事，有 184 件；刑事，有 20 件；国家赔偿，有 1 件；执行，有 1 件。

从行业分类情况来看，当前的行业分布主要集中在房地产业，共 72 件；租赁和商务服务业，共 56 件；农、林、牧、渔业，共 34 件；批发和零售业，共 24 件；制造业，共 22 件。

从审理程序分布情况来看，一审案件有 261 件，二审案件有 185 件，再审案件有 15 件，其他案件有 3 件，国家赔偿案件有 15 件。并能够推算出一审上诉率为 70.88%。

通过对一审裁判结果进行分析可知：当前条件下全部/部分支持的有 140 件，占比为 53.64%；全部驳回的有 53 件，占比为 20.31%；驳回起诉的有 39 件，占比为 14.94%。

通过对二审裁判结果进行分析可知：当前条件下维持原判的有 141 件；改判的有 31 件；其他的有 13 件。

四、类案裁判规则的解析确立

最为常见的非法用海形式有二：一系未经任何批准的占海、围海、填海形式；二系擅自改变海域用途的用海形式。两种形式在行为性质、处罚法律依据、量罚幅度等方面均不相同，行政机关在作出处罚时应准确把握，否则将会受到法院的否定性评价。

（一）不同非法用海方式的违法属性不同

未经任何批准的占海、围海、填海形式，系使用人自始就未获得海域使用权，其通过"占、围、填"等非法行为所实施的用海行为系缺乏源权利的无权使用行为；而擅自改变海域用途的用海形式则系取得了海域使用权这一源权利，只是在行使源权利的基础上"跑偏"，错配了《海域使用分类体系》中的用海类型，即实际用海行为并不属于《海域使用权证书》上载明的用海类型，本质上属于越权使用。鉴于其违法属性不同，对该两种行为的处罚依据也不尽相同，对"占、围、填"等非法用海行为的处罚依据系根据《海域使用管理法》第四十二条，而对擅自改变用途的用海形式的处罚依据则系《海域使用管理法》第四十六条。鉴于前者的使用人主观恶性更大、可责性更强、对海域的生态环境破坏更大，二者在处罚幅度上也存在差异，对围海、填海情形的，处以非法占用海域期间内该海域面积应缴纳的海域使用金十倍以上二十倍以下的罚款，而后者的处罚幅度则为五至十五倍的罚款。

（二）在同一非法用海类型的同一处罚幅度中仍需根据主观恶性大小来确定具体的处罚金额

在使用同一"倍数罚"幅度的处罚案例中，行政机关亦应遵循行政合理性原则，根据非法使用者的主观恶性大小来确定不同的处罚倍数。如海域的非法使用者虽然未取得海域使用权证书，但若其与相应的行政机关签署了相关使用合同，则作为使用人而言对其"合法"使用海域具有一定的信赖利益，则可考虑苛以较低倍数的处罚；相反，若使用者被行政机关多次责令停止非法使用行为仍然不予停止，则应在同一处罚幅度范围内处以较高倍数的处罚。

（三）两种非法用海行为并存于同一案例之中的，行政机关应对两种行为予以厘清并分别作出行政处罚

在同一案例中，若行为人既有对其不享有海域使用权的海域实施占用、围填行为之嫌疑，又有对其享有海域使用权的海域实施改变海域用途的行为，行政机关在作出处罚之前应进一步查明事实，并对二者予以厘清

后分别作出处罚，不可混为一谈，否则将会被法院以事实不清、证据不足、法律适用错误为由加以纠正。

五、关联法律法规

《中华人民共和国海域使用管理法》（2002 年 1 月 1 日施行）

第二十八条 海域使用权人不得擅自改变经批准的海域用途；确需改变的，应当在符合海洋功能区划的前提下，报原批准用海的人民政府批准。

第四十二条 未经批准或者骗取批准，非法占用海域的，责令退还非法占用的海域，恢复海域原状，没收违法所得，并处非法占用海域期间内该海域面积应缴纳的海域使用金五倍以上十五倍以下的罚款；对未经批准或者骗取批准，进行围海、填海活动的，并处非法占用海域期间内该海域面积应缴纳的海域使用金十倍以上二十倍以下的罚款。

第四十六条 违反本法第二十八条规定，擅自改变海域用途的，责令限期改正，没收违法所得，并处非法改变海域用途的期间内该海域面积应缴纳的海域使用金五倍以上十五倍以下的罚款；对拒不改正的，由颁发海域使用权证书的人民政府注销海域使用权证书，收回海域使用权。

海洋生态环境司法裁判规则
第 5 条

认定非法用海方式时，应当依照海洋行业标准，对建造设施性质属于透水构筑物还是非透水构筑物等类型进行判断

一、聚焦司法案件裁判观点

■ 争议焦点

行政机关对建造设施是否属透水性质的认定标准是什么？

■ 裁判观点

在认定非法用海方式时，往往会涉及对建造设施性质的判定，此时行政机关应正确选择相应标准予以比对，只有如此才能得出正确的处理结论，也才能在行政诉讼中得到审判机关的支持。在国家标准尚未明确建造设施性质系透水构筑物还是非透水构筑物时，应以海洋行业标准为准；对于当事人主张的单纯学术标准，因各学者立场不同、观点不一，不能将其作为定案的标准，但对于与行业标准一致的学术标准，可以用来进一步论证行业标准的合理性。

二、司法案例样本对比

案例一

茂某铁路有限责任公司与国家海洋局处罚案

- 法院

北京市某人民法院

- 当事人

上诉人（原审原告）：茂某铁路有限责任公司（简称"茂某铁路公司"）

被上诉人（原审被告）：国家海洋局

• 基本案情

2016年7月12日，国家海洋局作出海监七处罚〔2016〕00×号《行政处罚决定书》（以下简称被诉处罚决定），认定茂某铁路公司在某市东海岛铁路红星水库特大桥工程建设过程中，组织施工单位在已取得海域使用权的海域范围内实施擅自改变海域用途进行某市东海岛铁路红星水库特大桥工程施工便道建设的行为，至2016年4月7日执法人员会同测量单位技术人员和茂某铁路公司授权代表对该施工便道海域使用情况进行测量时，填成非透水构筑物0.955 2公顷。上述施工便道符合中华人民共和国财政部、国家海洋局《关于加强海域使用金征收管理的通知》（财综〔2007〕10号）中对非透水构筑物用海类型的界定，按其性质认定为非透水构筑物用海，与茂某铁路公司已经取得的海域使用权证书批准的跨海桥梁用海方式不符，违反了《海域使用管理法》第二十八条之规定，属于擅自改变海域用途的行为。根据《海域使用管理法》第四十六条和《财政部、国家海洋局关于加强海域使用金征收管理的通知》（财综〔2007〕10号）之规定，决定对茂某铁路公司处罚如下：责令茂某铁路公司两个月内清除某市东海岛铁路红星水库特大桥工程施工便道，并处非法改变海域用途的期间内该海域面积应缴纳的海域使用金五倍的罚款4 298 400元。茂某铁路公司不服，诉至法院，请求法院依法撤销被诉处罚决定。

一审法院经审理查明，茂某铁路公司系某东海岛铁路通明海特大桥和红星水库特大桥工程建设单位，依法取得海域使用权证，宗海面积为8.196 8公顷，用海方式为跨海桥梁。该项目海域使用论证报告书第2.3.2"施工方法"中载明，大桥的海中墩桩基础及墩身施工期间，采用钢管桩及型钢搭设便桥及平台进行钢护筒钻孔方法施工。该报告书第2.3.1"施工工艺"中载明，施工期间铺设施工栈桥，栈桥宽6米，通明海特大桥栈桥长4.0千米，红星水库特大桥栈桥长0.8千米。栈桥施工由岸边向河中延伸，采用边打桩边架梁的方法施工。施工完成后由栈桥中心向两侧拆卸，边拆卸栈桥桥面，边拔除支撑管桩。

在某东海岛铁路红星水库特大桥工程建设过程中，施工单位经茂某铁路公司同意，于2015年6月开始沿线路走向修筑了宽约18米的非透水施工便道，涉海部分长约650米，仅在中间搭设两座28米长的栈桥。2015

年 10 月 28 日,中国海监第七支队执法人员在对红星水库特大桥工程施工现场进行检查时发现上述情况。2016 年 1 月 22 日,中国海监第七支队向茂某铁路公司作出《依法用海告知书》,告知其应严格按照批准的方式用海,擅自改变海域用途的,将承担相应的法律责任。同年 3 月 12 日,执法人员在对该工程进行现场检查时发现施工便道依然存在。

2016 年 3 月 21 日,国家海洋局对茂某铁路公司的上述行为进行立案调查,于同年 3 月 29 日向茂某铁路公司送达《检查通知书》,提取证据材料 12 件,制作《提取证据材料登记表》2 份,制作询问笔录 2 份。同年 4 月 1 日,国家海洋局委托具有甲级测绘资质的中交广州航道局有限公司(以下简称"中交广州公司")对涉案施工便道非法占用海域面积进行测量。同年 4 月 7 日,国家海洋局向茂某铁路公司送达《检查通知书》《责令停止违法行为通知书》,同日会同中交广州公司测量人员和茂某铁路公司授权代表对涉案施工便道非法占用海域面积进行测量,制作现场笔录 1 份。同年 4 月 26 日,国家海洋局召开案件会审会,一致通过对茂某铁路公司的违法行为进行处罚的建议。同年 4 月 27 日,国家海洋局召开行政办公会议,一致通过案件拟处罚意见。同年 4 月 28 日,国家海洋局向茂某铁路公司送达《行政处罚听证告知书》,并告知了听证权利。同年 5 月 4 日,茂某铁路公司提出听证申请。同年 5 月 13 日,国家海洋局向茂某铁路公司发出听证通知书,决定于同年 5 月 25 日举行听证会。后该听证会延期至同年 6 月 15 日举行,茂某铁路公司在听证会上进行陈述与申辩,并对证据进行质证。同年 7 月 12 日,国家海洋局作出被诉处罚决定,并于同年 7 月 14 日向茂某铁路公司送达。该公司不服,诉至一审法院。

一审法院判决认为,对于擅自改变经批准的海域用途的行为,海洋行政处罚实施机关可以依据《海域使用管理法》第四十六条之规定进行处罚。本案中,茂某铁路公司修筑的施工便道的主体系由土料堆填形成的道路,属于非透水构筑物,该施工便道的钢制栈桥部分属于透水构筑物。根据在案海域使用测量报告的记载,施工便道的非透水构筑物占用海域面积为 0.955 2 公顷,且使用时间超过三个月。与此相应,茂某铁路公司业已取得的海域使用权证上记载的用海方式为跨海桥梁,且该项目海域使用论证报告书中对施工栈桥的施工方法与施工工艺进行了明确的限定。茂某铁路公司所建设的施工便道与上述要求不符,属于非透水构筑物,其行为已经构成《海域使用管理法》第二十八条所指的擅自改变经批准的海域用途之情形,国家海洋局依据《海域使用管理法》第四十六条之规定对茂某铁路公司进行处罚并无不当。

关于茂某铁路公司针对处罚幅度提出的异议,依据《海域使用管理法》第四十六条规定,违反本法第二十八条规定,擅自改变海域用途的,责令限期改正,没收违法所得,并处非法改变海域用途的期间内该海域面积应缴纳的海域使用金五倍以上十五倍以下的罚款。本案中,被诉处罚决定所采用的处罚标准已是法定最低倍数,不存在处罚畸重之情形。此外,依据《财政部、国家海洋局关于加强海域使用金征收管理的通知》(财综〔2007〕10号)中关于海域使用金征收标准的规定,对于非透水构筑物项目用海实行一次性计征海域使用金,国家海洋局据此计算茂某铁路公司建设施工便道所需缴纳的海域使用金并无不当。综上,茂某铁路公司对于处罚幅度提出的异议理由不能成立,不予支持。

综上,被诉处罚决定认定事实清楚,适用法律正确,程序合法,应予支持。茂某铁路公司提出的要求撤销被诉处罚决定等诉讼主张缺乏事实及法律依据,不予支持。据此,一审法院依照《行政诉讼法》第六十九之规定,判决驳回了茂某铁路公司的诉讼请求。

茂某铁路公司不服一审判决,提起上诉称。

• 案件争点

上诉人之行为是否符合《海域使用管理法》第四十六条的适用条件,即上诉人的行为是否构成擅自改变经批准的海域用途?国家海洋局的罚款处罚是否合法?

• 裁判要旨

1. 关于上诉人的行为是否构成擅自改变经批准的海域用途的问题,涉及以下两个焦点问题:

一是国家海洋局认定上诉人所建施工便道属于非透水构筑物用海是否正确。因国家海洋局援引的《海域使用分类》属于中华人民共和国海洋行业标准,并非上诉人主张之单纯学术标准,故该分类可以作为本案的认定参考。该分类第2.7及2.8部分规定,非透水构筑物用海是指采用非透水方式构筑不形成围填海事实或有效岸线的码头、突堤、引堤、防波堤、路基等构筑物的用海方式,透水构筑物用海则是指采用透水方式构筑码头、海面栈桥、高脚屋、人工鱼礁等构筑物的用海方式。本案中，在案证据可以证明上诉人所建施工便道采取的是土料堆填、压实的施工工艺，上诉人对此并不持异议，该施工方式明显有别于该项目海域使用论证报告书中有关施工栈桥的施工工艺，用海方式亦有别于跨海桥梁。故国家海洋局认定上述施工便道属于非透水构筑物用海，具备事实及规范基础。

二是国家海洋局认定上诉人行为构成改变海域用途是否正确。根据《海域使用管理法》第三条第二款及第二十八条的规定，单位和个人使用海域，必须依法取得海域使用权，海域使用权人负有不得擅自改变经批准的海域用途的法律义务。本案中，上诉人依法获得批准的用海方式为跨海桥梁，该用海方式属于《海域使用分类》第2.8部分规定的透水构筑物用海。根据法院上述有关上诉人所建施工便道属于非透水构筑物用海之认定，在上诉人并未就建设施工便道另行申请海域使用证的情形下，国家海洋局认定上诉人构成擅自改变海域用途，具有事实及规范依据。

故上诉人建设施工便道的行为构成《海域使用管理法》第四十六条规定的擅自改变经批准的海域用途的情形，国家海洋局之相关认定具有事实及规范根据。上诉人主张其所建施工便道并非非透水构筑物、其不存在改变海域用途及建设施工便道具有合法性的主张，缺乏事实及法律依据。

2. 关于罚款处罚的合法性的问题，涉及如下焦点问题：

国家海洋局确定的罚款数额是否符合法律规定。根据《海域使用管理法》第四十六条规定，对擅自改变海域用途的罚款，为应缴纳海域使用金五倍以上十五倍以下。参考《财政部、国家海洋局关于加强海域使用金征收管理的通知》（财综〔2007〕10号）的规定，海域使用金统一按照用海类型、海域等别以及相应的海域使用金征收标准计算征收。对非透水构筑物用海实行一次性计征海域使用金，上诉人建设施工便道所处的某地区为三等别海域，每公顷为90万元。据此，国家海洋局适用最低倍数标准确定的罚款数额，具有法律及规范依据，并无不当。

故国家海洋局作出的罚款处罚具有相关的事实及规范根据。上诉人主张的《财政部、国家海洋局关于加强海域使用金征收管理的通知》（财综〔2007〕10号）不具有法律效力、国家海洋局并未扣除栈桥所占面积及规划调整可否定被诉处罚决定合法性等主张，缺乏事实及规范根据。

综上，上诉人之行为符合《海域使用管理法》第四十六条的适用条件。国家海洋局作出的被诉处罚决定,具有相应的事实及法律、规范根据。一审判决认定事实清楚,适用法律正确,审判程序合法,法院应予维持。上诉人的上诉理由,缺乏事实和法律依据,其上诉请求法院不予支持。

案例二
方恒某诉某市海洋发展局行政处罚纠纷案

• **法院**

山东省某市某区人民法院

• **当事人**

原告:方恒某
被告:某市海洋发展局(原某市海洋与渔业局)

• **基本案情**

原某市海洋与渔业局于2018年9月3日作出×海执处罚(2016)00×-1号《行政处罚决定书》,认定方恒某于2016年2月20日起,在未经批准的情况下,在某市寻山街道某村村南海域,擅自改变海域用途填海0.134公顷实施挡浪坝建设的行为,违反了《海域使用管理法》第二十八条的规定。依据《海域使用管理法》第四十六条和《财政部、国家海洋局关于加强海域使用金征收管理的通知》(财综〔2007〕10号)的规定,该机关决定对方恒某(单位)作出责令90日内改正违法行为,恢复海域原状,并处罚款人民币120.6万元的行政处罚。

经审理查明,2010年7月10日,原某市海洋与渔业局颁发的《海域使用权证书》中载明:海域使用权人为某市寻山街道办事处某村村委;地址为某市人和镇某村;项目名称为寻山街道办事处某村村委滩涂养殖;项目性质为经营性;用海类型为一级类(渔业用海),二级类(开放式养殖用海);宗海面积为49.142公顷;用海方式为开放式养殖;终止日期为2020年6月27日。

2001年1月1日,原告方恒某与某市寻山街道办事处某村村委(以下简称某村村委)签订滩涂承包合同,约定原告承包某村村南的海区滩涂经营海珍品养殖,承包期限为30年,合同还就其他事项进行了约定。随后,原告方恒某自行在涉案海域组织建设挡浪坝。2011年3月14日,原告与某村村委会签订协议一份,其中协议第3条约定,原承包滩涂合同到期后,就滩涂中的挡浪坝相关事宜可与村委会或有关部门协商解决,如与村委会协商不成,可找有关部门评估,由村委会补偿原告相应成本。

2016年2月,原某市海洋与渔业执法大队执法人员在例行岸段检查过程中,发现某村南海参池外有一涉海工程,遂进行调查。2016年3月1日,原某市海洋与渔业局依法对原告进行询问,并制作询问笔录。原告在该询问笔录中陈述,其于2016年2月20日开始实施参池挡浪坝施工,在某村码头东侧海域,欲建成一个东西长200米,南北宽5米的挡浪坝,并未办理海域使用权变更手续。2016年3月22日,原某市海洋与渔业执法大队执法人员进行现场调查,并制作现场笔录。同日,原某市海洋与渔业局委托某市永康海洋工程咨询有限公司就原告填海海域位置及面积进行鉴定。某市永康海洋工程咨询有限公司于2016年3月24日出具《关于对方恒某擅自改变海域使用用途建设挡浪坝工程填海面积进行测量鉴定的说明》,显示经实测量算,方恒某擅自改变海域使用用途建设挡浪坝工程填海面积0.134公顷。

原某市海洋与渔业局于2016年11月4日作出×海执处罚(2016)00×号《行政处罚决定书》,认定原告于2016年2月20日起在某街道办事处某村海域,未经海洋主管部门批准擅自改变海域使用用途,实施违法填海活动并占用海域0.134公顷的行为,违反了《海域使用管理法》第二十八条的规定。遂依据《海域使用管理法》第四十六条、《某市海域使用管理办法》(荣政发〔2012〕1×号)的规定,责令原告于2017年2月1日前改正,并处罚款人民币120.6万元整的行政处罚。后原某市海洋与渔业局就该行政处罚决定书向某市人民法院申请强制执行。某市人民法院于2017年8月15日作出(2017)鲁1082行审24×号行政裁定书至原告。原告对该行政处罚不服,向法院提起行政诉讼。

法院认为,根据《海域使用管理法》第七条第一款、第五十条及《海洋行政处罚实施办法》第三条之规定,原某市海洋与渔业局作为县级以上人民政府海洋行政主管部门,具有对本行政区域内违法使用海域的行为进行监督管理,并作出行政处罚的法定职责。

• 案件争点

原告行为是否构成擅自改变经批准的海域用途？原某市海洋与渔业局作出的行政处罚是否合法？

• 裁判要旨

1. 关于原告建设挡浪坝是否构成擅自改变海域使用用途的问题。法院认为，《财政部、国家海洋局关于加强海域使用金征收管理的通知》（财综〔2007〕10号）中规定，非透水构筑物用海是指采用非透水方式构筑不形成有效岸线的码头、突堤、引堤、防波堤、路基等设施的填海用海；透水构筑物用海是指采用透水方式构筑码头、海面栈桥、高脚屋、经营性人工渔礁等不阻断海水流动的设施的工程用海。本案中，根据庭审查明的事实，能够证明原告方恒某修建的挡浪坝系用石头堆砌而成，目的是阻挡海浪，阻断海水流动，防止海带、海菜倒灌到参池。原某市海洋与渔业局根据上述规定，认定原告方恒某修建的挡浪坝属于非透水构筑物，其用海方式为非透水构筑物用海，具备事实基础。

根据《海域使用管理法》第三条第二款及第二十八条的规定，单位和个人使用海域，必须依法取得海域使用权，海域使用权人负有不得擅自改变经批准的海域用途的法律义务。《海域使用权管理规定》第四十一条规定，海域使用权出租的，承租人应当按照海域使用权证书确定的面积、年限和用途使用海域。本案中，涉案海域的《海域使用权证》明确载明该海域用海类型为开放式养殖用海，原告方恒某作为涉案海域的海域使用权承租人，理应按照上述用海类型使用海域。但根据法院上述有关原告所建挡浪坝属于非透水构筑物用海之认定，在原告并未就建设挡浪坝另行申请批准的情形下，原某市海洋与渔业局认定原告的行为构成擅自改变海域用途，具有事实及法律依据。

2. 关于原某市海洋与渔业局作出的行政处罚是否合法的问题。《海域使用管理法》第四十六条规定，违反本法第二十八条规定，擅自改变海域用途的，责令限期改正，没收违法所得，并处非法改变海域用途的期间内该海域面积应缴纳的海域使用金五倍以上十五倍以下的罚款；对拒不改正的，由颁发海域使用权证书的人民政府注销海域使用权证书，收回海域使用权。《海域使用权管理规定》第四十五条规定，未经批准改变使用用途的，依照《海域使用管理法》第四十六条规定办理。据此，对于原告擅自改变经批准的海域用途的行为，原某市海洋与渔业局作为海洋行政处罚实施机关可以依据上述规定责令其限期改正，并进行罚款处罚。《财政部、国家海洋局关于加强海域使用金征收管理的通知》（财综〔2007〕10号）中规定，某市海域作为三等别海域，其非透水构筑物用海的海域使用金征收标准为每公顷为90万元。根据《山东省海洋渔业行政处罚裁量基准》规定，改变海域用途填海海域面积不足1公顷，处非法改变海域用途的期间内该海域面积应缴纳的海域使用金10倍的罚款。法院根据《关于对方恒某擅自改变海域使用用途建设挡浪坝工程填海面积进行测量鉴定的说明》记载，方恒某建设挡浪坝工程填海面积0.134公顷。原某市海洋与渔业局根据上述规定，对原告作出责令改正，恢复海域原状，并处罚款120.6万元的处罚符合上述规定，并无不当。

案例三

郭中某与某县自然资源和规划局、某县人民政府行政复议案

- **法院**

江苏省某县人民法院

- **当事人**

原告：郭中某
被告：某县自然资源和规划局（简称"某县资规局"）
被告：某县人民政府（简称"某县政府"）

- **基本案情**

2019年10月18日，某县资规局以郭中某未取得海域使用权，非法实施码头建设为由，作出责令退还非法占用的海域，恢复海域原状，并处人民币38.823万元的行政处罚决定，郭中某向某县政府申请行政复议，某县政府于2020年2月27日作出维持原行政处罚的决定。郭中某不服，提起行政诉讼。

原告郭中某诉称，2015年11月起，原告在某燕尾港至灌西沿海承包海域从事海洋滩涂养殖，原告对原灌西盐城兴建的码头进行维修并在原有

的路面搭建简易房使用至今。在这期间，原告多次与某资规局沟通办理使用手续，相关主管部门领导答复码头面积小，不好办理手续。2018年10月18日，某资规局以原告未取得海域使用权，非法实施码头建设的违法行为对原告作出行政处罚决定。原告依法向某县政府提起行政复议，某县政府以书面审查形式作出维持原行政处罚的决定。被告在作出行政处罚时认定的面积与事实不符，没有扣除原有的码头占用面积及周边非原告兴建的已形成的路面面积；码头维修行为应适用2015年的标准，原告的违法行为从性质上未达到行政处罚的适用情形，故请求依法撤销某资规局的行政处罚决定和某县政府的行政复议决定，由二被告承担诉讼费用。

法院依法查明事实如下：2015年11月26日，郭中某因养殖需要，对涉案码头进行维修并在原有的路面搭建房屋使用至今。2016年3月18日，原某海洋与渔业局以郭中某未取得海域使用权，非法实施码头建设的行为，对其下达《责令停止违法行为通知书》，要求其立即停止非法占用海域实施码头建设的行为。

2019年7月10日，某资规局以郭中某未取得海域使用权，非法实施码头建设工程的行为，对其下达《责令停止违法行为通知书》，要求立即停止非法占用海域实施码头及附属设施建设的行为。经某资规局委托，某市江海测绘院有限公司于2019年7月25日出具《某市某埒子口附近郭中某码头及生产生活用海测量报告》，经测量，原告实际占用养殖用海配套的生产生活用海总面积为0.145 7公顷，用海方式为透水构筑物和非透水构筑物。其中透水构筑物（码头）用海面积为0.018 1公顷，非透水构筑物（场地及生产生活用房）用海面积为0.127 6公顷。2019年9月9日，被告某资规局出具《行政处罚听证告知书》，拟对郭中某罚款人民币646 398元，责令退还非法占用的海域，恢复海域原状。2019年9月11日郭中某提出听证申请，同年9月25日举行听证会。经专家会审，2019年10月18日，某资规局作出《行政处罚决定书》，对郭中某作出责令退还非法占用的海域，恢复海域原状，并处人民币388 230元的行政处罚。郭中某不服向某县政府提出行政复议，某县政府于2020年2月27日作出《行政复议决定书》，维持原行政处罚决定。郭中某不服，遂提起诉讼。

• **案件争点**

修建码头行为是否属于未经批准非法占用海域？本案中构筑物用海方

式应如何认定?

• **裁判要旨**

1. 关于原告郭中某修建码头行为是否属于未经批准非法占用海域的问题。《海域使用管理法》第三条第二款规定:"单位和个人使用海域,必须依法取得海域使用权。"该法第二十九条规定:"海域使用权期满,未申请续期或申请续期未获批准的,海域使用权终止。海域使用权终止后,原海域使用权人应当拆除可能造成海洋环境污染或影响其他用海项目的用海设施和构筑物。"本案中,原告未取得海域使用权证书,其占用涉案海域从事养殖的行为违反了《海域使用管理法》的相关规定,属于未经批准非法占用海域。原告在庭审调查中表示,其曾多次向主管部门申请办理海域使用权手续但未获准许,这一主张不符合《海域使用管理法》第三条第二款和第二十九条的规定,没有法律依据,不予支持。原告还认为其仅是在原码头基础上进行翻新,其翻新行为不应认定为非法占用海域。法院认为,非法占用海域是一种违法状态而不是具体行为,原告郭中某改建码头的行为事实上呈现的是其非法占用海域的状态。故对原告该意见,法院亦不予采信。

2. 关于对构筑物用海方式的认定问题。《海域使用分类体系》第2.7及2.8部分规定,非透水构筑物用海是指采用非透水方式构筑不形成围填海事实或有效岸线的码头、突堤、引堤、防波堤、路基等构筑物的用海方式;透水构筑物用海则是指采用透水方式构筑码头、海面栈桥、高脚屋、人工鱼礁等构筑物的用海方式。本案中将码头、生产生活用房纳入非透水构筑物认定范围,并无不当。某资规局委托某市江海测绘院有限公司对原告非法占用海域面积进行现场测绘,测绘人员有相应的专业资质,测绘时原告到场指界,测绘程序合法。故据此得出原告非法占用海域面积符合法律规定。

综上,某资规局作出的行政处罚决定和某县政府作出的行政复议决定证据确凿,适用法律、法规正确,符合法定程序,故对原告请求撤销该行政处罚决定和行政复议决定的诉讼请求,法院不予支持。

三、司法案例类案甄别

（一）事实对比

案例一：茂某铁路公司修筑的施工便道的主体系由土料堆填形成的道路，属于非透水构筑物，该施工便道的钢制栈桥部分属于透水构筑物。根据在案海域使用测量报告的记载，施工便道的非透水构筑物占用海域面积为0.955 2公顷，且使用时间超过三个月。与此相应，茂某铁路公司业已取得的海域使用权证上记载的用海方式为跨海桥梁，且该项目海域使用论证报告书中对施工栈桥的施工方法与施工工艺进行了明确的限定。

国家海洋局援引的《海域使用分类》属于中华人民共和国海洋行业标准，可以作为本案的认定参考。本案中，在案证据可以证明上诉人所建施工便道采取的是土料堆填、压实的施工工艺，上诉人对此并无异议，该施工方式明显有别于该项目海域使用论证报告书中有关施工栈桥的施工工艺，用海方式亦有别于跨海桥梁。故国家海洋局认定上述施工便道属于非透水构筑物用海，具备事实及规范基础。

本案中，上诉人依法获得批准的用海方式为跨海桥梁，该用海方式属于上述《海域使用分类》第2.8部分规定的透水构筑物用海。根据法院上述有关上诉人所建施工便道属于非透水构筑物用海之认定，在上诉人并未就建设施工便道另行申请海域使用证的情形下，国家海洋局认定上诉人构成擅自改变海域用途，具有事实及规范依据。茂某铁路公司所建设的施工便道与上述要求不符，属于非透水构筑物。

案例二：法院认为，《财政部、国家海洋局关于加强海域使用金征收管理的通知》（财综〔2007〕10号）中规定，非透水构筑物用海是指采用非透水方式构筑不形成有效岸线的码头、突堤、引堤、防波堤、路基等设施的填海用海；透水构筑物用海是指采用透水方式构筑码头、海面栈桥、高脚屋、经营性人工渔礁等不阻断海水流动的设施的工程用海。本案中，根据庭审查明的事实，能够证明原告方恒某修建的挡浪坝系用石头堆砌而成，目的是阻挡海浪，阻断海水流动，防止海带、海菜倒灌到参池。原某市海洋与渔业局根据上述规定，认定原告方恒某修建的挡浪坝属于非透水构筑物，其用海方式为非透水构筑物用海，具备事实基础。

案例三：关于对构筑物用海方式的认定问题。依《海域使用分类体系》第 2.7 及 2.8 部分规定，本案中将码头、生产生活用房纳入非透水构筑物认定范围，并无不当。某资规局委托某市江海测绘院有限公司对原告非法占用海域面积进行现场测绘，测绘人员有相应的专业资质，测绘时原告到场指界，测绘程序合法。故据此得出原告非法占用海域面积符合法律规定。

（二）适用法律对比

案例一：根据《海域使用管理法》第二十八条规定，"海域使用权人不得擅自改变经批准的海域用途；确需改变的，应当在符合海洋功能区划的前提下，报原批准用海的人民政府批准。"该法第四十六条规定，违反该法第二十八条规定，擅自改变海域用途的，责令限期改正，没收违法所得，并处非法改变海域用途的期间内该海域面积应缴纳的海域使用金五倍以上十五倍以下的罚款；对拒不改正的，由颁发海域使用权证书的人民政府注销海域使用权证书，收回海域使用权。据此，对于擅自改变经批准的海域用途的行为，海洋行政处罚实施机关可以依据《海域使用管理法》第四十六条之规定进行处罚。本案中，被诉处罚决定所采用的处罚标准已是法定最低倍数，不存在处罚畸重之情形。此外，依据《财政部、国家海洋局关于加强海域使用金征收管理的通知》（财综〔2007〕10号）中关于海域使用金征收标准的规定，对于非透水构筑物项目用海实行一次性计征海域使用金，国家海洋局据此计算茂某铁路公司建设施工便道所需缴纳的海域使用金并无不当。

案例二：根据《海域使用管理法》第三条第二款及第二十八条的规定，单位和个人使用海域，必须依法取得海域使用权，海域使用权人负有不得擅自改变经批准的海域用途的法律义务。《海域使用权管理规定》第四十一条规定，海域使用权出租的，承租人应当按照海域使用权证书确定的面积、年限和用途使用海域。本案中，涉案海域的《海域使用权证书》明确载明该海域用海类型为开放式养殖用海，原告方恒某作为涉案海域的海域使用权承租人，理应按照上述用海类型使用海域。但根据法院有关原告所建挡浪坝属于非透水构筑物用海之认定，在原告并未就建设挡浪坝另行申请批准的情形下，原某市海洋与渔业局认定原告的行为构成擅自改变海域用途，具有事实及法律依据。《海域使用管理法》第四十六条规定，《海域使用权管理规定》第四十五条规定，对于原告擅自改变经批准的海域用途的行为，原某市海洋与渔业局作为海洋行政处罚实施机关可以依据上述规定责令其限期改正，并进行罚款处罚。《财政部、国家海洋局关于加强海域使用金征收管理的通知》（财综〔2007〕10号）中规定，某市作为三等别海域，其非透水构筑物用海的海域使用金征收标准为每公顷为90万元。根据《山东省海洋渔业行政处罚裁量基准》规定，改变海域用途填海海域面积不足1公顷，应处非法改变海域用途的期间内该海域面积应缴纳的海域使用金10倍的罚款。本案中根据《关于对方恒某擅自改变海域使用用途建设挡浪坝工程填海面积进行测量鉴定的说明》记载，方恒某建设挡浪坝工程填海面积0.134公顷。原某市海洋与渔业局根据上述规定，对原告作出责令改正，恢复海域原状，并处罚款120.6万元的处罚符合上述规定，并无不当。

案例三：《海域使用管理法》第三条第二款规定："单位和个人使用海域，必须依法取得海域使用权。"该法第二十九条规定："海域使用权期满，未申请续期或申请续期未获批准的，海域使用权终止。海域使用权终止后，原海域使用权人应当拆除可能造成海洋环境污染或影响其他用海项目的用海设施和构筑物。"本案中，原告未取得海域使用权证书，其占用涉案海域从事养殖的行为违反了《海域使用管理法》的相关规定，属于未经批准非法占用海域。原告在庭审调查中表示，其曾多次向主管部门申请办理海域使用权手续但未获准许，这一主张不符合《海域使用管理法》第三条第二款和第二十九条的规定，没有法律依据，不予支持。原告还认为其仅是在原码头基础上进行翻新，其翻新行为不应认定为非法占用海域。法院认为，非法占用海域是一种违法状态而不是具体行为，原告郭中某改建码头的行为事实上呈现的是其非法占用海域的状态。

（三）类案数据分析

截至2024年1月26日，以"非法用海方式""透水构筑物"为关键词，通过公开案例库共检索出类案78件。

从地域分布来看，当前案例主要集中在海南省、福建省、辽宁省，分别占比28.21%、16.67%、12.82%。其中海南省的案件量最多，达到22件。

从案由分类情况来看，当前最主要的案由是行政，有54件；民事，有19件；刑事，有4件；执行，有1件。

从行业分类情况来看，当前的行业分布主要集中在建筑业，有9件；制造业，有8件；交通运输、仓储和邮政业，有4件；农、林、牧、渔业，有3件；房地产业，有2件。

从审理程序分布情况来看，一审案件有34件，二审案件有29件，执行案件有6件。并能够推算出一审上诉率为85.29%。

通过对一审裁判结果进行分析可知：当前条件下全部/部分支持的有22件；全部驳回的有4件。

通过对二审裁判结果进行分析可知：当前条件下维持原判的有23件；改判的有2件。

四、类案裁判规则的解析确立

对于建造设施性质的认定，目前尚无统一的国家标准的，在认定时应以海洋行业标准为准；在选定行业标准后，再将行为人的用海方式与该行业标准及海域使用权证上记载的用海方式进行比对，必要时可辅之以"目的论"的分析方法，对建造设施性质作出系统性的论证。

（一）在无统一的国家标准情况下，应适用海洋行业标准

按照《中华人民共和国标准化法》的规定，标准包括国家标准、行业标准、地方标准、团体标准和企业标准。其中，国家标准分为强制性标准和推荐性标准。行业标准是指没有推荐性国家标准，又需要在全国某个行业范围内统一要求，系对国家标准的补充。行业标准在相应国家标准实施后，应自行废止。对于建造设施性质是属于透水构筑物还是非透水构筑物，目前尚无强制性的国家标准，亦无推荐性的国家标准，按照"标准"的采用顺序应采海洋行业标准。另外，建造设施性质的认定又系判断是否存在非法用海行为的关键，需要在整个海洋行业树立统一的认定标准，而《海域使用分类》属于中华人民共和国海洋行业标准，因此行政机关在作出行政行为之前应援引《海域使用分类》作为标准对建造设施性质加以认定。对于行政相对人用以抗辩的学术标准，则一般不予采用，因为各学者立场不同、观点不一，学术标准具有多样性和易变性，不应作为否定性行政行为的作出依据。即便采用学术标准，其顺位亦是排在行业标准之后，

且采用方式通常系通过学术标准来进一步论证行业标准的科学性及合理性，增强其所采用的行业标准的可信度与说服力。

（二）将行为人的用海方式与行业标准的规定进行比对

《海域使用分类》作为海洋行业标准，其第2.7及2.8部分规定，非透水构筑物用海是指采用非透水方式构筑不形成围填海事实或有效岸线的码头、突堤、引堤、防波堤、路基等构筑物的用海方式，透水构筑物用海则是指采用透水方式构筑码头、海面栈桥、高脚屋、人工鱼礁等构筑物的用海方式。对于行为人所建造的设施是非透水构筑物，还是透水构筑物，应重点查明行为人是否采取土料堆填、压实的施工工艺，并将此与《海域使用分类》中非透水方式构筑物的建造工艺加以对比，若二者相符则为非透水构筑物，否则即为透水构筑物。当然，在对构筑物的建造工艺进行比对时，还可结合海域使用论证报告书中对施工方法与施工工艺的相关限定加以判断。

（三）可辅之以"目的论"的分析方法，对建造设施性质作出论证

若在采用前述的两种方法仍不易判断建造设施的性质时，可运用"目的论"的分析方法，对建造设施性质作出论证。具体可根据庭审查明的事实，来判断使用者修建该设施的目的，若能够证明其修建的建造设施目的是阻挡海浪、阻断海水流动、防止种植物倒灌等，则可认定该建筑设施属于非透水构筑物，其用海方式为非透水构筑物用海。

五、关联法律法规

《中华人民共和国海域使用管理法》（2002年1月1日施行）

第二十八条　海域使用权人不得擅自改变经批准的海域用途；确需改变的，应当在符合海洋功能区划的前提下，报原批准用海的人民政府批准。

第四十二条　未经批准或者骗取批准，非法占用海域的，责令退还非法占用的海域，恢复海域原状，没收违法所得，并处非法占用海域期间内该海域面积应缴纳的海域使用金五倍以上十五倍以下的罚款；对未经批准

或者骗取批准，进行围海、填海活动的，并处非法占用海域期间内该海域面积应缴纳的海域使用金十倍以上二十倍以下的罚款。

第四十六条 违反本法第二十八条规定，擅自改变海域用途的，责令限期改正，没收违法所得，并处非法改变海域用途的期间内该海域面积应缴纳的海域使用金五倍以上十五倍以下的罚款；对拒不改正的，由颁发海域使用权证书的人民政府注销海域使用权证书，收回海域使用权。

海洋生态环境司法裁判规则
第 6 条

在计算非法占用海域的罚款金额时，应考虑非法占用海域的实际使用期限和使用面积。仅依据一次性征收海域使用金为基数进行计算，属于法律适用错误，违背了行政法的比例原则

一、聚焦司法案件裁判观点

■ 争议焦点

在计算非法占用海域的罚款金额时,用以计算"倍数罚"的基数该如何确定?

■ 裁判观点

《海域使用管理法》第四十六条明确规定,应以非法改变海域用途"期间内"该海域面积应当缴纳的海域使用金,乘以一定的倍数计算罚款。所以,应当查明改变海域用途期间的实际时长,并在此基础上,合理确定改变海域用途期间所应缴纳的海域使用金(即实际时长所对应的海域使用金),进而计算出罚款金额。如未考虑改变海域用途的实际时长,以一次性征收整个用海周期的海域使用金为基数计算罚款,属法律适用错误,亦违背行政法的比例原则。

二、司法案例样本对比

案例一

某某新机场临空产业园某某区建设发展有限公司
与某市海洋与渔业局行政处罚案

- 法院

某海事法院

- 当事人

原告:某某新机场临空产业园某某区建设发展有限公司

被告：某市海洋与渔业局

• **基本案情**

原告在未依法取得海域使用权证的情况下，启动填海造地工程建设。被告作出处罚决定，认定原告从 2016 年 10 月 6 日至 12 月 22 日非法用海 1.417 4 公顷，责令原告退还非法占用的海域，恢复海域原状，并处罚款 22 324 050 元。原告已于 2017 年 6 月 7 日缴纳该罚款。从该案立案查处开始，原告并未停止违法填海行为，而是边交罚款边继续施工，直至 2017 年 7 月才停止施工。2017 年 8 月 10 日，某市海洋与渔业监测中心发现该海域非法填海造地面积已经增加到了 12.629 2 公顷。中国海监某市支队执法人员随即对该涉案海域现场进行调查，并对原告的现场负责人作了现场调查笔录。同年 8 月 20 日，执法人员会同原告的工作人员以及某市海洋与渔业监测中心技术人员对人工岛起步区填海工程用海面积进行技术测量。8 月 22 日，该中心出具《海南省疑点疑区用海监视监测报告》，确定该海域的填海面积为 12.851 3 公顷。扣除前作处罚决定已处罚的 1.417 4 公顷，新增非法用海面积为 11.433 9 公顷（即本案所涉非法占用海域面积）。被告举行案件听证会进行听证后，于 2018 年 4 月 26 日作出被诉处罚决定。原告不服，遂向法院提起诉讼。

为加快新机场项目建设，原告借鉴外地经验，从该整体项目中分别划出临空产业园一期和人工岛起步区先行施工。其中，临空产业园使用海域 47.887 9 公顷，已于 2016 年 7 月获得省政府颁发的海域使用权证书，海域使用期限为 50 年。原告在人工岛起步区尚未依法取得海域使用权证的情况下启动填海造地工程，并在非法占用海域 1.417 4 公顷已被处罚之后仍未停止违法填海行为，导致非法占用海域面积又增加 11.433 9 公顷。

法院认为：原告在某某新机场人工岛的环评报告尚未审批通过，也未依法取得海域使用权的情况下，开始进行人工岛起步区工程建设，其行为属于未经批准填海造地非法占用海域，应当依照《海域使用管理法》第四十二条的规定予以行政处罚。双方对此并无异议。

• **案件争点**

涉案处罚决定所确定的罚款金额是否符合《海域使用管理法》第四十二条的规定？

• **裁判要旨**

关于被诉处罚决定所确定的罚款金额是否符合《海域使用管理法》第四十二条规定的问题。《海域使用管理法》第四十二条明确规定："未经批准或者骗取批准,非法占用海域的,责令退还非法占用的海域,恢复海域原状,没收违法所得,并处非法占用海域期间内该海域面积应缴纳的海域使用金五倍以上十五倍以下的罚款;对未经批准或者骗取批准,进行围海、填海活动的,并处非法占用海域期间内该海域面积应缴纳的海域使用金十倍以上二十倍以下的罚款。"被告依照《海域使用管理法》第四十二条的规定对原告作出行政处罚并无不当。但是,被告没有准确、完整理解该条文,导致在适用该条文确定罚款基数时未考虑"非法占用海域期间",因此造成处罚决定明显不当。具体理由如下:1.《海域使用管理法》第四十二条规定的文义已清楚表明,对非法占用海域进行围海、填海活动及其他非法占用海域的行为处以罚款,都必须以"非法占用海域期间内"该海域面积应缴纳的海域使用金作为罚款基数,再乘以相应倍数(处罚幅度)而得出具体罚款金额。显然,该条文同时将"非法占用海域期间"和"非法占用海域面积"作为考量违法行为危害程度的情节,并据此确定罚款金额。这完全符合违法行为与处罚相当的原则,体现制度设计的合理性。如果适用《海域使用管理法》第四十二条规定对违法填海行为处以罚款时不考虑非法占用海域期间长短,那么必将导致无论非法占用海域期间是1年还是50年,处以罚款的金额都相同。这样显然违反《行政处罚法》第四条第二款关于"设定和实施行政处罚必须以事实为依据,与违法行为的事实、性质、情节以及社会危害程度相当"的规定。2.《海域使用管理法》第四十二条规定已考虑到非法占用海域进行围海、填海活动与其他非法占用海域的行为的危害程度不同,而对前者规定了更高的处罚幅度。因此,不宜再以非法填海造地行为的危害程度更大为由,而在确定罚款基数时不考虑原告非法占用海域的实际期间。3.被告根据《财政部、国家海洋局关于加强海域使用金征收管理的通知》(财综〔2007〕10号)关于围填海项目应当一次性征收海域使用金的规定,认为对围填海非法占用海域的行为处以罚款时无须考虑"非法占用海域期间",这种理解毫无根据。一是《财政部、国家海洋局关于加强海域使用金征收管理的通知》(财综〔2007〕10号是对合法用海单位或个人计征海域使用金的规定,而《海域使用管理法》第四十二条是对非法占用海域行为予以处罚的规定,两者性质不同、调整对象不同，不能混为一谈。二是填海造地、非透水构筑物、跨海桥梁和海底隧道等项目用海，属于《海域使用管理法》第二十五条第六项规定的用海类型，其使用海域的最高期限为 50 年。除非行政机关有明确限定，否则，填海造地的海域使用期限就是 50 年。省政府已给某某新机场组成部分的临空产业园一期 47.887 9 公顷海域颁发的海域使用权证书也核定该海域使用期限为 50 年。《财政部、国家海洋局关于加强海域使用金征收管理的通知》（财综〔2007〕10 号）规定对相关用海项目实行一次性计征海域使用金，其实已考虑到这些项目建设工期长、用海时间长，并非不考虑海域使用期限。三是无论用海单位或个人按年度还是一次性缴纳海域使用金，其所缴纳的海域使用金都应当对应一定期限的海域使用权。现行法律对非法占用海域期间的截止时间如何确定并无明确具体规定，行政机关可根据实际情况合理确定，不能因为法律规定不够具体明确、实际执行有难度，而有选择地不予适用。综上，被告提出一次性征收海域使用金的填海项目与占用海域期间不发生联系，无论占用海域时间是 1 天还是 10 年，海域使用金的征收方式都是一次性的，因此不能根据非法占用海域期间内应缴纳的海域使用金计算罚款金额的抗辩理由不成立，法院不予采纳。

综上所述，虽然某某新机场迁建符合国计民生、"一带一路"建设和海南经济社会发展需要，在规划、选址等方面也获得了相应的支持性文件，但是该项目仍应依照法律规定在环评报告已获审核通过并且已取得海域使用权的情况下才能进行填海施工。原告在人工岛的环评报告未审核通过也未取得海域使用权的情况下，为赶工期而未批先建，启动填海造地工程，其行为已构成非法占用海域进行填海活动。被告对原告的违法行为作出行政处罚是必要的，符合《海域使用管理法》相关规定。但是，被告在适用《海域使用管理法》第四十二条规定时，未能完整、准确地理解该条文的意旨，导致其所作出的被诉处罚决定明显不当。

案例二

某市某博船业公司与某市自然资源局行政处罚案

• 法院

福建省某人民法院

- **当事人**

上诉人（原审被告）：某市自然资源局

被上诉人（原审原告）：某市某博船业公司

- **基本案情**

因某博船业公司在某市某镇某码头西北侧海域未经批准擅自填海修建码头和防波堤，某市海洋与渔业局于2018年11月23日向原告作出《责令停止违法行为通知书》，责令原告停止违法行为。当日，某市海洋与渔业执法大队向某市海洋与渔业局申请立案，同日该局领导批准立案。

2018年11月23日，某市海洋与渔业执法大队委托某天公司进行测量并作出测量技术报告，报告显示在2002年《海域使用管理法》颁布施行后，原告未经批准的填海面积为0.851公顷，其中有0.544公顷属于建设填海造地，0.307公顷属于非透水构筑物。同时，某天公司经比对2018年4月30日航拍图，确认填海施工区域在2018年5月1日前就已形成，2018年5月1日后没有新增填海施工面积。

2019年7月8日，被告作出《行政处罚告知书》，认定原告在未取得《海域使用权证书》的情况下在某市某镇某码头西北侧海域进行用海活动，违法用海面积为0.8520公顷，其中属于非透水构筑物用海0.8520公顷，其行为违反了《海域使用管理法》第三条之规定。根据《海域使用管理法》第四十二条、《财政部、国家海洋局关于加强海域使用金征收管理的通知》（财综〔2007〕10号）的规定，对本案原告作出行政处罚：责令退还非法占用的0.8520公顷海域，恢复海域原状，并处罚款766.8万元。被告以书面形式告知原告作出处罚决定的事实、理由及依据，并告知当事人依法享有的陈述、申辩及听证权利。

2019年7月11日，原告申请对行政处罚进行听证，认为在原某市海洋与渔业局立案后，原告已积极恢复海域原状，主动消除海洋违法行为的危害后果，被告拟作出的行政处罚过重，原告申请进行听证，陈述申辩相关理由。被告再次组织听证并于2019年8月6日作出《行政处罚决定书》，被告根据《海域使用管理法》第四十二条、《财政部、国家海洋局关于加强海域使用金征收管理的通知》（财综〔2007〕10号）的规定，决定对原告作出如下行政处罚：（1）责令退还非法占用的0.8520公顷海域，恢复海域原状；（2）处罚款766.8万元。

综合全案事实、证据，原审法院认为案涉处罚决定应予撤销，分析如下。

（一）法律适用错误

被告依据《财政部、国家海洋局关于加强海域使用金征收管理的通知》（财综〔2007〕10号）的海域使用金标准进行量罚，认为非透水构筑物用海的违法行为适用十到二十倍的非法填海处罚幅度，属于法律适用错误。

（二）量罚明显不当

1. 关于处罚幅度。

本案的违法用海方式属非法占海，应按照《海域使用管理法》第四十二条的规定，对原告处以五至十五倍海域使用金的罚款。

2. 关于比例原则。

依据《海域使用管理法》第四十二条之规定，针对非法占海、填海、围海行为的罚款计算，基于以下三个因素：占海面积、每单位面积之应缴海域使用金、加倍系数。其中，加倍系数已充分体现了行政处罚行为的惩罚性，达成了法律的制裁目的、制裁效果。在认定其他因子时，行政机关不宜再以惩罚性思维作出对行政相对人极端不利的条文解读、认定，否则会使罚款计算的算式中出现惩罚性因子相互叠加、相互乘积的局面，得出畸高的罚款金额，背离过罚相当原则、比例原则。被告按原告用海类型，一次性征收整个用海周期的海域使用金，再乘以十到二十倍的加倍系数，得出罚款金额，该做法明显不当。（1）在合法用海的情况下，海域使用金有一次性征收模式，亦有逐年征收模式。采用一次性征收模式的用海类型，依据《海域使用管理法》第二十五条的规定，用海周期最长的可达50年。但若用海人仅实际用海部分年限，比如用海几年之后被国家提前征收，依据《海域使用管理法》第三十条第二款规定，会得到征收补偿。所以，虽然在颁发海域使用权证时是一次性缴纳，但如果实际用海时间仅仅是一部分的原定用海周期的，合法用海人当初全额一次性缴交的海域使用金，会以征收补偿等形式变相获得返还或损失填平。总之，在合法用海的情况下，考虑到国家提前收回海域的补偿因素，合法用海人所实际缴交的海域使用金与其实际用海周期是大抵相称的，不存在两者完全不相称的失衡状态。而违法用海人，被《行政处罚决定书》认定的用海时间，实践中往往是数月到数年。如果针对违法用海人也以一次性征收模式计算，实际上是完全不考虑其实际用海时间的长短，在惩罚性地征收全部周期的海域使用金的基础上，再乘以惩罚性系数。如此处理，使得违法用海人负担了叠加惩罚性责任，罚款金额明显畸高，不符合比例原则。（2）从《海域使用管理法》第四十二条的文义推测，该条在规定罚款计算方法时，明文规定需依据非法占用海域"期间内"该海域面积应缴纳的海域使用金。所以，《海域使用管理法》第四十二条的文义本身，亦包含了占用的期间要素。机械地按一次性征收模式计算罚款，完全不考虑占用的期间长短，并不符合《海域使用管理法》第四十二条的文义。（3）实践中，各类非法占海案件的占用时间差别甚大，如果一律以一次性征收海域使用金的模式计算罚款，则会导致对同一类型的非法占海，仅占用几个月的违法行为人与占用二三十年的违法行为人，面临所处罚款金额相同的局面。综上，被告适用一次性征收模式计算海域使用金，进而计算罚款，属于曲解《海域使用管理法》第四十二条规定，亦不符合行政法的比例原则。

（三）事实不清，主要证据不足

如上文所述，应按照原告非法占用海域的实际期间计算罚款金额，但被告机械地按一次性征收模式进行计算，在《行政处罚决定书》中并未对原告非法占用海域的实际期间进行认定，属于事实查明不清，认定原告占用海域期间的证据不足。

依照《行政诉讼法》第七十条第一、二、六项及《最高人民法院关于适用〈中华人民共和国行政诉讼法〉的解释》第一百三十六条第三款之规定，判决撤销《行政处罚决定书》，责令被告某市自然资源局重新作出行政行为。一审案件受理费为100元，由某市自然资源局负担。

某市自然资源局不服原审判决，提起上诉，请求撤销一审判决，改判驳回被上诉人的全部诉讼请求。

• **案件争点**

对违法行为的性质认定。

• 裁判要旨

在案证据可以体现,被上诉人的违法用海行为处于持续状态。《财政部、国家海洋局关于加强海域使用金征收管理的通知》《海域使用分类体系》《财政部、国家海洋局关于印发〈调整海域、无居民海岛使用金征收标准〉的通知》等三个规范性文件,都涉及非透水构筑物用海的定义。从三个规范性文件的主要规范内容和调整对象来看,《海域使用分类体系》应是针对海域使用的分类原则、类型和用海方式作出的专门规定,且其制订颁布的时间既新于《财政部、国家海洋局关于加强海域使用金征收管理的通知》(财综〔2007〕10号),又与《财政部、国家海洋局关于印发〈调整海域、无居民海岛使用金征收标准〉的通知》中关于非透水构筑物定义的规定相契合。因《海域使用分类体系》在违法行为发生时尚未失效,根据行政处罚对违法行为的实体处理应遵循"从旧兼从优"的原则,原审法院依据该规定认定涉案违法用海行为不属于围填海活动,应为非法占海,并无不当。上诉人适用《财政部、国家海洋局关于加强海域使用金征收管理的通知》(财综〔2007〕10号)认为被上诉人非透水构筑物用海行为属于围海填海行为,系属适用法律错误并致认定事实不清。根据《海域使用管理法》第四十二条之规定,未经批准或者骗取批准,非法占用海域的,责令退还非法占用的海域,恢复海域原状,没收违法所得,并处非法占用海域期间内该海域面积应缴纳的海域使用金五倍以上十五倍以下的罚款。故,上诉人对被上诉人的涉案违法用海行为处以十倍量罚,缺乏事实及法律依据。且,上诉人作出的被诉行政处罚决定,未查明被上诉人非法占用海域的实际期间,其简单地按一次性征收模式计算处罚金额对被上诉人进行处罚,不仅认定事实不清,证据不足,也违反了过罚相当原则。

综上,本案被诉×号行政处罚决定,适用《财政部、国家海洋局关于加强海域使用金征收管理的通知》(财综〔2007〕10号)对案涉违法用海行为进行认定,并处非法占用海域期间内该海域面积应缴纳的海域使用金十倍罚款,认定事实不清,适用法律错误,依法应予撤销。鉴于海域生态环境被侵害的事实客观存在,必须在查明事实的基础上,准确适用法律,依法公正处理,故应责令上诉人依法重新作出行政行为。原审判决撤销被诉行政处罚决定并责令上诉人重新作出行政行为,并无不当,依法应予维持。上诉人的上诉理由不能成立,其上诉请求,法院不予支持。

案例三

某县辉某渔港服务有限公司与某县农业农村局、某县人民政府责令改正、罚款及行政复议案

• **法院**

某海事法院

• **当事人**

原告：某县辉某渔港服务有限公司
被告：某县自然资源局
被告：某县人民政府

• **基本案情**

2009年6月12日，原告取得《海域使用权证书》，获批将坐落于某县的海域用于某县辉某渔港避风工程建设。其中，《海域使用权证书》载明，用海类型为渔业用海-渔业基础设施用海，宗海面积为3.762公顷，用海方式为填海2.6927公顷、非透水构筑物1.0693公顷，用海设施和构筑物为码头、堆场、防波堤；《海域使用权证书》载明，用海类型为渔业用海-渔业基础设施用海，宗海面积为6.3897公顷，用海方式为港池6.3897公顷，用海设施和构筑物为港池。

2013年6月，原某县农业局发现原告案涉用海工程存在擅自改变用海属性、违法用海问题，分别于2013年6月4日、2016年4月18日、2017年1月17日向原告作出《责令停止违法行为通知书》，责令原告停止违法占用海域实施围填海工程的行为。

2017年8月26日，原某县农业局向原告作出《检查通知书》，并于8月27日对某县辉某渔港避风港进行了现场检查，发现疑似港池部分被填，原港池西北侧与辉煌围垦养殖相邻处有一涉嫌违法围海工程，已经形成长约200米、宽约90米不规则多边形池塘，池塘靠渔港侧有水泥加固堤岸。2017年8月29日，原某县农业局以原告涉嫌擅自改变用海方式和海域用途为由，对其进行立案查处。

2017年9月5日，原某县农业局执法人员对原告法定代表人王某某进

行询问调查，王某某陈述，其于2012年8月开始对案涉渔港进行围填海建设，于2012年12月完工。

2017年9月8日，原某县农业局委托某县某测绘有限公司对原告违法占用海域进行围填海工程建设的海域面积进行测绘。次日，某县某测绘有限公司在原告法定代表人王某某的指认下，对原告围填海占用海域面积进行测绘，根据某县某测绘有限公司出具的测绘技术报告书，原避风港池内新增填海S5区域，面积为0.2169公顷；新增水产养殖池、堤S6区域，面积为2.0968公顷；另新增地磅管理房S7区域，面积为0.0110公顷。

2017年10月10日，原某县农业局执法人员对原告法定代表人王某某再次进行询问调查。2017年10月16日，原某县农业局向原告作出《行政处罚听证告知书》，告知拟作出的行政处罚决定及原告依法享有的听证权利。2017年10月17日，原某县农业局向原告法定代表人询问了陈述、申辩意见，并制作了《陈述、申辩笔录》。2017年10月31日，原某县农业局组织进行听证。

2017年11月10日，原某县农业局作出处罚决定。原告不服，向被告某县人民政府申请行政复议，被告某县人民政府于2018年2月28日作出《行政复议决定书》，对涉案处罚决定予以维持。另查明，截至2020年10月23日，某县辖区内尚未编制区域建设用海规划。

• **案件争点**

案涉处罚决定所依据的事实是否清楚、法律适用是否正确？

• **裁判要旨**

针对原告新增填海区域（即S5区域），原某县农业局以一次性征收整个用海周期的海域使用金为基数，再乘以十二倍的加倍倍数，得出罚款金额。但是，《海域使用管理法》第四十六条和《福建省海域使用管理条例》第三十七条第一项均明确规定，应以非法改变海域用途"期间内"该海域面积应当缴纳的海域使用金，乘以一定的倍数计算罚款。所以，原某县农业局应当查明原告改变海域用途期间的实际时长，并在此基础上，合理确定原告改变海域用途期间所应缴纳的海域使用金（即实际时长所对应的海域使用金），进而计算出罚款金额。处罚决定未考虑原告对S5区域改变海域用途的实际时长，以一次性征收整个用海周期的海域使用金为基数计算罚款，属法律适用错误，亦违背比例原则。

三、司法案例类案甄别

（一）事实对比

案例一：原告在某某新机场人工岛起步区尚未依法取得海域使用权证的情况下，启动填海造地工程建设。被告遂作出处罚决定，认定原告从2016年10月6日至12月22日修建新机场人工岛起步区，非法用海1.417 4公顷，责令原告退还非法占用的海域，恢复海域原状，并处罚款22 324 050元。原告已于2017年6月7日缴纳该罚款。从该案立案查处开始，原告并未停止违法填海行为，而是边交罚款边继续施工，直至2017年7月才停止施工。2017年8月10日，某市海洋与渔业监测中心发现该海域非法填海造地面积已经增加到了12.629 2公顷。同年8月20日，执法人员会同原告的工作人员以及某市海洋与渔业监测中心技术人员对人工岛起步区填海工程用海面积进行技术测量。8月22日，该中心出具《海南省疑点疑区用海监视监测报告》，确定该海域的填海面积为12.851 3公顷。扣除前作处罚决定已处罚的1.417 4公顷，新增非法用海面积为11.433 9公顷（即本案所涉非法占用海域面积）。被告举行案件听证会进行听证后，于2018年4月26日作出被诉处罚决定。

案例二：某博船业公司在某市某镇某码头西北侧海域未经批准擅自填海修建码头和防波堤，某市海洋与渔业局于2018年11月23日向原告作出《责令停止违法行为通知书》，责令原告停止违法行为。2018年11月23日，某市海洋与渔业执法大队委托某天公司进行测量并作出测量技术报告，报告显示在2002年《海域使用管理法》颁布施行后，原告未经批准的填海面积为0.851公顷，其中有0.544公顷属于建设填海造地，0.307公顷属于非透水构筑物。同时，某天公司经比对2018年4月30日航拍图，确认填海施工区域在2018年5月1日前就已形成，2018年5月1日后没有新增填海施工面积。某市海洋与渔业局执法人员通过调查取证确认，案涉的违法填海区域为原告未经批准进行填海施工，且在2002年《海域使用管理法》颁布施行后产生该填海区域。该违法填海区域主要是为了避免船舶进出触碰礁盘，不作为原告的船舶修造区域，没有产生违法所得。在案件调查过程中，原告能积极配合执法人员的调查取证工作，且积极清退填海区域，努力恢复海域原状。

案例三：2009年6月12日，原告取得《海域使用权证书》，获批将坐落于某县的海域用于某县辉某渔港避风工程建设。其中，《海域使用权证书》载明，用海类型为渔业用海-渔业基础设施用海，宗海面积为3.762公顷，用海方式为填海2.6927公顷、非透水构筑物1.0693公顷，用海设施和构筑物为码头、堆场、防波堤；《海域使用权证书》载明，用海类型为渔业用海-渔业基础设施用海，宗海面积为6.3897公顷，用海方式为港池6.3897公顷，用海设施和构筑物为港池。2013年6月，原某县农业局发现原告案涉用海工程存在擅自改变用海属性、违法用海问题，分别于2013年6月4日、2016年4月18日、2017年1月17日向原告作出《责令停止违法行为通知书》，责令原告停止违法占用海域实施围填海工程的行为。2017年9月5日，原某县农业局执法人员对原告法定代表人王某某进行询问调查，王某某陈述：其于2012年8月开始对案涉渔港进行围填海建设，于2012年12月完工。

（二）适用法律对比

案例一：《海域使用管理法》第四十二条明确规定："未经批准或者骗取批准，非法占用海域的，责令退还非法占用的海域，恢复海域原状，没收违法所得，并处非法占用海域期间内该海域面积应缴纳的海域使用金五倍以上十五倍以下的罚款；对未经批准或者骗取批准，进行围海、填海活动的，并处非法占用海域期间内该海域面积应缴纳的海域使用金十倍以上二十倍以下的罚款。"被告依照《海域使用管理法》第四十二条的规定对原告作出行政处罚并无不当。但是，被告没有准确、完整理解该条文，导致在适用该条文确定罚款基数时未考虑"非法占用海域期间"，因此造成处罚决定明显不当。

案例二：依据《海域使用管理法》第四十二条之规定，针对非法占海、填海、围海行为的罚款计算，基于以下三个因素：占海面积、每单位面积之应缴海域使用金、加倍系数。其中，加倍系数已充分体现了行政处罚行为的惩罚性，达成了法律的制裁目的、制裁效果。在认定其他因子时，行政机关不宜再以惩罚性思维作出对行政相对人极端不利的条文解读、认定，否则会使罚款计算的算式中出现惩罚性因子相互叠加、相互乘积的局面，得出畸高的罚款金额，背离过罚相当原则、比例原则。被告按原告用海类型，一次性征收整个用海周期的海域使用金，再乘以十到二十倍的加倍系数，得出罚款金额，该做法明显不当。

案例三：针对原告新增填海区域（即 S5 区域），原某县农业局以一次性征收整个用海周期的海域使用金为基数，再乘以十二倍的加倍倍数，得出罚款金额。但是，《海域使用管理法》第四十六条和《福建省海域使用管理条例》第三十七条第一项均明确规定，应以非法改变海域用途"期间内"该海域面积应当缴纳的海域使用金，乘以一定的倍数计算罚款。所以，原某县农业局应当查明原告改变海域用途期间的实际时长，并在此基础上，合理确定原告改变海域用途期间所应缴纳的海域使用金（即实际时长所对应的海域使用金），进而计算出罚款金额。案涉处罚决定，未考虑原告对 S5 区域改变海域用途的实际时长，以一次性征收整个用海周期的海域使用金为基数计算罚款，属法律适用错误，亦违背行政法的比例原则。

（三）类案数据分析

截至 2024 年 1 月 26 日，以"非法占用海域""罚款""使用面积"为关键词，通过公开案例库共检索出类案 14 件。

从地域分布来看，当前案例主要集中在福建省、山东省、浙江省。其中福建省的案件量最多，达到 5 件。

从案由分类情况可以看到，当前最主要的案由是行政，有 8 件；其次是民事，有 4 件；刑事，有 2 件。

从行业分类情况可以看到，当前的行业分布主要集中在制造业，有 3 件；电力、热力、燃气及水生产和供应业，有 2 件；建筑业，有 1 件；科学研究和技术服务业，有 1 件。

从审理程序分布情况可以看到，一审案件有 5 件，二审案件有 5 件，执行案件有 2 件，并能够推算出一审上诉率为 100%。

四、类案裁判规则的解析确立

《海域使用管理法》第四十二条其实已经对非法改变海域用途适用"倍数罚"的基数作出了规定，但在实践中行政机关往往会因对规定精神理解不到位或对已有条文进行错误的叠加理解，导致最终"基数"确定错误，最终被法院以"量罚不当"予以撤销。

（一）"倍数罚"所确定的基数代表非法用海的可责性基础

按照法律规定，行政机关会对使用人的非法用海行为（含非法占海、围海、填海）进行处罚，体现对其非法行为的苛责与否定性评价。那么，此时行政相对人的可责性基础到底是什么？从空间维度上来讲，应是其通过非法占海、围海、填海而获取的海域面积；从时间维度上来讲，则是其非法占有该海域所获得的期限利益。反言之，若行为人的用海行为中既含有合法用海行为（如对已经取得《海域使用权证书》的海域面积使用），又包含非法用海行为，则应在处罚时剔除合法用海面积，仅以非法用海面积作为缴纳海域使用金的计算面积；若行为人的非法用海时长未达到法律规定的最长用海期限，则应以实际用海天数除以法律规定的该类别的最长用海期限，得出实际用海时长在整个海域周期中所占的比例，进而计算出应予罚款的基数。

（二）"比例原则"系贯穿于行政处罚始终的基本原则，在计算罚款金额基数时亦应有所体现

行政处罚的"比例原则"要求违法行为的轻重程度应与处罚的宽严程度相当，这也与《行政处罚法》（2017年修正，已被修改）第四条第二款关于"设定和实施行政处罚必须以事实为依据，与违法行为的事实、性质、情节以及社会危害程度相当"的规定精神相一致。因此在计算非法用海罚款金额基数时，应将"非法占用海域期间"和"非法占用海域面积"作为考量违法行为危害程度的情节，并据此确定罚款基数，体现行政处罚"比例原则"的应有之义，系处罚制度设计的合理性所在。

（三）应正确理解"一次性征收海域使用金的规定"与《海域使用管理法》第四十二条关于罚金计算规定的关系，二者不能错搭使用

行政机关在作出具体行政处罚时往往会错误地认为，对非法占用海域的行为处以罚款时无须考虑"非法占用海域期间"，认为依据是《财政部、国家海洋局关于加强海域使用金征收管理的通知》（财综〔2007〕10号），

因为该通知中载明了"围填海项目应当一次性征收海域使用金"。其实,该种理解径路是失当的。《财政部、国家海洋局关于加强海域使用金征收管理的通知》(财综〔2007〕10号)中规定的情形系相关用海者合法取得了《海域使用权证书》后,其应该缴纳海域使用金的计算方法,只不过其取得的海域系通过围填海而形成的。即《财政部、国家海洋局关于加强海域使用金征收管理的通知》(财综〔2007〕10号)中规定的情形系对合法用海单位或个人计征海域使用金的规定,而《海域使用管理法》第四十二条是对非法用海行为予以处罚的规定,两者在性质、调整对象方面均存在差异,不能错搭使用。

五、关联法律法规

《中华人民共和国海域使用管理法》(2002年1月1日施行)

第二十八条　海域使用权人不得擅自改变经批准的海域用途;确需改变的,应当在符合海洋功能区划的前提下,报原批准用海的人民政府批准。

第四十二条　未经批准或者骗取批准,非法占用海域的,责令退还非法占用的海域,恢复海域原状,没收违法所得,并处非法占用海域期间内该海域面积应缴纳的海域使用金五倍以上十五倍以下的罚款;对未经批准或者骗取批准,进行围海、填海活动的,并处非法占用海域期间内该海域面积应缴纳的海域使用金十倍以上二十倍以下的罚款。

第四十六条　违反本法第二十八条规定,擅自改变海域用途的,责令限期改正,没收违法所得,并处非法改变海域用途的期间内该海域面积应缴纳的海域使用金五倍以上十五倍以下的罚款;对拒不改正的,由颁发海域使用权证书的人民政府注销海域使用权证书,收回海域使用权。

海洋生态环境司法裁判规则
第 7 条

因公共利益或者国家安全需要,依法收回海域使用权时,需要对海域使用权人给予相应的补偿。补偿对象应当包括依法取得海域使用权证书,或者没有海域使用权证书,但有其他有效权属证明,从事海水养殖和捕捞生产的单位和个人。以"非海域使用权人"为由,排除实际经营人获得行政补偿的主体资格的,不予支持。其他中间环节的承租人和转租人不享有补偿利益,应该排除其征收补偿主体资格

海洋生态环境司法裁判规则第7条

一、聚焦司法案件裁判观点

■ **争议焦点**

因公共利益或者国家安全需要，依法收回海域使用权时，如何确认征收补偿主体？

■ **裁判观点**

海域使用权期满前提前收回海域使用权的，应当对海域使用权人给予相应的补偿。此时需明确征收补偿主体为海域使用权人。海域使用权人是指依法取得海域使用权证书，或者没有海域使用权证书，但有其他有效权属证明，从事海水养殖和捕捞生产的单位和个人。出现多人连环转租情况时，征收补偿对象仅指原海域使用权人和现经营人，应排除其他中间环节的承租人与转租人。若其他承租人和转租人认为其对租赁海域附属设施进行过投资改造，能够因合法建造或者添附而享有财产权益的，应依据民事法律规范向已获得该附属设施补偿的受偿人另行主张权利。

二、司法案例样本对比

案例一

某县某乡人民政府、某县某经济开发区管理委员会、某县海洋与渔业局，肖立某、肖良某，与吴维某、某县某乡某村民委员会海域征用补偿协议案

• 法院

福建省某市中级人民法院

107

- **当事人**

上诉人（原审被告）：某县某乡人民政府
上诉人（原审被告）：某县某经济开发区管理委员会
上诉人（原审被告）：某县海洋与渔业局
上诉人（原审第三人）：肖立某
上诉人（原审第三人）：肖良某
被上诉人（原审原告）：吴维某
原审被告：某县某乡某村民委员会

- **基本案情**

原审原告于 2000 年始在某县××村××西北海域，面积 1.109 公顷，一直从事养殖生产。2018 年 7 月 9 日，原审原告与案外人肖能某、肖忠某签订《某海区海水养殖出租合约》，将上述海域出租给肖能某、肖忠某从事鲍鱼养殖。双方约定：租期 6 年，自 2018 年 10 月 1 日起至 2024 年 10 月 1 日止；租金分两期付清；租期内双方不得转租他人；海域权属归原审原告永久不变。此后，原审原告与原审第三人签订出租协议，并由原审第三人从事鲍鱼养殖。2019 年 3 月 8 日，某县人民政府发布《某县人民政府关于××乡××村周边海域收海的通告》，公告因某经济开发区污水处理厂尾水排海工程项目需要，拟收回坐落于××乡××村周边的海域，面积 150 公顷，征用对象为在该海域范围内从事养殖生产的单位和个人。同年 10 月 3 日，某县人民政府印发〔2019〕206 号会议纪要，决定同意海洋与渔业局提出的《某县某开发区污水处理厂尾水排海工程海上征迁方案》和《某县某开发区污水处理厂尾水排海工程海上征迁理赔测算标准》，其中，征迁费用按"一年暂时性搬迁补偿方案"即"方案 2"执行，经测算每笼赔偿 130 元，每条浮绠赔偿 15 600 元，每亩海域赔偿 43 845 元。并要求某管委会、海洋与渔业局及相关乡镇进一步研究细化征迁方案，明确时间任务节点。2020 年 4 月 13 日，某乡政府、某村委会、某开发区管委会、海洋与渔业局与原审第三人肖立某、肖良某签订《某乡海域临时征收鲍鱼软排养殖搬迁补偿合同》，四原审被告将案涉海域（地理坐标及四至范围与原审原告使用的海域一致）征用搬迁，并支付给原审第三人肖立某、肖良某补偿款共计 66.56 万元。

一审法院认为：

关于原审原告是否享有诉权的问题。《福建省海域使用补偿办法》第二条规定，海域使用权人是指依法取得海域使用权证书的单位和个人，以及在2002年1月1日《海域使用管理法》施行以前至今仍在使用海域从事养殖生产但未取得海域使用权证书的单位和个人。由此可见，在2002年1月1日前至今仍在使用海域从事养殖生产但未取得海域使用权证书的个人也是海域使用权人。本案中，某村委会出具的《证明》，可以证明原审原告于2000年在涉案海域取得使用权，并在该海域从事养殖生产。《某海区海水养殖出租合约》可以证明原审原告于2018年10月1日起至2024年10月1日止将涉案海域出租给了案外人肖忠某、肖能某养殖。据此，可以认定原审原告系涉案海域的使用权人。根据《福建省海域使用补偿办法》第十六条规定，人民政府在收回用海时应当与海域使用权人订立海域使用补偿协议。因原审被告在避开海域使用权人的情况下直接与案外人订立补偿协议，违反了上述规定，侵犯了原审原告的知情权、补偿权及原审原告与承租人对租赁合同行使变更、解除、终止等其他权利的合法权益。根据《行政诉讼法》第二条的规定，原审原告认为行政机关的行政行为侵犯其合法权益的，有权提起诉讼。因此，原审原告依法享有涉案纠纷的诉权，且具有诉讼利益。

关于涉案协议的效力问题。《最高人民法院关于审理行政协议案件若干问题的规定》第十二条规定，行政协议存在《行政诉讼法》第七十五条规定的重大且明显违法情形的，人民法院应当确认行政协议无效。《行政诉讼法解释》第九十九条规定："有下列情形之一的，属于行政诉讼法第七十五条规定的'重大且明显违法'：……（二）减损权利或者增加义务的行政行为没有法律规范依据。"本案中，原审被告订立海域补偿协议的对象不是原审原告，也不是承租人，而是原审第三人，实际上已减损了原审原告的相关权利，属于"重大且明显违法情形"，依照上述规定，应确认该补偿协议无效。退一步来说，即使如原审被告抗辩所说的原审第三人与原审被告间系民事租赁行为，那也应该属于转租行为，根据《中华人民共和国合同法》（已废止，被《民法典》替代）第二百二十四条的规定，转租应经得出租人的同意，对未经同意的，因侵犯了出租人的合法权益，出租人也有权解除合同。

综上，原审被告与原审第三人订立的《某乡海域临时征收鲍鱼软排养殖搬迁补偿合同》，存在重大且明显违法情形，依法应确认为无效行政行为。原审被告某村委会经一审法院传票传唤，无正当理由拒不到庭，一审法院认定为缺席判决。依照《行政诉讼法》第五十八条、第七十五条，《行政诉讼法解释》第九十九条，《最高人民法院关于审理行政协议案件若干问题的规定》第十二条的规定，一审法院作出判决如下：一、确认原审被告某县某乡人民政府、某县某经济开发区管理委员会、某县海洋与渔业局、某县某乡某村民委员会与原审第三人肖立某、肖良某订立的《某乡海域临时征收鲍鱼软排养殖搬迁补偿合同》无效；二、驳回原审原告吴维某的其他诉讼请求。案件受理费50元，由原审被告某县某乡人民政府、某县某经济开发区管理委员会、某县海洋与渔业局、某县某乡某村民委员会负担。

二审中，当事人未提交新的证据。一审判决认定的事实，查有实据，二审法院予以确认。

• 案件争点

海域使用权人的确认的问题，涉案合同效力问题，补偿对象的确认问题。

• 裁判要旨

1. 关于被上诉人吴维某是否享有诉权的问题。法院认为，原审被告某村委会出具的《证明》以及被上诉人吴维某将海域租予他人进行养殖生产的租赁合同能够证明，被上诉人吴维某在2002年1月1日之前即已取得涉案海域使用权并在该海域从事养殖生产。根据《福建省海域使用补偿办法》第二条关于海域使用权人包括"在2002年1月1日《海域使用管理法》施行以前至今仍在使用海域从事养殖生产但未取得海域使用权证书的单位和个人"的规定，被上诉人吴维某就涉案海域享有合法使用权。案涉合同涉及海域征用及征用补偿，被上诉人吴维某作为海域使用权人对此当然有利害关系，被上诉人吴维某享有诉权。故上诉人关于被上诉人吴维某不享有诉权的主张，法院不予采纳。

2. 关于案涉合同的效力问题。《土地管理法实施条例》（1999年1月1日施行）第二十六条第一款规定，土地补偿费归农村集体经济组织所有；地上附着物及青苗补偿费归地上附着物及青苗的所有者所有。《最高人民法院关于审理涉及农村土地承包纠纷案件适用法律问题的解释》（2020年修正）第二十条第二款规定，承包方已将土地经营权以出租、入股或者其他方式流转给第三人的，除当事人另有约定外，青苗补偿费归实际投入人

海洋生态环境司法裁判规则第 7 条

所有,地上附着物补偿费归附着物所有人所有。根据前述规定的立法精神,行政补偿对象与补偿标的之间应当具有直接的法律因果。另据在案的某县人民政府〔2019〕206 号会议纪要、某县海洋与渔业局《关于某县某开发区污水处理厂尾水排海工程海上征迁方案的汇报》,"一年暂时性搬迁补偿方案"即"方案 2"补偿标准的测算前提为"涉及海区暂时搬迁,一年后回迁继续养殖,影响养殖户一年养殖收成"。案涉合同中的征用补偿标准被约定于前述"一年暂时性搬迁补偿方案"的框架范围之内,补偿标的显系因海域养殖设施搬迁导致的投入损失以及与投入关联的预期收益损失,补偿对象理应是对海域进行投入并直接遭受相应损失的海域实际使用人,即原审第三人。故案涉合同以海域实际使用人即上诉人肖立某、肖良某为补偿对象,不存在"重大且明显违法"情形,不应认定为无效。被上诉人吴维某关于确认案涉合同无效的一审诉讼请求,法院不予支持,上诉人关于案涉合同不应被认定为无效的主张,法院予以采纳。若被上诉人吴维某认为其作为海域使用权人存在应受补偿的损失,可另行起诉。

关于被上诉人吴维某于一审中诉请对某县人民政府〔2019〕206 号会议纪要进行合法性审查的问题。鉴于该会议纪要属于行政指导性文件,不产生外部法律效力,依法不予作为规范性文件进行审查。故法院对被上诉人吴维某该项一审诉讼请求不予支持。

综上,一审法院关于确认案涉合同无效的判决不当,应予纠正。

案例二

某某海产有限公司与某某管理委员会、某某交流岛街道办事处、某某交流岛街道某村民委员会收回海域使用权行政补偿纠纷案

• **法院**

某海事法院

• **当事人**

原告:某某海产有限公司
被告:某某管理委员会

第三人：某某交流岛街道办事处

第三人：某某交流岛街道某村民委员会

- **基本案情**

2005年12月1日，第三人某村委会与原告签订《合作开发外海滩涂养殖合同书》，约定改建滩涂位置，其中第一、二养殖区归原告使用，第三养殖区归第三人某村委会使用，承包期限为2005年12月1日至2031年12月1日。2007年1月10日，原告与某市宏某养殖公司签订《合作养殖协议书》，协议书中约定，由原告和某市宏某养殖公司共同经营某市宏某养殖公司的圈池，原告负责投石造礁及投放海参苗。同日，某市宏某养殖公司与原告就第三区海参养殖物补偿达成协议，约定征海补偿款中90%属于原告所有。某市宏某养殖公司现已注销，其权利义务承继人为第三人某村委会。2007年9月25日，《某长兴岛临港工业区某乡人民政府文件》（交政发〔2007〕43号）制定了某长兴岛临港工业区水产养殖项目及盐场动迁补偿实施方案。2008年1月24日，被告所属的某长兴岛临港工业区交流岛动迁安置指挥部向原告作出《承诺书》，约定交流岛松树咀至三盐场区域内的动迁政策发生变化的，按变化后动迁政策执行。2008年9月22日，原告法定代表人刘某某被刑事拘留，2008年10月24日被逮捕，故没有领取第三区海参养殖物补偿款。2013年12月12日，依辽宁省高级人民法院出具的《释放通知书》，确定原告法定代表人刘某某被释放。根据《某长兴岛临港工业区交流岛街道办事处水产养殖项目动迁补偿公示表》中对第三人某村委会海参养殖物净水面积的公示，第三区海参养殖物的净水面积为916.36亩。2009年1月1日，某长兴岛临港工业区管委会作出《某长兴岛临港工业区征地征海补偿安置暂行办法》，该办法附件九《海域动迁补偿标准》对每亩海参的数量和补偿标准作了具体规定，海参养殖物的补偿标准为每亩2.3万元至2.4万元。

- **案件争点**

原告主体是否适格，原告的起诉是否超过起诉期限，承诺书是否针对涉案第三区？

- **裁判要旨**

关于原告主体是否适格。被告主张原告不是涉案海域所有权人，《公示表》中没有原告,原告不具有诉讼主体资格。法院认为,原告与第三人某村委会就涉案海域的海参经营活动签有协议,合法取得了该片海域的使用经营权。本案的诉讼标的为对涉案海域养殖物的征收补偿,而对于海参养殖物,征收补偿的对象为实际经营人,本案中,原告作为实际经营人有权获得该笔征收补偿。对于本案《公示表》中的内容,原告与第三人某村委会是合作经营关系,并非取得该片海域的使用权,即该海域使用权人仍登记为第三人某村委会,因此,《公示表》中列明第三区的使用权人为第三人某村委会是毫无疑义的,但并不能因此而否定原告作为实际经营人的法律地位。实际上,原告取得海参养殖物的补偿也并不是基于海域使用权人而是基于实际经营人的法律地位。原告作为涉案海域的实际经营人,无论是否签订补偿协议都应获得海参养殖物的补偿,仅从这一点而言,原告亦是该行政补偿行为的相对人。根据《行政诉讼法》第二十五条第一款的规定,行政行为的相对人以及其他与行政行为有利害关系的公民、法人或者其他组织,有权提起诉讼。被告在未签订补偿协议的前提下已经将涉案海域吹填,原告作为行政相对人要求被告履行职责进行补偿合法合理,因此,法院认为原告主体适格。

被告作为征海补偿工作的负责部门作出征海补偿办法和工作细则,第三人某街道办事处和第三人某村委会都是按照被告的要求进行具体的实际操作,因此,本案中,作出具体行政行为的主体为被告。被告依权作出《承诺书》,应当按照其承诺履行职责。被告的这种承诺是对征海补偿款给付义务的承诺,根据《行政诉讼法》第七十二条的规定,人民法院经过审理,查明被告不履行法定职责的,判决被告在一定期限内履行,同时,根据《行政诉讼法》第七十三条的规定,人民法院经过审理,查明被告负有给付义务的,判决被告履行给付义务。因此,法院认为,被告作为行政行为作出机关,对于其承诺的履行职责的行为以及给付义务应当承担责任。对于原告提出的要求被告按照《某长兴岛临港工业区征地征海补偿安置暂行办法》的补偿标准变更补偿标准并依据变更后标准要求补偿金额的诉请,根据《最高人民法院关于适用〈中华人民共和国行政诉讼法〉若干问题的解释》(法释〔2015〕9号)第十五条第一款的规定,原告主张被告未按照约定履行协议,理由成立的,人民法院可以根据原告的诉讼请求判决被告继续履行协议并明确继续履行的具体内容,法院对原告要求被告变更补偿标准的诉请予以支持。

关于补偿金额。被告是征海补偿行政行为作出的机关却无法提供评估报告,鉴于涉案海域已被吹填,无法鉴定评估亦无法确认海参养殖物的情况,因此被告对该情况应当承担责任。因此,法院在参考第三人某村委会意见的基础上认为,养殖物的补偿可以参照补偿标准的最高值进行计算,即每亩24 000元。根据《某长兴岛临港工业区征地征海补偿安置暂行办法》及其附件九的规定《公示表》中确定的第三区海参养殖面积、某市宏某养殖公司与原告法定代表人刘某某就海参养殖物补偿款中受偿比例的约定,原告应当获得海参养殖物的补偿为:916.36亩×24 000元/亩×90%＝19 793 376元。原告诉请为19 785 600元,少于应得金额,原告在其权利范围内对受偿金额的部分放弃法院予以支持。

三、司法案例类案甄别

(一)事实对比

案例一:某村委会出具《证明》显示原审原告于2000年在案涉海域取得使用权,并在该海域从事养殖生产。《某海区海水养殖出租合约》可以证明原审原告于2018年10月1日起至2024年10月1日止,将案涉海域出租给了案外人肖忠某、肖能某养殖。2020年4月13日,某乡政府、某村委会、某开发区管委会、海洋与渔业局与原审第三人肖立某、肖良某签订《某乡海域临时征收鲍鱼软排养殖搬迁补偿合同》,四原审被告将案涉海域(地理坐标及四至范围与原审原告使用的海域一致)征用搬迁,并支付给原审第三人肖立某、肖良某补偿款共计66.56万元。

案例二:2005年12月1日,第三人某村委会与原告签订《合作开发外海滩涂养殖合同书》,约定改建滩涂位置,其中第一、二养殖区归原告使用,第三养殖区归第三人某村委会使用,承包期限为2005年12月1日至2031年12月1日。2007年1月10日,原告与某市宏某养殖公司签订《合作养殖协议书》约定,由原告和某市宏某养殖公司共同经营某市宏某养殖公司的圈池,原告负责投石造礁及投放海参苗。同日,某市宏某养殖公司与原告就第三区海参养殖物补偿达成协议,约定征海补偿款中90%属于原告所有。某市宏某养殖公司现已注销,其权利义务承继人为第三人某村委会。2007年9月25日,《某长兴岛临港工业区某乡人民政府文件》(交政发〔2007〕43号)制定了某长兴岛临港工业区水产养殖项目及盐场动迁补偿实施方案。2008年1月24日,被告所属的某长兴岛临港工业区交流岛动迁安置指挥部向原告作出《承诺书》，约定某盐场区域内的动迁政策发生变化的，按变化后动迁政策执行。2008年9月22日，原告法定代表人刘某某被刑事拘留，2008年10月24日被逮捕，故没有领取第三区海参养殖物补偿款。2013年12月12日，依辽宁省高级人民法院出具的《释放通知书》，确定原告法定代表人刘某某被释放。根据《某长兴岛临港工业区交流岛街道办事处水产养殖项目动迁补偿公示表》中对第三人某村委会海参养殖物净水面积的公示，第三区海参养殖物的净水面积为916.36亩。2009年1月1日，某长兴岛临港工业区管委会作出《某长兴岛临港工业区征地征海补偿安置暂行办法》，该办法附件九《海域动迁补偿标准》对每亩海参的数量和补偿标准作了具体规定，海参养殖物的补偿标准为每亩2.3万元至2.4万元。

（二）适用法律对比

案例一：根据《福建省海域使用补偿办法》第二条关于海域使用权人包括"在2002年1月1日《海域使用管理法》施行以前至今仍在使用海域从事养殖生产但未取得海域使用权证书的单位和个人"的规定，被上诉人吴维某就涉案海域享有合法使用权。案涉合同涉及海域征用及征用补偿，被上诉人吴维某作为海域使用权人对此当然有利害关系，故被上诉人吴维某享有诉权。

案例二：原告与第三人某村委会就涉案海域的海参经营活动签有协议，合法取得了该片海域的使用经营权。本案的诉讼标的为对涉案海域养殖物的征收补偿，而对于海参养殖物，征收补偿的对象为实际经营人，本案中，原告作为实际经营人有权获得该笔征收补偿。对于本案公示表中的内容，原告与第三人某村委会是合作经营关系，并非取得该片海域的使用权，即该海域使用权人仍登记为第三人某村委会，因此，公示表中列明第三区的使用权人为第三人某村委会是毫无疑义的，但并不能因此而否定原告作为实际经营人的法律地位。实际上，原告取得海参养殖物的补偿也并不是基于海域使用权人的身份，而是基于实际经营人的法律地位，其无论是否签订补偿协议都应获得海参养殖物的补偿，仅从这一点而言，原告亦是该行政补偿行为的相对人。根据《行政诉讼法》第二十五条第一款的规定，行政行为的相对人以及其他与行政行为有利害关系的公民、法人或者其他组织，有权提起诉讼，被告在未签订补偿协议的前提下已经将涉案海域吹填，原告作为行政相对人要求被告履行职责进行补偿合法合理，因此，法院认为原告主体适格。

（三）类案数据分析

截至 2024 年 1 月 26 日，以"收回海域使用权""公共利益""补偿"为关键词，通过公开案例库共检索出类案 249 件。

从地域分布来看，当前案例主要集中在辽宁省、福建省、浙江省，分别占比约为 34.94%、16.06%、14.06%。其中辽宁省的案件量最多，达到 87 件。

从案由分类情况来看，当前最主要的案由是行政，有 171 件；其次是民事，有 72 件；刑事，有 4 件；国家赔偿，有 2 件。

从行业分类情况来看，当前的行业分布主要集中在农、林、牧、渔业，有 27 件；制造业，有 16 件；交通运输、仓储和邮政业，有 6 件；批发和零售业，有 5 件；租赁和商务服务业，有 5 件。

从审理程序分布情况来看，一审案件有 108 件，二审案件有 94 件，再审案件有 22 件，国家赔偿案件有 25 件。并能够推算出一审上诉率约为 87.04%。

通过对一审裁判结果进行分析可知：当前条件下驳回起诉的有 41 件；全部/部分支持的有 39 件；全部驳回的有 24 件。

通过对二审裁判结果进行分析可知：当前条件下维持原判的有 66 件；改判的有 21 件；其他的有 4 件。

四、类案裁判规则的解析确立

《海域使用管理法》第三条第二款规定："单位和个人使用海域，必须依法取得海域使用权。"《海域使用管理法》第三十条规定："因公共利益或者国家安全的需要，原批准用海的人民政府可以依法收回海域使用权。依照前款规定在海域使用权期满前提前收回海域使用权的，对海域使用权人应当给予相应的补偿。"《行政许可法》第八条第二款规定："行政许可所依据的法律、法规、规章修改或者废止，或者准予行政许可所依据的客观情况发生重大变化的，为了公共利益的需要，行政机关可以依法变更或者撤回已经生效的行政许可。由此给公民、法人或者其他组织造成财产损失的，行政机关应当依法给予补偿。"因此，海域使用权期满前提前收回海域使用权的，应当对海域使用权人给予相应的补偿；而在补偿对象的确定上，需要兼顾各方利益。

海域使用权期满前提前收回海域使用权的，应当对海域使用权人给予相应的补偿。此时需明确征收补偿主体为海域使用权人，海域使用权人是指依法取得海域使用权证书，或者没有海域使用权证书，但有其他有效权属证明，从事海水养殖和捕捞生产的单位和个人。出现多人连环转租情况时，征收补偿对象仅指原海域使用权人和现经营人，应排除其他中间环节的承租人与转租人。若其他承租人和转租人认为其对租赁海域附属设施具有投资改造，因合法建造或者添附而享有财产权益的，应依据民事法律规范向已获得该附属设施补偿的受偿人另行主张权利。

五、关联法律法规

（一）《中华人民共和国海域使用管理法》（2002年1月1日施行）

第三条　海域属于国家所有，国务院代表国家行使海域所有权。任何单位或者个人不得侵占、买卖或者以其他形式非法转让海域。

单位和个人使用海域，必须依法取得海域使用权。

第三十条　因公共利益或者国家安全的需要，原批准用海的人民政府可以依法收回海域使用权。

依照前款规定在海域使用权期满前提前收回海域使用权的，对海域使用权人应当给予相应的补偿。

（二）《中华人民共和国行政诉讼法》（2017年修正）

第二十五条　行政行为的相对人以及其他与行政行为有利害关系的公民、法人或者其他组织，有权提起诉讼。

海洋生态环境司法裁判规则
第 8 条

未取得海域使用权属于非法占用海域养殖行为，相关养殖产品和设施不受法律保护，不能视为合法权益，国家不予赔偿

一、聚焦司法案件裁判观点

■ 争议焦点

未取得海域使用权属于非法占用海域养殖行为,相关养殖产品和设施是否受法律保护?

■ 裁判观点

行为人在进行围海、填海以及海域养殖等活动时,首先需要获得海域使用许可权,这是进行海域活动的前提。根据《海域使用管理法》第三条"单位或者个人使用海域,必须依法取得海域使用权",行为人在未取得海域使用证和养殖证的情况下,使用海域进行渔业养殖违反上述法律规定,属于非法占用海域养殖的行为,其养殖产品和设施不受法律保护。行为人主张其养殖产品和设施受到行政机关损毁,但行为人的养殖产品和设施是在非法状态下取得和使用的,不能视为合法权益。行为人只有在合法权益受到损害才可获得国家赔偿,若行为人的养殖产品和设施并非合法权益,依法不能予以国家赔偿。

二、司法案例样本对比

案例一

林良某与某市海洋与渔业局行政强制执行、行政赔偿案

• 法院

广西壮族自治区某人民法院

- **当事人**

上诉人（原审原告）：林良某

被上诉人（原审被告）：某市海洋局

- **基本案情**

原告在某市某岛南湾海域养殖扇贝多年，但其未持有相关海域使用证和水产养殖证。2017年9月29日，被告与某管委会联合发出《通告》。要求自通告发布之日起20天内，在某岛南湾港及其周边海域从事养殖和经营用海的行为人，务必持合法有效的海域使用权证和水域滩涂养殖证到某管委会综合执法局进行登记、备案；自通告发布之日起60天内，凡在某岛南湾港及其周边海域进行非法占海养殖和经营的行为人，务必自行清理拆除非法占海设施，恢复海域原状，退出非法占用的海域。逾期未自行清理拆除的，将依法拆除清理，并依法追究违法行为人的法律责任。2018年3月12日，某市海洋与渔业综合执法支队向原告等8名养殖户分别送达《限期自行拆除通知》，要求原告等8人立即停止养殖活动，并于3月20日前自行将现有的养殖产品进行处理，拆除清理占海养殖设施，退还非法占用海域，恢复海域原状；同时告知逾期拆除的将予以强制拆除。但在规定的期限内，各养殖户未自行拆除养殖设施。2018年3月29日，被告通过政府采购方式对某市某岛南湾海域违法占海设施清理工程进行招标，华某公司中标。2018年4月12日，被告、华某公司组织工作人员到某岛南湾港现场研究部署清理拆除事宜。经某管委会协调，被告同意再给原告等养殖户10天时间自行拆除和清理养殖设施。2018年4月23至28日，华某公司继续施工，将某岛南湾海域违法占海养殖设施全部拆除清理完毕。在华某公司清理施工期间，部分养殖户自行拆除拖走了部分养殖设施及养殖物。华某公司清理拆除的养殖设施包括浮球、缆绳、养殖笼，其中扇贝的养殖笼数量较少，大多数养殖笼中无养殖物，仅有个别养殖笼中零星存有两三个扇贝。华某公司对上述养殖设施和养殖物未经清点，作为废弃物处理掉。

一审法院认为：本案系行政强制执行及行政赔偿纠纷案。某市海洋与渔业局被撤销后，其涉及本案行政行为的权利和义务由某市海洋局继受和承担。综合双方当事人的诉辩意见，本案争议焦点为：

1. 关于被告拆除原告养殖设施的行政强制执行行为是否违法的问题。

使用海域、进行海洋渔业养殖，都是必须取得行政许可的事项，需要申办海域使用权证书取得海域使用权，同时申办养殖证。未取得许可的，构成非法占用海域和非法养殖。原告在未获得海域使用权的情况下长期在某岛南湾海域养殖扇贝，占用海域41.16亩，其行为构成非法占用海域，被告强制拆除其占用海域的养殖设施有事实和法律依据。

2. 关于被告是否应当承担行政赔偿责任及赔偿数额的问题。

结合本案事实，应当先行明确原告的损失构成，再分析哪些损失可获得行政赔偿，最终确定赔偿数额。（1）原告的损失包括强制拆除过程中养殖设施的损坏、拆除时未采收的养殖物、拆除后养殖设施的残值。被告应当承担违法不当处理强制拆除养殖设施，造成原告无法取得养殖设施残值损失的行政赔偿责任。（2）赔偿数额如何确定。原被告双方均未就行政行为造成的损害向该院提供证据。被告违法不当处置原告被拆除的养殖设施，导致该设施残存价值无法评估鉴定，根据《行政诉讼法》第三十八条第二款、《行政诉讼法解释》第四十七条第三款的规定，参考市场调查结果，该院酌情确定被告应当赔偿原告700元。

综上所述，原告请求确认被告强制拆除其养殖设施的行政行为违法，有事实和法律依据，该院予以支持。被告应对违法不当处理原告养殖设施残值的损失予以赔偿。被诉行政行为违反的是法定程序，原告仍应当承担《海域使用管理法》规定的退还非法占用海域、恢复海域原状等法律责任。依照《行政诉讼法》第七十四条第二款第一项、《中华人民共和国国家赔偿法》第三十六条第八项的规定，法院作出判决如下：一、确认原某市海洋与渔业局强制拆除原告林良某养殖设施的行政行为违法；二、被告某市海洋局于本判决生效之日起30日内赔偿原告林良某700元；三、驳回原告林良某的其他诉讼请求。案件受理费100元，由被告某市海洋局负担。

林良某上诉请求：撤销原审判决第二项，并改判被上诉人向上诉人赔偿188.8万元，本案诉讼费由被上诉人承担。

• 案件争点

拆除养殖设施的行政强制执行行为是否违法？某市海洋局是否应当承担行政赔偿责任及赔偿数额？

• 裁判要旨

根据《海域使用管理法》第三条"单位或者个人使用海域，必须依法取得海域使用权"和《中华人民共和国渔业法》（以下简称《渔业法》）第十一条"单位和个人使用国家规划确定用于养殖业的全民所有的水域、滩涂的，使用者应当向县级以上地方人民政府渔业行政主管部门提出申请，由本级人民政府核发养殖证，许可其使用该水域、滩涂从事养殖生产"的规定，上诉人在未取得海域使用证和养殖证的情况下，使用海域进行渔业养殖违反上述法律规定，属于非法占用海域养殖的行为，其养殖产品和设施不受法律保护。上诉人主张其养殖产品（扇贝）和设施被被上诉人损毁，但上诉人的养殖产品和设施是在非法状态下取得和使用的，不能视为合法权益，根据《中华人民共和国国家赔偿法》第二条"国家机关和国家机关工作人员行使职权，有本法规定的侵犯公民、法人和其他组织合法权益的情形，造成损害的，受害人有依照本法取得国家赔偿的权利"的规定，只有在公民、法人和其他组织合法权益受到损害时才可给予国家赔偿，上诉人的养殖产品和设施并非合法权益，依法不能予以国家赔偿。考虑到上诉人遗留的设施尚有一定回收价值，在双方当事人均未就行政行为造成的损害提交证据，设施残值无法评估鉴定的情况下，原审法院参照市场价格酌情予以 700 元赔偿，符合《行政诉讼法解释》第四十七条"当事人的损失因客观原因无法鉴定的，人民法院应当结合当事人的主张和在案证据，遵循法官职业道德，运用逻辑推理和生活经验、生活常识等，酌情确定赔偿数额"的规定，并无不当。

综上所述，原审判决认定事实清楚，适用法律正确。上诉人的上诉理由不成立，依照《行政诉讼法》第八十九条第一款第一项的规定，二审法院驳回上诉，维持原判。

案例二

王继某与某海洋局、某开发区管理委员会海域行政管理及行政复议案

• 法院

海南省某人民法院

• **当事人**

上诉人（原审原告）：王继某

被上诉人（原审被告）：某海洋局

被上诉人（原审被告）：某开发区管理委员会

• **基本案情**

2018年11月19日，某海洋局作出《责令停止违法行为通知书》（以下简称"责停通知书"），责令王继某于2018年12月20日前将渔排上水产、生活物品等处置完毕并自行拆除，撤离人员，退还非法占用的海域。2019年1月4日，某海洋局对王继某作出限期于2019年1月8日前拆除违法设施，退还非法占用海域，恢复海域原状的行政处罚。2019年3月21日，某管委会作出《行政复议决定书》维持某海洋局作出的责停通知书和行政处罚决定书。王继某不服，向法院提起行政诉讼。

原审查明，2009年1月23日，某市人民政府与某开发区管理局向某港区渔排养殖户联合发出《通告》，对违法、违规使用海域行为将依法予以处罚。2009年3月4日，某市人民政府与某开发区管理局联合印发《某港海上渔排搬迁实施方案》，同年6月17日，再次联合印发《某港海上渔排搬迁补充方案》，对某港海上渔排全部实施休养或者退养政策，对某港近海养殖户依法进行搬迁补偿，此后，周边海域未再批准过渔排养殖。

2018年11月9日，某管委会印发《某开发区非法渔排处置工作实施方案》和《某开发区非法渔排处置公告》，要求在2019年1月10日前拆除近岸海域非法渔排。经调查发现，王继某在近海海域建有848.8平方米渔排，养殖石斑鱼等水产品，但无法提供有效的海域使用权证书和养殖证。故某海洋局责令王继某于2018年12月20日前将渔排上水产、生活物品等处置完毕并自行拆除，退还非法占用的海域。2018年12月11日，某海洋局对王继某非法占用海域行为进行立案调查，并于12月16日对案件进行会审，认为王继某违反《海域使用管理法》第三条第二款的规定，应依照该法第四十二条的规定予以处罚于同年12月17日作出《行政处罚决定书》并送达王继某。后某海洋局对该处罚决定书再次进行审查，认为该处罚决定在作出前未告知当事人依法享有陈述、申辩等权利，不符合《行政处罚法》第三十一条规定，同年12月27日，某海洋局作出《行政处罚撤销决定书》，撤销12月17日作出的《行政处罚决定书》，同日，某海洋局作出

《行政处罚事先告知书》，告知了王继某依法享有陈述、申辩和要求举行听证的权利。2019年1月4日，某海洋局重新作出《行政处罚决定书》（以下简称最终处罚决定）并送达给王继某。

王继某不服，于2018年12月24日向某管委会申请行政复议。2019年1月2日，某管委会受理王继某的复议申请，并于1月24日组织双方当事人进行听证，充分听取了王继某的陈述和申辩意见，对某海洋局的行政行为所依据的证据进行了审核。某管委会认为，王继某在未取得海域使用权证和养殖证情况下在涉案海域建设渔排进行养殖，违反《海域使用管理法》第三条的规定，某海洋局对其立案并进行现场调查，调取航拍图对王继某占用海域的情况予以确认，所调取的证据能够证明王继某的违法事实，证据确实、充分，遂于2019年3月21日作出《复议决定书》，维持某海洋局作出的责停通知书和最终行政处罚决定。该《复议决定书》于2019年4月1日向王继某送达，后发现文书内未加盖公章，某管委会在加盖公章后，于4月9日再向王继某送达。

原审认为，本案争议的主要问题为：王继某的行为是否属于未经批准非法占用海域的行为，某海洋局作出的责停通知书和最终处罚决定以及某管委会作出的《复议决定书》是否合法。

1. 王继某的行为是否属于未经批准非法占用海域行为的问题。据本案查明的事实，王继某未经批准擅自在涉案海域从事渔排养殖活动，且始终未取得海域使用权证书和养殖证，其行为违反了《海域使用管理法》的规定，属于未经批准非法占用海域。

2. 根据《海域使用管理法》第四十二条的规定，未经批准或者骗取批准，非法占用海域的，可以责令其退还非法占用的海域，恢复海域原状。故某海洋局基于王继某的违法事实和上述法律规定，作出涉案《责令停止违法行为通知书》及《行政处罚决定书》并无不当。某海洋局在作出行政处罚前，依照法定程序，办理了立案审批手续，进行了调查取证，向当事人送达了《行政处罚事先告知书》，向其告知行政处罚的事实、理由和依据及其依法享有的陈述、申辩和要求听证等权利，处罚程序符合法律规定。某管委会在复议审查时对某海洋局作出行政行为所依据的证据进行了审核，并组织双方当事人进行了听证，充分听取当事人的意见，该复议程序合法。

王继某认为其在涉案海域从事渔排养殖多年无人管理，应视为政府默许其使用涉案海域。但王继某虽使用涉案海域生产多年至今，却始终未取得海域使用权证书，因此，王继某的行为始终属于非法占用海域。无论王继某于

2009年签订的协议的名称是休养协议还是退养协议，均不能否定其始终未取得海域使用权证书，非法占用海域养殖的事实。因此，王继某的用海行为始终不具备合法性，其相关主张没有事实和法律依据，应不予支持。

综上，某海洋局作出的责停通知书和最终行政处罚决定以及某管委会作出的《复议决定书》认定事实清楚、证据确凿、适用法律正确、程序合法、处理恰当。依照《行政诉讼法》第六十九条、第七十九条和《行政诉讼法解释》第一百三十五条、第一百三十六条第一款的规定，法院作出判决如下：驳回王继某的诉讼请求。案件受理费100元，由王继某负担。

上诉人王继某上诉，请求撤销原判，依法改判。

- 案件争点

被诉行政行为认定事实是否清楚，适用法律是否正确，程序是否合法？

- 裁判要旨

根据本案查明的事实，王继某未取得海域使用权证，其在涉案海域从事渔排养殖的行为，违反了《海域使用管理法》第三条第二款"单位和个人使用海域，必须依法取得海域使用权"的规定，属于非法占用海域。某海洋局向王继某作出并送达了责停通知书，但王继某并未自行停止违法行为。而后，某海洋局经立案调查，并告知王继某依法享有陈述、申辩、听证的权利，依据《海域使用管理法》第四十二条的规定，对王继某非法占用海域的行为作出了《行政处罚决定书》。某管委会受理王继某的行政复议申请后，对某海洋局的上述行政行为进行全面审查，并组织听证，后作出了《复议决定书》。由此可见，本案被诉行政行为认定事实清楚，适用法律正确，程序合法。

王继某主张某海洋局强制拆除其养殖渔排等生产设施未对其补偿安置；1992年政府征地未对其补偿安置，其占用海域是正当的生产自救。但是，根据《海域使用管理法》第四十二条的规定，对王继某非法占用海域的行为，应责令其退还非法占用的海域，恢复海域原状；1992年政府征地行为与本案被诉行政行为没有关联性。因此，王继某上述主张不能成立。

综上，原判决认定事实清楚，适用法律正确，判决结果并无不当。王继某的上诉请求及理由均不成立，法院不予支持。

三、司法案例类案甄别

(一)事实对比

案例一:原告在某市某岛南湾海域养殖扇贝多年,但未持有相关海域使用证和水产养殖证。2017年9月29日,被告与某管委会联合发出《通告》,张贴于某岛南湾岸边,告知群众政府即将对某岛南湾港及其周边海域各类非法养殖场及占海设施进行清理整治的决定。要求自通告发布之日起20天内,在某岛南湾港及其周边海域从事养殖和经营用海的行为人务必持合法有效的海域使用权证和水域滩涂养殖证到某管委会综合执法局进行登记、备案;自通告发布之日起60天内,凡在某岛南湾港及其周边海域进行非法占海养殖和经营的行为人,务必自行清理拆除非法占海设施,恢复海域原状,退出非法占用的海域。逾期未自行清理拆除的,将依法拆除清理并追究违法行为人的法律责任。同年11月23日,被告、某管委会组织召开某岛南湾海域非法养殖清理整治工作推进会,有关养殖户参加会议,被告当面协调催促违法占海养殖行为人清理拆除占海设施。同年12月28日,被告工作人员在刘某、庞某等养殖户的配合下,对某岛南湾港海域各养殖户的养殖范围进行指界。同日,某市海域使用动态监管中心暨某市海洋环境监测预报中心制作了《某岛南湾海域违法占海养殖设施分布图》,测量出各养殖户的非法占用海域面积,其中原告非法占用海域面积为41.16亩。2018年3月12日,某市海洋与渔业综合执法支队向原告等8名养殖户分别送达《限期自行拆除通知》,告知其政府将对某岛南湾海域非法占海设施予以清理,并已对清理工程进行招标,要求原告等8人立即停止养殖活动,并于3月20日前自行将现有的养殖产品进行处理,拆除清理占海养殖设施,退还非法占用海域,恢复海域原状。同时告知逾期拆除的,相关部门将予以强制拆除。但在规定的期限内,各养殖户未自行拆除养殖设施。2018年3月29日,被告通过政府采购方式对某市某岛南湾海域违法占海设施清理工程进行招标,华某公司中标。2018年4月8日,被告与华某公司签订《某市某岛南湾海域违法占海设施清理工程施工合同》,同年4月12日被告与华某公司组织工作人员到某岛南湾港现场研究部署清理拆除事宜。当日,华某公司即开始施工清理,但因遭到养殖户阻挠而停止。经某管委会协调,被告同意再给原告等养殖户10天时间自行拆除和清理养殖设施。2018年4月23日至28日,华某公司继续施工,将某岛南湾海域违法占海养殖设施全部拆除清理完毕。在华某公司清理施工期间,部分养殖户自行拆除了部分养殖设施及养殖物。华某公司清理拆除的养殖设施包括浮球、缆绳、养殖笼,其中扇贝的养殖笼数量较少,大多数养殖笼中无养殖物,仅有个别养殖笼中零星存有两三个扇贝。华某公司对上述养殖设施和养殖物未经清点,均作为废弃物处理。

案例二:2009年1月23日,某市人民政府与某开发区管理局向某港区渔排养殖户联合发出《通告》,内容为:请各养殖户于2009年2月10日前,将养殖产品出售或转移养殖,所有养殖渔排不得再投苗放养;某港区已不具备养殖功能,不再办理这一水域养殖项目的审批或备案,禁止新建养殖渔排;对违法、违规使用海域的行为将依法予以处罚。2009年3月4日,某市人民政府与某开发区管理局联合印发《某港海上渔排搬迁实施方案》,同年6月17日,再次联合印发《某港海上渔排搬迁补充方案》,对某港海上渔排全部实施休养或者退养政策,对某港近海养殖户依法进行搬迁补偿,全部155户渔排养殖户中有152户在签订退养协议并承诺不再进行海水养殖后,已领取了数额不等的补贴。此后,洋浦周边海域未再批准过渔排养殖。经调查发现,王继某在洋浦干冲区近海海域建有848.8平方米渔排,养殖石斑鱼等水产品,但无法提供有效的海域使用权证书和养殖证。某海洋局于2018年11月19日作出责停通知书并向王继某送达,责令王继某于2018年12月20日前将渔排上水产、生活物品等处置完毕并自行拆除,退还非法占用的海域。2018年12月11日,某海洋局对王继某非法占用海域行为进行立案调查,并于12月16日对案件进行会审,认为王继某违反《海域使用管理法》第三条第二款的规定,应依照该法第四十二条的规定予以处罚,同年12月17日作出《行政处罚决定书》并向王继某送达。后某海洋局对该处罚决定书再次进行审查,认为该处罚决定在作出前未告知当事人依法享有陈述、申辩等权利,不符合《行政处罚法》第三十一条规定,同年12月27日,某海洋局作出《行政处罚撤销决定书》,撤销于12月17日作出《行政处罚决定书》,同日,某海洋局作出《行政处罚事先告知书》,告知了王继某依法享有陈述、申辩和要求举行听证的权利。2019年1月4日,某海洋局重新作出《行政处罚决定书》并送达给王继某。王继某不服,于2018年12月24日向某管委会申请行政复议。2019年1月2日,某管委会受理王继某的复议申请,并于1月24日组织双方当事人进行听证,充分听取了王继某的陈述和申辩意见,对某海洋局的行政行为所依据的证据进行了审核。某管委会认为,王继某在未取得海域使用权证和养殖证的情况下在涉案海域建设渔排进行养殖,违反《海域使用管理法》第三条的规定,某海洋局对其立案并进行现场调查,调取航拍图对王继某占用海域的情况予以确认,所调取的证据能够证明王继某的违法事实,证据确实、充分,遂于2019年3月21日作出《复议决定书》,维持某海洋局作出的责停通知书和《行政处罚决定书》。《复议决定书》于2019年4月1日向王继某送达,后发现文书内未加盖公章,某管委会在加盖公章后,于4月9日再向王继某送达。

(二)适用法律对比

案例一:根据《海域使用管理法》第三条"单位或者个人使用海域,必须依法取得海域使用权"和《渔业法》第十一条"单位和个人使用国家规划确定用于养殖业的全民所有的水域、滩涂的,使用者应当向县级以上地方人民政府渔业行政主管部门提出申请,由本级人民政府核发养殖证,许可其使用该水域、滩涂从事养殖生产"的规定,上诉人在未取得海域使用证和养殖证的情况下,使用海域进行渔业养殖违反上述法律规定,属于非法占用海域养殖的行为,其养殖产品和设施不受法律保护。上诉人主张其养殖产品(扇贝)和设施被被上诉人损毁,但上诉人的养殖产品和设施是在非法状态下取得和使用的,不能视为合法权益,根据《中华人民共和国国家赔偿法》第二条"国家机关和国家机关工作人员行使职权,有本法规定的侵犯公民、法人和其他组织合法权益的情形,造成损害的,受害人有依照本法取得国家赔偿的权利"的规定,只有在公民、法人和其他组织合法权益受到损害时才给予国家赔偿,上诉人的养殖产品和设施并非合法权益,依法不能予以国家赔偿。考虑到上诉人遗留的设施尚有一定回收价值,在双方当事人均未就行政行为造成的损害提交证据,设施残值无法评估鉴定的情况下,原审法院参照市场价格酌情予以700元赔偿,符合《行政诉讼法解释》第四十七条"当事人的损失因客观原因无法鉴定的,人民法院应当结合当事人的主张和在案证据,遵循法官职业道德,运用逻辑推理和生活经验、生活常识等,酌情确定赔偿数额"的规定,并无不当。

案例二:王继某未取得海域使用权证,其在涉案海域从事渔排养殖的行为,违反了《海域使用管理法》第三条第二款"单位和个人使用海域,必须依法取得海域使用权"的规定,属于非法占用海域。某海洋局向王继某作出并送达了责停通知书,但王继某并未自行停止违法行为。而后,某海洋局经立案调查,并告知王继某依法享有陈述、申辩、听证的权利,依据《海域使用管理法》第四十二条的规定,对王继某非法占用海域的行为作出了《行政处罚决定书》。某管委会受理王继某的行政复议申请后,对某海洋局的上述行政行为进行全面审查,并组织听证,后作出了《复议决定书》。由此可见,本案被诉行政行为认定事实清楚,适用法律正确,程序合法。

王继某主张某海洋局强制拆除其养殖渔排等生产设施未对其补偿安置;1992年政府征地未对其补偿安置,其占用海域是正当的生产自救。但是,根据《海域使用管理法》第四十二条的规定,对王继某非法占用海域的行为,应责令退还非法占用的海域,恢复海域原状;1992年政府征地行为与本案被诉行政行为没有关联性。因此,王继某上述主张不能成立。

(三)类案数据分析

截至2024年1月26日,以"未取得海域使用权""合法权益""国家赔偿"为关键词,通过公开案例库共检索出类案30件。

从地域分布来看,当前案例主要集中在浙江省、山东省、福建省,分别占比46.67%、20.00%、13.33%。其中浙江省的案件量最多,达到14件。

从案由分类情况来看,当前最主要的案由是行政,有26件;其次是国家赔偿,有3件;刑事,有1件。

从行业分类情况来看,当前的行业分布主要集中在制造业,占比约66.67%;农、林、牧、渔业,占比约33.33%。

从案件审理程序分布情况看当前的审理程序分布状况。一审案件有3件,二审案件有4件,再审案件有1件。

通过对一审裁判结果进行分析可知:当前条件下全部驳回的有2件;全部/部分支持的有1件。

通过对二审裁判结果进行分析可知:当前条件下改判的有2件;发回重审的有1件;维持原判的有1件。

四、类案裁判规则的解析确立

行为人在进行围海、填海以及海域养殖等活动时,首先需要获得海域使用许可权,这是进行海域活动的前提。根据《海域使用管理法》第三条"单位或者个人使用海域,必须依法取得海域使用权"和《渔业法》第十一条"单位和个人使用国家规划确定用于养殖业的全民所有的水域、滩涂的,使用者应当向县级以上地方人民政府渔业行政主管部门提出申请,由本级人民政府核发养殖证,许可其使用该水域、滩涂从事养殖生产"的规定,在未取得海域使用证和养殖证的情况下,使用海域进行渔业养殖属于非法占用海域养殖的行为,其养殖产品和设施依法不受法律保护。

行为人主张其养殖产品和设施受到行政机关损毁,但养殖产品和设施是在非法状态下取得和使用的,不能视为合法权益,根据《中华人民共和国国家赔偿法》第二条"国家机关和国家机关工作人员行使职权,有本法规定的侵犯公民、法人和其他组织合法权益的情形,造成损害的,受害人有依照本法取得国家赔偿的权利"的规定,只有在公民、法人和其他组织合法权益受到损害时才给予国家赔偿,如养殖产品和设施并非合法权益,依法不能予以国家赔偿。行政行为合法,必须具备四个要件:一是行政主体具有相应的行政职权,二是行政行为认定的事实有充分的证据,三是适用法律法规正确,四是依照法定程序作出。国家赔偿法理论认为,行政赔偿中侵犯财产权损害赔偿的构成要件包括:一是被告的行政行为侵害原告的合法财产权益,二是行政行为给原告造成实际损失,三是被告的行政行为违法并对损失的形成存在过错,四是违法行为与损害结果之间存在因果关系。如果行政机关的行政行为不符合上述四个要件,且并未损害行为人合法的受保护的利益,或构成损害赔偿的情况,则没有适用国家赔偿的空间。

当然,如果行政行为实施过程中,对相对人的合法利益造成了无法鉴定的损失,则应参照《行政诉讼法解释》第四十七条第三款"当事人的损失因客观原因无法鉴定的,人民法院应当结合当事人的主张和在案证据,遵循法官职业道德,运用逻辑推理和生活经验、生活常识等,酌情确定赔偿数额"的规定裁判。在具体案件审理过程中,可以综合考虑遗留设施的回收价值,在双方当事人均未就行政行为造成的损害提交证据,设施残值无法评估鉴定的情况下,法院可判决行政机关对相对人损失参照市场价格酌情予以赔偿。

五、关联法律法规

(一)《中华人民共和国海域使用管理法》(2002 年 1 月 1 日施行)

第三条 海域属于国家所有,国务院代表国家行使海域所有权。任何单位或者个人不得侵占、买卖或者以其他形式非法转让海域。

单位和个人使用海域,必须依法取得海域使用权。

(二)《中华人民共和国渔业法》(2013 年修正)

第十一条 国家对水域利用进行统一规划,确定可以用于养殖业的水域和滩涂。单位和个人使用国家规划确定用于养殖业的全民所有的水域、滩涂的,使用者应当向县级以上地方人民政府渔业行政主管部门提出申请,由本级人民政府核发养殖证,许可其使用该水域、滩涂从事养殖生产。核发养殖证的具体办法由国务院规定。

集体所有的或者全民所有由农业集体经济组织使用的水域、滩涂,可以由个人或者集体承包,从事养殖生产。

(三)《中华人民共和国国家赔偿法》(2013 年修正)

第二条 国家机关和国家机关工作人员行使职权,有本法规定的侵犯公民、法人和其他组织合法权益的情形,造成损害的,受害人有依照本法取得国家赔偿的权利。

海洋生态环境司法裁判规则
第 9 条

已经合法取得海域生产养殖权的主体，在生产养殖活动中，应当自觉遵守海洋生态环境保护的要求。行政机关发现行为人的海域活动可能会对海洋环境造成破坏时，出于海洋环境保护的需要，可对带来环境污染的海域设施等，依法采取相应行政措施

一、聚焦司法案件裁判观点

■ 争议焦点

已经合法取得海域生产养殖权的主体,在生产养殖活动中可能造成环境污染的情况下,行政机关能否对其设施等采取强制措施或其他手段进行治理?

■ 裁判观点

保护海洋生态环境是海洋生产可持续发展的基本要求,国家实行严格的防止水域、滩涂养殖污染水域、海洋生态环境的制度,任何个人或者单位,特别是水域、滩涂养殖业主,应当自觉保护水域、海洋生态环境。未按照本法规定向海洋排放污染物,或者超过标准、总量控制指标排放污染物的,行使海洋环境监督管理权的部门应责令行为人停止违法行为、限期改正或者责令采取限制生产、停产整治等措施,并处以罚款。

二、司法案例样本对比

案例一

董文某与某市某区人民政府行政强制执行及行政赔偿案

- 法院

辽宁省某人民法院

- 当事人

上诉人(原审原告):董文某

被上诉人（原审被告）：某市某区人民政府

• **基本案情**

董文某于 2000 年 10 月 29 日与某镇某村民委员会订了《池塘、荒滩承包经营合同》，约定村委会将所拥有的池塘和池塘周围的荒滩承包给其经营水产品养殖，承包期自 2000 年 10 月 1 日起至 2030 年 10 月 1 日止，共计 30 年。2001 年 3 月 20 日，董文某向某区计划经济委员会递交《关于休闲渔业养殖的呈请》，该委于 2001 年 3 月 30 日向某镇政府作出旅计经发〔2001〕第 43 号《关于建设养鱼项目的立项批复》，并抄送区规划土地局、水产局、环保局，主要内容是同意董文某在于家村大沽崖荒滩建设养鱼项目。董文某认为按照当时法律法规规定，其无须到土地、规划部门办理审批手续，也无须获得环保部门审批。董文某取得了《辽宁省水产苗种生产许可证》，该许可证列明的单位名称是某富佳水产养殖场，当事人确认许可证项下的位置就是董文某的项目。

辽宁省人民政府办公厅于 2015 年 12 月 20 日印发《辽宁省清理整顿环保违规建设项目工作方案》（辽政办发〔2015〕108 号），某市人民政府办公厅于 2016 年 1 月 11 日印发《某市清理整顿环保违规建设项目实施方案》，该文件确定的清理整顿范围为"截至 2014 年 12 月 31 日，尚未取得环境影响评价批复文件的已建成或在建项目"，清理整顿意见为"三个一批"。辽宁省环保厅印发的《辽宁省环境保护厅关于做好环保违规建设项目现状评估及备案审查工作的通知》（辽环函〔2016〕13 号）规定，"《建设项目环境影响评价分类管理名录》规定应编制环境影响评价报告书、报告表的项目，均应参照《环保违规建设项目环境现状评估报告编制指导提纲》编制环境现状评估报告"，"由企业委托具有相应评价范围和等级的环评机构开展现场检查后，编制环境现状评估报告。"某区政府认为根据《建设项目环境影响评价分类管理名录》，董文某的某富佳水产养殖场属于名录中"B 类、第 16 项"应当编制报告表的"海水养殖工程"，亦属于应当编制环境现状评估报告的范围。按照《某市人民政府关于呈批某市近岸海域环境功能区划的请示》《关于某市近岸海域环境功能区划调整的复函》《近岸海域环境功能区管理办法》（国家环保总局令第 8 号）第七条第一款及《辽宁省污水综合排放标准》（DB21/1627—2008）第 4.1.1 款的规定，某区政府认为某富佳水产养殖场养殖废水因无法排污，已不具备备案、整改的可能性，依据某区政府办公室于 2016 年 9 月 1 日印发《关于辽宁某国

海洋生态环境司法裁判规则第9条

家级自然保护区环保违规清理整顿推进方案》，将某富佳水产养殖场列入关闭类范围，提出2016年10月20日前完成清理整顿工作的时限要求。2016年11月3日，某区政府印发了《辽宁某国家级自然保护区环保违规项目依法限时关闭工作方案》。2016年11月14日，《某区人民政府关于对辽宁某国家级自然保护区内环保违规项目依法限时关闭的决定》（政府1号令）要求"11月20日前，关闭类项目应自行关闭"，"确保关闭工作于11月30前完成"；11月15日，向某富佳水产养殖场当面送达"政府1号令"。2017年1月25日，政府联合检查组对关停工作进行现场检查时发现某富佳水产养殖场仍未关闭，遂对某富佳水产养殖场采取查封及断电的关闭措施。董文某不服，上诉。

原审法院认为，本案的争议焦点共有两个：一、某区政府对董文某经营的某富佳水产养殖场实施的查封及断电的强制行为是否合法？二、董文某提出的因断电导致其海参苗全部损失的赔偿请求是否成立？

首先，关于某区政府对董文某经营的某富佳水产养殖场实施的查封及断电的强制行为是否合法的问题。本案中，董文某自2000年10月29日与某镇某村民委员会签订承包经营合同，自述从2001年取得某区计划经济委员会立项批复时起即在涉案区域进行水产养殖。但2000年11月国家环境保护总局印发的《关于某国家级自然保护区总体规划审核意见的复函》，已明确于家村区域属于核心区，后虽进行调整但一直为缓冲区或实验区。

按照该条款规定，案涉区域属于核心区和缓冲区时不得建设任何生产设施或者调整成实验区后不得建设污染环境、破坏资源或者景观的生产设施。在自然保护区的实验区内已经建成的排污不符合排放规定的设施应当限期治理，被限期治理的企业事业单位必须按期完成治理任务。原审法院认为，经济管理工作的批复不具有环境保护管理的行政效力，且批复已明确董文某应当到批复抄送的区规划土地局、水产局、环保局办理其他事宜。因此，在自然保护区已经设立并有明确环保要求的情况下，董文某在国家级自然保护区内从事生产经营活动，不符合相关规定。在其后进行的清理整顿环保违规建设项目过程中，董文某的水产养殖场因养殖废水无法排污，已不具备备案、整改的可能性，董文某的生产经营行为因其不符合相关环保法律法规规定而不具有合法性。故董文某关于其系合法经营的主张，原审法院不予支持。按照有关法律法规规章及国家加强环境监管、清理整顿环保违规建设项目的相关规定，特别是接到相关关闭通知后，董文某应当自行停止生产经营活动。在董文某未依法自行关闭后，某区政府对董文某所有的某富佳水产养殖场采取了强制查封及断电措施,即本案案涉行政行为。

本案中,某区政府在庭审中明确其作出关闭决定及案涉强制措施的依据是某区人民政府令第1号,该行为依据并非法律、法规或者规章。该文件规定,"二、逾期未自行关闭的,行政机关将依法作出责令停产停业直至关闭的行政决定。三、拒不关闭的,行政机关将强制执行或申请人民法院强制执行。"《中华人民共和国行政强制法》(中华人民共和国主席令第49号,以下简称《行政强制法》)第二条规定,"本法所称行政强制,包括行政强制措施和行政强制执行。行政强制措施,是指行政机关在行政管理过程中,为制止违法行为、防止证据损毁、避免危害发生、控制危险扩大等情形,依法对公民的人身自由实施暂时性限制,或者对公民、法人或者其他组织的财物实施暂时性控制的行为。行政强制执行,是指行政机关或者行政机关申请人民法院,对不履行行政决定的公民、法人或者其他组织,依法强制履行义务的行为。"第十六条规定,"行政机关履行行政管理职责,依照法律、法规的规定,实施行政强制措施。"第十七条规定,"行政强制措施由法律、法规规定的行政机关在法定职权范围内实施。行政强制措施权不得委托。"第二十二条规定,"查封、扣押应当由法律、法规规定的行政机关实施,其他任何行政机关或者组织不得实施。"《中华人民共和国环境保护法》(2014年修订,以下简称《环境保护法》)第二十五条规定,"企业事业单位和其他生产经营者违反法律法规规定排放污染物,造成或者可能造成严重污染的,县级以上人民政府环境保护主管部门和其他负有环境保护监督管理职责的部门,可以查封、扣押造成污染物排放的设施、设备。"

本案中,某区政府据以作出行政行为的《某区人民政府关于对辽宁某国家级自然保护区内环保违规项目依法限时关闭的决定》规定,拒不关闭的,行政机关将强制执行或申请人民法院强制执行。《行政强制法》第三十四条规定,行政机关依法作出行政决定后,当事人在行政机关决定的期限内不履行义务的,具有行政强制执行权的行政机关依照本章规定强制执行。第三十五条规定,行政机关作出强制执行决定前,应当事先催告当事人履行义务。催告应当以书面形式作出。第三十六条规定,当事人收到催告书后有权进行陈述和申辩。行政机关应当充分听取当事人的意见,对当事人提出的事实、理由和证据,应当进行记录、复核。当事人提出的事实、理由或者证据成立的,行政机关应当采纳。第三十七条规定,经催告,当事人逾期仍不履行行政决定,且无正当理由的,行政机关可以作出强制执行决定。强制执行决定应当以书面形式作出。在催告期间,对有证据证明有转移或者隐匿财物迹象的,行政机关可以作出立即强制执行决定。第五十三条规定,当事人在法定期限内不申请行政复议或者提起行政诉讼,又不履行行政决定的,没有行政强制执行权的行政机关可以自期限届满之日起三个月内,依照本章规定申请人民法院强制执行。按照上述行政强制执行的法律规定,某区政府并未履行相应的法定程序。综上,某区政府未依据法律规定实施强制行为,法律依据不足,违反相应的程序规定,依法应当确认违法。

其次,关于赔偿的问题。本案中,董文某主张某区政府应当赔偿其4 800斤海参苗死亡的直接经济损失69.6万元,某区政府对于海参苗死亡的直接经济损失不予认可。双方当事人均认可本案已不具备评估鉴定条件。原审法院认为,董文某在涉案区域从事生产经营活动违反相关法律禁止性规定,且在某区政府已经作出关闭决定并向其通知后,在规定的自行关闭的期限内,董文某明知其生产经营行为不符合法律规定,拒不履行法律义务,限期完成治理任务,及时清理关闭,且在断电之后,海参苗尚能存活期间,不及时采取措施避免损失的发生及扩大,其对于不利的法律后果应当承担法律责任。综上,董文某所主张损失与某区政府的行为没有直接的因果关系,故对于董文某的赔偿请求,原审法院不予支持。

综上,依据《行政诉讼法》第七十四条第一款第一项、《最高人民法院关于审理行政赔偿案件若干问题的规定》(法释〔2022〕10号)第三十三条之规定,法院作出判决如下:确认被告某市某区人民政府强制查封及断电行为违法;驳回原告董文某的其他诉讼请求。案件受理费人民币50元(原告董文某已预交),由被告某市某区人民政府负担。

董文某不服,提出上诉。

- 案件争点

某区人民政府对董文某经营的水产养殖项目实施强制查封和断电行为是否符合法律规定?某区政府应否赔偿董文某海参苗损失?

- 裁判要旨

关于某区人民政府对董文某经营的水产养殖项目实施强制查封和断电行为是否符合法律规定问题。本案中被诉强制查封和断电行为系某区人民政府对董文某经营的水产养殖项目作出限时关闭决定后,其联合检查组进行现场检查发现董文某未在限期内自行关闭而当场实施的行为,查封所用封条上载有某区政府的名称、印章和日期,故强制行为的主体应认定为某区人民政府。根据《行政强制法》第二条规定,行政强制包括行政强制措施和行政强制执行。行政强制措施,是指行政机关在行政管理过程中,为制止违法行为、防止证据损毁、避免危害发生、控制危险扩大等情形,依法对公民的人身自由实施暂时性限制,或者对公民、法人或者其他组织的财物实施暂时性控制的行为。行政强制执行,是指行政机关或者行政机关申请人民法院,对不履行行政决定的公民、法人或者其他组织,依法强制履行义务的行为。本案中被诉强制查封和断电行为系在限时关闭决定作出后实施,并非是在关闭决定作出前出于制止违法行为、防止证据损毁、避免危害发生、控制危险扩大等目的采取的暂时性控制措施,而是为了保证关闭决定内容得到实现所采取的强制履行义务手段,因此属于行政强制执行而非行政强制措施。该行政强制执行的效果来源于作为执行基础的原行政决定,某区政府作为某自然保护区所在地的地方人民政府,按照《环境保护法》(2014年修订)的规定对其行政区域内的环境质量负责,是某自然保护区环保违规建设项目清理整顿的责任主体,其在确认董文某经营的水产养殖项目为自然保护区内环保违规建设项目的情况下,已对该项目作出关闭决定,且该关闭决定依法送达给董文某,亦未经有权机关予以撤销,对董文某具有法律约束力。董文某经营的水产养殖项目包括养殖大棚和大棚外的养殖池,该项目虽未办理工商登记,但在《辽宁水产苗种生产许可证》中登记的单位名称为某富佳水产养殖场。某区政府确认其以政府1号令作出的关闭决定中指向董文某的关闭项目"某区铁山街道于家村海珍品养殖大棚",就是指某富佳水产养殖场整体。因被诉强制查封和断电行为系对该关闭决定的强制执行,故其执行范围亦及于养殖大棚和大棚外的养殖池。

关于某区政府应否赔偿董文某海参苗损失问题。根据《行政强制法》第八条和第六十八条的规定,公民、法人或者其他组织因行政机关违法实施行政强制受到损害的,有权依法要求赔偿,行政机关应对其造成的损失依法给予赔偿。董文某主张某区政府赔偿的海参苗损失,系其以购买方式取得的合法财产遭受的损失,不属于经营损失,不受其在某自然保护区内经营水产养殖项目是否合法的影响。同时,《行政诉讼法》第三十八条第二款规定,在行政赔偿、补偿的案件中,原告应当对行政行为造成的损害提供证据。被告行为导致原告无法举证的,由被告承担举证责任。董文某已提供初步证据证明,其大棚外养殖池中有价值69.6万元的4 800斤海参苗,由于某区人民政府实施的强制查封和断电行为而死亡。某区人民政府系对董文某的水产养殖项目整体实施强制关闭,并对养殖大棚和大棚外养殖池均采取了断电行为,该行为确实影响到董文某养殖池中海参苗的存活。根据《行政强制法》第二十四条的规定,行政机关决定实施查封的,应当制作查封清单,以书面凭证记载被查封财产的详细情况并当场交付给当事人,某区人民政府未举证证明其在查封当时依法制作了查封清单并交付给董文某。在查封后不到一个月的时间内,董文某又申请某区人民政府对其被查封的生产设施、设备及物资物品进行现场登记造册确认,但某区人民政府签收申请书后始终未予答复。因此,对董文某主张的海参苗损失,某区人民政府应承担举证不能的责任。但是,董文某在某区人民政府向其送达关闭决定后,明知自己在自然保护区内经营的水产养殖项目为环保违规建设项目,仍不及时清理、处置所养殖的海参苗,拒不履行自行关闭义务,且在实施强制查封和断电后海参苗尚能存活期间,未采取止损措施有效避免海参苗死亡的结果,致损失扩大,亦应对由此造成的损失承担相应的法律责任。鉴于海参苗均灭失,已不具备进行损失评估鉴定的条件,法院根据双方当事人对于损失形成应负责任的具体情况,酌情确定某区人民政府赔偿董文某海参苗损失23.2万元。原审判决驳回董文某的全部赔偿请求不当,应予纠正。

案例二

某乐兴实业有限公司与某市海洋与渔业局、某市某镇人民政府行政行为确认案

- **法院**

海南某人民法院

- **当事人**

原告:某乐兴实业有限公司
被告:某市海洋与渔业局(简称"某市海渔局")

被告：某市某镇人民政府

• **基本案情**

2001年7月26日，某镇政府与某乐兴公司签订一份《土地承包合同》，将原某盐场用地340亩发包给某乐兴公司，承包期限30年。2003年9月1日，某镇政府与某乐兴公司签订一份《某盐场蓄水池土地承包合同》，将原某盐场蓄水池，面积127亩，发包给某乐兴公司，承包期限50年。

某乐兴公司承包上述土地后，申报兴建海产养殖基地项目立项。2001年7月30日，某市发展计划局批复同意某乐兴公司兴建海产养殖基地项目，项目建设规模为建设虾池386亩及相关配套设施。2003年3月10日，该项目通过某市国土环境资源局环境影响审批。在建设"某养殖基地"中，某乐兴公司没有办理选址许可、土地承包合同备案登记、排污许可、海域使用权证，亦没有购置任何养殖污水处理设备。

2014年3月14日，某市政府向某乐兴公司颁发《水域滩涂养殖证》。2014年8月27日，某乐兴公司"某养殖基地"养殖南美白对虾通过水产养殖检验检疫备案，有效期至2018年8月26日。2017年12月29日，经某认证有限公司认证，某乐兴公司养殖南美白对虾符合良好农业规范认证实施规则的要求，认证有效期至2018年12月28日。

2017年8月18日，某市环境保护督查交办案件落实组办公室下发《关于报送督查交办案件落实情况的通知》，要求某市海渔局牵头，某镇政府及国土局、环保局、林业局配合，共同处置中央环境保护督察组转办的信访件，并将处理情况汇总，于同年8月22日前报某市政府。2017年9月9日，国家海洋督察交办信访件落实组对信访件转交《任务派遣单》，要求职能部门立即核实，如属实，依法依规处理并整改。

2017年8月17日，某乐兴公司作出《某镇某村（居）委会下浦村儋州某乐兴实业有限公司水产养殖场（户）整改方案》，具体措施为：1.最迟在2017年11月28日前上市销售完毕并停业整改，停止一切养殖活动；2.补办选址许可、土地合同备案登记、排污许可、水产养殖证、海域使用权证。某乐兴公司作出整改方案后，没有严格落实整改措施，并未停止养殖生产活动，继续排放养殖废水。

2017年8月17日，某市环境监测站对某乐兴公司"某养殖基地"排放口养殖废水取样检测，其中悬浮物达92 mg/L，属于超标。所排废水系造成该区域水质为劣四类水质污染源之一。

2017年8月20日，某市海渔局请示某市政府注销某乐兴公司《水域滩涂养殖证》，获得相关领导批示。2017年9月27日，某市海渔局通知某乐兴公司于2017年10月9日前办理注销手续。2017年10月13日，某市海渔局登报公告注销某乐兴公司《水域滩涂养殖证》。

2018年1月19日，某市海渔局、某镇政府作出《停养通知》，根据《海南省海洋环境保护规定》第二十一条第五款"海水养殖池应当设置废水处理设施。养殖废水未经处理或经处理不符合标准的，不得排放"规定，鉴于市生态环境局对该区域水质监测结果为劣四类水质，已造成污染，要求某乐兴公司立即停养。如不停养，将不再告知，联合强制执法，并予以罚款。同日，两被告作出《关于某镇上、下浦一带养殖场（池）停养的再次公告》，公告某镇上、下浦一带养殖场（池）业主，立即停养，如不停养，将不再告知，联合强制执法，并予以罚款。

因某乐兴公司未按照《停养通知》及公告停止养殖生产活动，某市海渔局要求海南电网有限责任公司儋州供电局对某乐兴公司"某养殖基地"停止供电。2018年1月31日，儋州供电局通知某乐兴公司"某养殖基地"将于2018年2月3日停止供电。之后，停止了供电，并拆除某乐兴公司"某养殖基地"范围内的24根电线杆。

2018年5月22日，某市海渔局、某镇政府联合相关职能部门拆除某某湾原建堤坝及废旧闸门，让海水在某某湾内自由流动。海水没有淹没某乐兴公司"某养殖基地"64个虾池。

原告某乐兴公司认为两被告作出《停养通知》及拆除某某湾堤坝闸门和"某养殖基地"范围内电线杆的行政行为违法，特向法院提起行政诉讼。

• 案件争点

被告某市海渔局、某镇政府作出的《停养通知》及拆除某某湾堤坝闸门和"某养殖基地"范围内电线杆的行政行为是否违法。

• 裁判要旨

我国实行水域、滩涂养殖许可管理。某乐兴公司自2001年间建设"某养殖基地"至2014年3月14日补办期间，长期违法养殖，违反水域、滩涂养殖国家许可制度。2014年3月14日，某乐兴公司补办了《水域滩涂养殖证》，获得水域、滩涂养殖许可，但该《水域滩涂养殖证》因其养殖污染海洋环境而于 2017 年 10 月 13 日被依法吊销。鉴于此，某乐兴公司"某养殖基地"自 2017 年 10 月 13 日起，不再获得水域、滩涂养殖许可。某市海渔局联合某镇政府作出《停养通知》，要求某乐兴公司"某养殖基地"立即停止养殖生产，符合国家对水域、滩涂养殖许可管理的规定，亦充分体现职能部门将水域、滩涂养殖许可管理纳入法治化轨道。

国家实行严格的防止水域、滩涂养殖污染水域、海洋生态环境制度，任何个人或者单位特别是水域、滩涂养殖业主，应当自觉保护水域、海洋生态环境。根据《中华人民共和国海洋环境保护法》（2023 年修订，以下简称《海洋环境保护法》）第五条规定，某市海渔局具有海洋环境的监督管理职责，依法有权对造成水域、海洋环境污染的行为进行处理。在本案中，某乐兴公司"某养殖基地"养虾池养殖废水排入海洋，经检测悬浮物超标，造成了水域生态环境污染，当地群众强烈要求关闭，被告某市海渔局联合某镇政府作出《停养通知》，要求某乐兴公司"某养殖基地"立即停止养殖生产，符合上述法律规定及国家强化海洋生态环境污染治理的政策，亦充分体现职能部门由被动应对海洋生态环境污染向主动预防转变，加大治理力度。

某某湾堤坝系某镇政府在 20 世纪 50 年代发动群众建造的构筑物，后为建设某盐场而加建闸门。该堤坝及闸门年久失修，已经失去了原有功能，而且变成了阻碍海水流速，防害鱼、虾、蟹洄游，不利于湾内生态环境保护和养成的构筑物。某镇政府联合某市海渔局为有利于某某湾内生态环境养成，拆除湾内堤坝及其闸门，退坝还湾，使海水顺畅流通，鱼、虾、蟹洄游自由，属于保护生态环境补救措施，该行政行为符合上述法律规定，亦充分体现当地政府环保意识极大增强。

某乐兴公司制定了整改方案。但是，某乐兴公司没有按照整改方案停止一切养殖活动，而是继续进行养殖生产，特别是《停养通知》下达之后，仍然继续进行养殖生产。在此情况下，为了有效阻止某乐兴公司"某养殖基地"继续进行养殖生产，防治污染，某市海渔局联合某镇政府要求供电部门停止对某乐兴公司"某养殖基地"供电，并采取断然措施，拆除该基地范围内 24 根电线杆，属于防治污染的具体措施，并无不妥。该行政行为充分体现当地政府及相关职能部门落实环保督察和海洋督察相关环保问题的较强执行力。

综上所述，被告某市海渔局、某镇政府作出《停养通知》及拆除某某湾堤坝闸门和"某养殖基地"范围内电线杆的行政行为,事实清楚,证据确凿,适用法律、法规正确,符合法定程序。原告某乐兴公司诉请确认两被告的行政行为违法,理由不能成立,依法应予驳回。依照《行政诉讼法》第六十九条之规定,法院判决驳回原告某乐兴实业有限公司的诉讼请求。

三、司法案例类案甄别

(一)事实对比

案例一:董文某于2000年10月29日与某镇某村民委员会签订了《池塘、荒滩承包经营合同》,约定村委会将所拥有的池塘和池塘周围的荒滩承包给其经营水产品养殖。2001年3月20日,董文某向某区计划经济委员会递交《关于休闲渔业养殖的呈请》,要求继续做好项目论证等前期工作,其他事宜据此批复到有关部门办理。董文某认为按照当时法律法规规定,其无须到土地、规划部门办理审批手续,也无须获得环保部门审批。董文某取得了《辽宁省水产苗种生产许可证》,该许可证列明的单位名称是某富佳水产养殖场,当事人确认许可证项下的位置就是董文某的项目,即涉案区域,经营包括于家村海珍品养殖大棚。某区政府认为某富佳水产养殖场养殖废水因无法排污,已不具备备案、整改的可能性,将某富佳水产养殖场列入关闭类范围,提出2016年10月20日前完成清理整顿工作的时限要求。2017年1月25日,政府联合检查组对关停工作进行现场检查时发现海富佳仍未关闭,遂对某富佳水产养殖场采取查封及断电的关闭措施。

案例二:2001年7月26日,某镇政府与某乐兴公司签订一份《土地承包合同》,将原某盐场用地340亩发包给某乐兴公司,承包期限30年,承包金每年每亩人民币45元。2003年9月1日,某镇政府与某乐兴公司签订一份《某盐场蓄水池土地承包合同》,将原某盐场蓄水池,面积127亩,发包给某乐兴公司,承包期限50年,承包金每年每亩人民币45元。某乐兴公司承包上述土地后,申报兴建海产养殖基地项目立项。2001年7月30日,某市发展计划局批复同意某乐兴公司兴建海产养殖基地项目,项目建设规模为,建设虾池386亩及相关配套设施,总投资为829.8万元。2003年3月10日,该项目通过某市国土环境资源局环境影响审批。之后,某乐兴公司以"某养殖基地"建设64个虾池,进行海水养殖,并修建近海取排水管道,抽取海水养殖,将养殖废水排入大海。在建设"某养殖基地"中,某乐兴公司没有办理选址许可、土地承包合同备案登记、排污许可、海域使用权证,亦没有购置任何养殖污水处理设备。

2018年1月19日,某市海渔局、某镇政府作出《停养通知》,根据《海南省海洋环境保护规定》第二十一条第五款"海水养殖池应当设置废水处理设施。养殖废水未经处理或经处理不符合标准的,不得排放"规定,要求某乐兴公司立即停养。如不停养,将不再告知,联合强制执法,并予以罚款。

(二)适用法律对比

案例一:该行政强制执行的效果来源于作为执行基础的原行政决定,某区人民政府作为某自然保护区所在地的地方人民政府,按照《环境保护法》的规定对其行政区域内的环境质量负责,是某自然保护区环保违规建设项目清理整顿的责任主体,其在确认董文某经营的水产养殖项目为自然保护区内环保违规建设项目的情况下,已对该项目作出关闭决定,且该关闭决定依法送达给董文某,亦未经有权机关予以撤销,对董文某具有法律约束力。根据《行政强制法》第十三条的规定,行政强制执行由法律设定。某区人民政府并未提供其实施被诉强制查封和断电行为的法律依据,故其强制执行缺乏依据。同时根据该法第三十五条、第三十六条和第五十三条的规定,行政机关在强制执行前,应履行发出书面催告通知书、听取当事人陈述和申辩的义务,某区人民政府未举证证明其在实施强制查封和断电行为前履行了上述法定程序。故原审判决认定某区人民政府实施的查封和断电强制行为法律依据不足,违反相应的程序规定,进而确认该行为违法并无不当。

案例二:《渔业法》第六条第一款规定县级以上人民政府渔业行政主管部门主管本行政区域内的渔业工作。该法第二章专门对养殖业的管理作出规定。因此,被告某市海渔局对本行政区域内养殖业行使监督管理职责。《渔业法》第十一条第一款规定,国家对水域利用进行统一规划,确定可以用于养殖业的水域和滩涂。单位和个人使用国家规划确定用于养殖业的全民所有的水域、滩涂的,使用者应当向县级以上地方人民政府渔业行政主管部门提出申请,由本级人民政府核发养殖证,许可其使用该水域、滩涂从事养殖生产。第二十条规定,从事养殖生产应当保护水域生态环境,科学确定养殖密度,合理投饵、施肥、使用药物,不得造成水域的环境污染。《海洋环境保护法》（2023年修订）第二十八条第三款规定，海水养殖应当科学确定养殖密度，并应当合理投饵、施肥，正确使用药物，防止造成海洋环境污染。根据《海洋环境保护法》（2023年修订）第五条规定，某市海渔局具有海洋环境的监督管理职责，依法有权对造成水域、海洋环境污染的行为进行处理。

（三）类案数据分析

截至2024年1月26日，以"可能会对海洋环境造成破坏时""海域活动""行政措施"为关键词，通过公开案例库共检索出类案8件。

从地域分布来看，当前案例主要集中在山东省、上海市、广西壮族自治区，分别占比25.00％、12.50％、12.50％。其中山东省的案件量最多，达到2件。

从案由分类情况来看，当前最主要的案由是民事，有5件；其次是刑事，有2件；行政，有1件。

从行业分类情况来看，当前的行业分布主要集中在农、林、牧、渔业和制造业。

从案件审理程序分布情况看当前的审理程序分布状况。一审案件有6件，二审案件有2件。并能够推算出一审上诉率为33.33％。

通过对一审裁判结果进行分析可知：当前条件下全部/部分支持的有3件；全部驳回的有2件；驳回起诉的有1件。

通过对二审裁判结果进行分析可知：当前条件下改判的有1件；维持原判的有1件。

四、类案裁判规则的解析确立

我国实行水域、滩涂养殖许可管理。根据《渔业法》第十一条第一款规定，国家对水域利用进行统一规划，确定可以用于养殖业的水域和滩涂。单位和个人使用国家规划确定用于养殖业的全民所有的水域、滩涂的，使用者应当向县级以上地方人民政府渔业行政主管部门提出申请，由本级人民政府核发养殖证，许可其使用该水域、滩涂从事养殖生产。故单位和个人应当经申请，合法取得海域养殖权后，再进行相应的生产养殖活动。

保护海洋生态环境是海洋生产可持续发展的基本要求,根据《渔业法》第二十条规定,从事养殖生产应当保护水域生态环境,科学确定养殖密度,合理投饵、施肥、使用药物,不得造成水域的环境污染。同时根据《海洋环境保护法》第四十五条规定,从事海水养殖活动应当保护海域环境,科学确定养殖规模和养殖密度,合理投饵、投肥,正确使用药物,及时规范收集处理固体废物,防止造成海洋生态环境的损害。可见,我国实行严格的防止水域、滩涂养殖污染水域、海洋生态环境制度。任何个人或者单位特别是水域、滩涂养殖业主,应当自觉保护水域、海洋生态环境。依照《海洋环境保护法》第九十三条规定,不按照本法规定向海洋排放污染物,或者超过标准、总量控制指标排放污染物的,行使海洋环境监督管理权的部门责令停止违法行为、限期改正或者责令采取限制生产、停产整治等措施,并处以罚款。此时,不仅未经授权主体不得从事相应的养殖活动,已被授权的合法养殖主体,在进行养殖活动中也应当按照法律要求进行正常的养殖等活动,自觉遵循海洋生态环境保护的要求。

建设生态文明,是中华民族永续发展的千年大计。因此,我们必须树立和践行绿水青山就是金山银山的理念,坚持节约资源和保护环境的基本国策,统筹山水林田湖草系统治理,实行最严格的生态环境保护制度,形成绿色发展方式和生活方式,为人民创造良好生产生活环境。《环境保护法》(2014年修订)第六条规定:"一切单位和个人都有保护环境的义务。地方各级人民政府应当对本行政区域的环境质量负责。企业事业单位和其他生产经营者应当防止、减少环境污染和生态破坏,对所造成的损害依法承担责任。公民应当增强环境保护意识,采取低碳、节俭的生活方式,自觉履行环境保护义务。"因此,法院在审理海域环境污染案件时,对行政机关依法进行的行政措施应当予以支持,不能以行为人已经合法取得海域生产养殖权的私利为由,无视其对海洋生态环境污染造成的社会公共利益的损害。

五、关联法律法规

(一)《中华人民共和国渔业法》(2013年修正)

第二十条 从事养殖生产应当保护水域生态环境,科学确定养殖密度,合理投饵、施肥、使用药物,不得造成水域的环境污染。

（二）《中华人民共和国海洋环境保护法》（2023 年修订）

第五条　沿海县级以上地方人民政府对其管理海域的海洋环境质量负责。

国家实行海洋环境保护目标责任制和考核评价制度，将海洋环境保护目标完成情况纳入考核评价的内容。

第四十五条　从事海水养殖活动应当保护海域环境，科学确定养殖规模和养殖密度，合理投饵、投肥，正确使用药物，及时规范收集处理固体废物，防止造成海洋生态环境的损害。

禁止在氮磷浓度严重超标的近岸海域新增或者扩大投饵、投肥海水养殖规模。

向海洋排放养殖尾水污染物等应当符合污染物排放标准。沿海省、自治区、直辖市人民政府应当制定海水养殖污染物排放相关地方标准，加强养殖尾水污染防治的监督管理。

工厂化养殖和设置统一排污口的集中连片养殖的排污单位，应当按照有关规定对养殖尾水自行监测。

第九十三条　违反本法规定，有下列行为之一，由依照本法规定行使海洋环境监督管理权的部门或者机构责令改正或者责令采取限制生产、停产整治等措施，并处以罚款；情节严重的，报经有批准权的人民政府批准，责令停业、关闭：

（一）向海域排放本法禁止排放的污染物或者其他物质的；（二）未依法取得排污许可证排放污染物的；（三）超过标准、总量控制指标排放污染物的；（四）通过私设暗管或者篡改、伪造监测数据，或者不正常运行污染防治设施等逃避监管的方式违法向海洋排放污染物的；（五）违反本法有关船舶压载水和沉积物排放和管理规定的；（六）其他未依照本法规定向海洋排放污染物、废弃物的。

有前款第一项、第二项行为之一的，处二十万元以上一百万元以下的罚款；有前款第三项行为的，处十万元以上一百万元以下的罚款；有前款第四项行为的，处十万元以上一百万元以下的罚款，情节严重的，吊销排污许可证；有前款第五项、第六项行为之一的，处一万元以上二十万元以下的罚款。个人擅自在岸滩弃置、堆放和处理生活垃圾的，按次处一百元以上一千元以下的罚款。

海洋生态环境司法裁判规则
第 10 条

　　渔业捕捞是一个过程,包括捕捞准备行为及捕捞实施行为,捕捞准备行为系捕捞实施行为的必经阶段。通过实施行政处罚将违法行为遏制在捕捞准备阶段,更有利于保护海洋渔业资源,维护公共利益和社会秩序,而不能要求执法部门对下水作业实施捕捞行为当场抓获时才能处罚。即使涉案渔船未实际下水作业,但去目标渔区实施作业之前的航行行为,禁渔期携带网具等行为,属于"准备捕捞",应认定是渔业捕捞活动

一、聚焦司法案件裁判观点

■ **争议焦点**

未实际下水作业的准备捕捞行为,是否属于渔业捕捞活动?

■ **裁判观点**

行政处罚的目的并不在于单纯对行政违法行为进行事后惩戒,更重要的是要保障行政机关有效实施行政管理,维护公共利益和社会秩序并通过实施行政处罚实现教育的作用。渔业执法环境显著区别于陆上,执法难度较大。渔业捕捞包括捕捞准备行为、实施行为,前者系后者必经阶段。从维护公共利益和社会秩序角度出发,通过实施行政处罚将违法行为遏制在捕捞准备阶段,更利于保护海洋渔业资源。

二、司法案例样本对比

案例一
翟某园与某市某区海洋发展局渔业行政处罚案

• **法院**

山东省某市中级人民法院

• **当事人**

上诉人(原审原告):翟某园
被上诉人(原审被告):某市某区海洋发展局

基本案情

翟某园与王某某系夫妻关系,涉案渔船系翟某园及其配偶王某某所有,由王某某于2019年从河北购置。2020年3月21日,某区海洋发展局接群众举报,称某海域内有"黑船"停靠。接到举报后,该局执法人员于2020年3月24日前往合庆湾进行核实,发现涉案渔船后,查验了该渔船档案登记情况,比对发现该渔船船型与档案记载的数据明显不符,决定将该船拖回调查,并决定予以立案调查。2020年3月25日,区海洋发展局对涉案船舶进行现场检查,并制作现场检查(勘验)笔录,同日,该局对涉案船舶作出查封扣押现场笔录,并于3月26日作出《查封扣押决定书》,决定对涉案船舶进行查封扣押。2020年3月26日,区海洋发展局依职权对翟某园进行询问,并制作了询问笔录。翟某园在询问笔录中认可,其系涉案渔船所有人,拖网作业;区海洋发展局执法时发现的船上网具为船作业时使用,渔获卖给合庆鱼贩子;出海作业早上2—4点出海,下午2—3点回来;船上有3名船员。且在询问过程中翟某园向区海洋发展局出示的渔船捕捞许可证上登记的所有人为陈某某。后区海洋发展局于3月28日对陈某某进行调查询问,并制作了询问笔录。陈某某在询问笔录中陈述,其系涉案渔船持证人,但船早就卖了,一开始就是别人在使用,渔船捕捞许可证上并未过户;其并不知道该船的实际经营人。2020年3月31日,区海洋发展局对王某某进行调查询问,并制作了询问笔录。在该询问笔录中,王某某陈述,涉案渔船系其2019年9月在河北购买,花了40多万;证书证件是其买的;涉案船舶没有经过船检检验,一直在合庆湾停靠,代理叫王某甲,渔获基本卖给他;选择合庆湾停靠的原因是出海作业比较方便,出海率比较高,效率比较高。同时,王某某亦认可其知晓涉案渔船证套在涉案船舶上是违法的。区海洋发展局于2020年4月7日在对案件调查终结后,对翟某园的违法事实及证据进行集体讨论,认为该船未经检验下水,并从事渔业捕捞作业,实船无有效的船名船号、渔业登记证书和船检证书,拟作出没收该涉渔"三无"船舶的处罚。2020年4月22日,区海洋发展局作出《行政处罚事先告知书》,并向翟某园送达,告知其拟作出的处罚及依据,并告知其享有陈述和申辩、申请听证的权利。后翟某园向区海洋发展局提交申辩意见书,该局遂于2020年4月28日听取了翟某园的陈述申辩意见,并制作了陈述、申辩笔录。该局经审查翟某园提交的申辩意见,认为其所主张的事实和理由与在案证据不符,决定不予采纳。

海洋生态环境司法裁判规则第 10 条

2020 年 4 月 29 日，区海洋发展局作出涉案行政处罚决定书，并向翟某园送达。后翟某园不服，向一审法院提起诉讼。

原审法院认为，本案系渔业行政处罚纠纷。本案主要争议的焦点问题在于：区海洋发展局作出的涉案行政处罚认定事实是否清楚、证据是否充分。

根据法规规定，渔业船舶只要未经检验、未取得渔业船舶检验证书且擅自下水作业的，即应当予以没收。本案中，翟某园对于涉案渔业船舶系非法建造，用于捕捞，属于无船名船号、无船舶证书、无船籍港的"三无"渔业船舶这一事实予以认可，但对涉案船舶是否下水作业存有异议，主张涉案船舶自购买后并未实际下水作业。原审法院认为，下水作业与实施捕捞行为的本质意义相同。区海洋发展局在对涉案渔船进行现场勘验时发现渔船上有渔网、存放渔获的箱子及箱中水渍、零星渔获残留、被褥炉灶等生活用品，后该局对翟某园所作的询问笔录中，翟某园述称区海洋发展局"执法时发现的船上网具为船作业时使用，渔获卖给合庆鱼贩子；出海作业早上 2—4 点出海，下午 2—3 点回来"；区海洋发展局于 2020 年 3 月 31 日对王某某所作的询问笔录中，王某某述称"该船购买于 2019 年，无任何证书证件且未经检验；所获渔获卖给代理人王某甲。"上述现场勘验情况与翟某园及王某某的询问笔录相结合，相互印证，能够证明涉案船舶进行下水捕捞作业的事实。退一步讲，即使如翟某园在《申辩意见书》中所述，"船上放置的网具是以前船卖掉之后的网具，该网具确实准备用于新渔船作业使用，现在放置在新船上没有使用"，亦不影响对其"下水作业"违法事实的认定。这是因为，行政处罚目的并不在于单纯对行政违法行为进行事后惩戒，更重要的目的在于保障行政机关有效实施行政管理，维护公共利益和社会秩序并通过实施行政处罚实现教育的作用。渔业捕捞是一个过程，包括捕捞准备行为及捕捞实施行为，捕捞准备行为系捕捞实施行为的必经阶段。通过实施行政处罚将违法行为遏制在捕捞准备阶段，更利于保护海洋渔业资源，维护公共利益和社会秩序，而不能要求执法部门对下水作业实施捕捞行为当场抓获时才能处罚。因此，即使涉案渔船未实际下水作业，但其从事非法捕捞的准备行为亦可认定为非法捕捞行为，即下水作业行为。综上，区海洋发展局根据其调查的事实，认定涉案渔船下水作业从事捕捞的事实并无不当。

因此，涉案行政处罚决定认定事实清楚、证据充分、适用法律正确、程序合法。翟某园的诉讼请求理由不足，原审法院不予支持。依据《行政诉讼法》第六十九条之规定，法院作出判决驳回翟某园的诉讼请求。翟某园不服，上诉。

- **案件争点**

上诉人翟某园是否是本案适格的被处罚主体？被上诉人认定涉案船舶擅自下水作业的证据是否充分？

- **裁判要旨**

被上诉人区海洋发展局在对涉案船舶进行现场勘验时，渔船上有被褥炉灶等生活用品、渔网及存放渔获的箱子，箱中有水渍、零星渔获残留，该现场勘验情况与上诉人翟某园及王某某在询问笔录中的陈述相互印证，能够证明涉案船舶进行下水作业的事实。被上诉人针对涉案船舶进行现场勘验、调查取证，上诉人称其在被上诉人对其询问时陈述的是旧船并非涉案船舶的情况，明显不符合常理，其上诉理由，法院不予支持。涉案船舶未经检验、未取得渔业船舶检验证书擅自下水作业，被上诉人作出没收该船泊的行政处罚决定，符合上述法律规定。综上，原审判决正确，依法应予维持。上诉人的上诉理由不足，法院不予支持。

案例二

刘某传与某县海洋与渔业执法大队行政处罚案

- **法院**

某海事法院

- **当事人**

原告：刘某传
被告：某县海洋与渔业执法大队

- **基本案情**

被告于2018年11月9日作出讼争行政行为，认定原告所有的案涉船舶于2018年9月19日违反捕捞许可证关于作业类型规定进行捕捞，违反

《渔业法》第二十五条、《福建省实施〈中华人民共和国渔业法〉办法》第二十六条的规定，依照《渔业法》第四十二条、《福建省实施〈中华人民共和国渔业法〉办法》第四十九条的规定，作出责令原告整改、拆除船上用于拖网作业的捕捞生产设施，并罚款8 000元的决定。

原告提出诉讼请求：撤销被告的《行政处罚决定书》。

经审理法院查明：2018年9月19日7时许，被告执法人员在某海域发现原告所有的案涉船舶处于航行中，执法人员登船检查并制作《现场检查（勘验）笔录》、拍摄现场照片。2018年9月25日，被告执法人员再次登上案涉船舶并拍照。照片显示，船上原有的网具设备已清除完毕。同日17时许，原告到被告办公室制作《询问笔录》一份。2018年9月26日，案涉船舶的大管轮谢某兴、二级大副林某杰到被告办公室制作《询问笔录》各一份。2018年11月9日，被告作出讼争行政行为。2018年11月12日，原告缴纳讼争行政行为确定的8 000元罚款。

另查明，案涉船舶的船舶所有人为原告，船籍港为连江，系国内捕捞船，主机功率382千瓦，所持《渔业捕捞许可证》核准作业类型是围网。

（一）被查获时案涉船舶上作业设施是否为拖网

原告于《现场检查（勘验）笔录》《询问笔录》均承认案涉船舶核准作业类型是围网，案发时船上作业设施是拖网。原告甚至在《询问笔录》中叙述了使用拖网作业的动机"因为围网产量不好，所以本航次闽连渔60 266准备在上述海域从事拖网生产作业。"在本案庭审前半段，原告亦自认，案发时案涉船舶上是拖网作业设备，且是在去实施拖网捕捞作业的途中。但原告在本案庭审的后半段，否定船上作业设施是拖网。法院认为，原告构成反言，诉讼不诚信。在原告无法举证证明其反言所主张事实的情况下，不应采信其反言。需要指出的是，原告、大管轮谢某兴、二级大副林某杰，均具有相当等级的船员资质，也即均经过专门的船员业务培训且具有一定专业资历。对于具有一定专业资历的专业人士而言，不可能连最基本的作业设施类型都无法区分，不可能发生误解误述。大管轮谢某兴、二级大副林某杰在《询问笔录》中均述称，涉案船舶核准作业类型是围网，案发时船上作业设施为拖网，与原告在《现场检查（勘验）笔录》《询问笔录》的陈述能相互印证。另，经法院当庭释明，原告不提出对案涉船舶上作业设施种类进行鉴定的申请。综上，法院认为，被告关于案发时案涉船舶上作业设施是拖网的事实认定,应予采信。

（二）原告有无进行拖网捕捞?

《现场检查（勘验）笔录》《询问笔录》表明,案发时案涉船舶尚在去拖网作业的航行途中,尚未开始放网。原告主张,因其还在航行途中,不构成违反捕捞许可证关于作业类型（围网）的规定进行捕捞,所以无违法行为事实。但当时有效的《渔业捕捞许可管理规定》第四十条规定"本规定有关专门用语的定义如下：渔业捕捞活动：捕捞或准备捕捞水生生物资源的行为,以及为这种行为提供支持和服务的各种活动。娱乐性游钓或在尚未养殖、管理的滩涂手工采集水产品的除外",依据该条,渔业捕捞活动的内涵包含了"捕捞""准备捕捞"。去目标渔区实施拖网作业之前的航行行为,属于"准备捕捞",也应认定是渔业捕捞活动。《渔业捕捞许可管理规定》第四章第十六条第一款明确规定,在中华人民共和国管辖水域和公海从事"渔业捕捞活动",应当经主管机关批准并领取渔业捕捞许可证,根据规定的作业类型、场所、时限、渔具数量和捕捞限额作业。原告船舶被查获正在去实施拖网作业的航行途中,法院认为依据该条并结合上述第四十条的规定,已经足以认定原告构成违反渔业捕捞许可证所规定作业类型进行渔业捕捞。虽然,原告认为《渔业捕捞许可管理规定》不适用于本案之情形,但法院认为《渔业捕捞许可管理规定》系农业农村部为贯彻《渔业法》,为"保护、合理利用渔业资源,控制捕捞强度,维护渔业生产秩序"而制定之部门规章,其第四章"渔业捕捞许可证管理"系直接针对渔业捕捞许可行政管理秩序、制度的规定,因此《渔业捕捞许可管理规定》中的用语、概念适用于本案的法律事实、法律关系。综上,被告认定原告违反《渔业捕捞许可证》关于作业类型（围网）规定进行拖网捕捞,并无不当。

原告的上述主张,其背后的逻辑实为：实施、准备实施违反渔业捕捞许可证核定作业类型的渔船,只有在放网完毕后被执法机关查获的,才能认定违法事实、才能处罚；否则,渔船若尚未放网,就视为未从事捕捞活动,执法机关不能认定违法事实、不能处罚。如此逻辑,一旦予以支持,将使海上渔业行政执法的难度、成本陡增,毫无行政效率可言,背离了海上行政执法的客观实际以及一般的公平正义理念,所以明显不能成立。

另需指出的是，渔船在航行途中（尚未实际放网捕捞）被查获与已经放网后被查获，两者虽在行为定性上是相同的，但在危害程度、量罚情节上明显是有区别的。案涉船舶在航行途中被查获，尚未实际放网捕捞，是否可以认定为尚未导致渔业资源的损失？是否可以认定为尚未造成危害后果？该项事实（即违法行为是否造成危害后果），被告本应当在讼争行政行为作出过程中予以查明、认定，并纳入行政裁量考量，但被告未予查明、认定。所以讼争行政处罚所依据的基础事实中遗漏了对行政相对人有利事实的查明、认定。

- 案件争点

涉案行政处罚内容是否合法？

- 裁判要旨

讼争行政行为中责令原告整改的处理决定，应判决确认无效。讼争行政行为中的其余内容，行政程序严重违法，所依据的基础事实中遗漏了对原告有利的事实，致事实不清、法律适用错误。考虑到，查明、认定对原告有利的事实，再纳入行政裁量，属于被告"行政首次判断权"范畴；且被告未保障原告陈述、申辩权的情况亦必须纠正，故应判决撤销讼争行政行为除责令原告整改处理决定之外的其余内容，并责令被告重新作出行政行为。依据《行政诉讼法》第七十条第一项、第二项、第三项和第七十五条及《行政诉讼法解释》第九十四条第一款、第九十九条第三项的规定，法院作出判决如下：一、确认被告某县海洋与渔业执法大队作出的《行政处罚决定书》中责令原告刘某传整改、拆除船上用于拖网作业捕捞生产设施的处理决定无效，撤销该《行政处罚决定书》中的其余内容；二、责令被告某县海洋与渔业执法大队重新作出行政行为。

案例三

陈某青与中国海监渔政某支队行政处罚案

- 法院

某海事法院

• **当事人**

原告：陈某青
被告：中国海监渔政某支队
被告：某市海洋与渔业局

• **基本案情**

2016年3月3日，陈某青与案外人张某青向苏某购买某船，同年4月18日，张某青将其50%的船舶股份转让给陈某青，但陈某青未取得该船捕捞许可证。同年6月8日，某市某区农业局在甬江镇海段清水浦大闸处巡查时发现该船停靠在码头，船上载有35吨冰并配备139顶流刺网网具。该局同日对陈某青立案调查，后于同年7月20日将该案移交中国海监渔政某支队，该支队分别于同年8月22日、11月11日委托宁波渔业船舶检验局对涉案渔船基本情况、该船情况与其所提供的证书是否相符进行检验，宁波渔业船舶检验局分别于2016年9月8日、2017年6月5日作出渔船勘验报告。中国海监渔政支队于2016年9月20日向浙江省海洋与渔业局申请延长陈某青一案调查取证期限，该局于同年9月23日同意将该案办案期限延长至一年。

另查明，2016年6月8日处于浙江省禁渔休渔期内。陈某青在该船上冒用其他船名。涉案渔船不在全国渔船管理数据库中，未通过全国海洋动态管理系统发证，所持证书与农业部公告的渔业船舶证书样式和统一印制的证书不符，相关证书现已被注销。

法院确认以下事实：

陈某青于2016年6月8日在某市某区农业局的询问笔录中认可其于2016年5月23日在洋山港加冰35吨；于2016年6月20日在某市某区农业局的询问笔录中认可其买船时曾经带证，并认可其明知涉案渔船与船舶检验证书不符的事实；于2017年4月5日在中国海监渔政某支队的询问笔录中认可涉案渔船尺寸与证书有明显差距。2016年10月20日，陈某青收到渔船勘验报告复印件，同日申请重新检验。2017年6月6日，中国海监渔政某支队工作人员曾某、李某剑制作案件调查终结报告，同年6月8日该支队负责人就行政处罚进行集体讨论，次日形成案件处理意见书，该支队法制机构工作人员签字同意行政处罚建议。陈某青于同年6月14日收到行政处罚事先告知书，次日向该支队申请听证；中国海监渔政某支队于同年 6 月 26 日作出撤销行政处罚决定通知书，同日通知陈某青于 2017 年 7 月 7 日 14 时参加听证会，但陈某青未参加。随后中国海监渔政某支队负责人再次就行政处罚进行了集体讨论，于同年 7 月 10 日作出行政处罚决定。

某渔船船舶检验局系中华人民共和国渔业船舶检验局下属单位，具有法定检验资质。王某乾验船师资格证书记载其工作单位为浙江渔业船舶检验局某检验处，等级为验船师，授予时间 2005 年 3 月 15 日，发证日期 2005 年 4 月 15 日，有效期空白。宁波市人力资源和社会保障局于 2013 年 2 月 1 日作出文件同意王某乾过渡为参照公务员法管理单位工作人员并进行登记。

就中国海监渔政某支队扣押涉案渔船事宜，法院于 2017 年 5 月 18 日受理了陈某青的起诉，于同年 7 月 24 日作出裁定，驳回陈某青的起诉。陈某青不服，上诉至浙江省高级人民法院，该院于 2017 年 11 月 28 日作出行政裁定，驳回上诉，维持原裁定。

• 案件争点

禁渔期内涉案渔船载有冰并配备渔具，是否属于捕捞行为？

• 裁判要旨

法院认为，陈某青作为一名渔民，对禁渔期限应有准确认识，其在 2016 年 6 月 8 日的笔录中称船上 35 吨冰于同年 5 月 23 日在大洋港所加，庭审中称因无生意做就回家休息，因船上无人未处理该冰，现又称 35 吨冰保存至 2016 年 8 月 1 日禁渔期满符合渔业生产习惯。陈某青的说法显然不能成立：首先，其未举证证明于何时何地购买了 35 吨冰，不能证明加冰时间及地点，而根据《浙江省渔业管理条例》（2020 年修正）第四十八条第二款的规定，任何单位和个人不得向禁渔期内违禁作业的渔船供冰；其次，6 月、7 月正值一年天气最为炎热时节，保存 35 吨冰长达两个月之久需支出较高费用，且禁渔期满后冰的性质也会发生变化，不宜用于保存渔获物，陈某青的说法显与渔业生产习惯不符。根据《浙江省渔业管理条例》（2020 年修正）第四十八条第一款规定：在禁渔期，渔业船舶和个人不得随船携带禁渔期禁止作业的渔具，故涉案渔船携带网具本身即属违法行为。

另外，陈某青的上述辩解意见，遗漏了一个重要事实，即其还存在冒用其他船名的行为。陈某青如确系在江苏从事捕捞，回宁波休息才将涉案渔船停泊于某江,其无须冒用浙江籍渔船船名。庭审中陈某青陈述,因涉案渔船不能在浙江捕捞,担心被渔政部门罚款,故冒用了其他本地船名。陈某青的上述意见,显然与日常生活经验不符。

综合陈某青存在的未依法取得捕捞许可证、买卖捕捞许可证、涉案渔船捕捞许可证属无效证书、涉案渔船与其船舶检验证书不符、冒用船名等违法情形,结合涉案渔船被查获时,携带有流刺网网具139顶、装载35吨冰的事实,法院认定陈某青具有准备捕捞的行为。

行政处罚的目的并不在于单纯对行政违法行为进行事后惩戒,更重要的是要保障行政机关有效实施行政管理,维护公共利益和社会秩序并通过实施行政处罚实现教育的作用,具有教育功能、预防违法功能。渔业执法多数在水上进行,执法环境显著区别于陆上,执法难度较大。但渔业捕捞是一个过程,包括捕捞准备行为及捕捞实施行为,捕捞准备行为系捕捞实施行为的必经阶段,两者密不可分。自维护公共利益和社会秩序角度出发,通过实施行政处罚将违法行为遏制在捕捞准备阶段,更利于保护海洋渔业资源,而不能苛求渔业执法机关于实施捕捞行为时当场查获才能进行处罚。故中国海监渔政某支队认定陈某青属于"非法捕捞"并无不当。

三、司法案例类案甄别

(一)事实对比

案例一:二审法院认为,2020年3月26日,上诉人在询问中述称"船上网具为其作业时使用;所获渔获出售给合庆鱼贩子;作业期间一般为早上2—4点出海、下午2—3点回来。"2020年3月31日,王某某在询问中述称"该船购买于2019年,无任何证书证件且未经检验;所获渔获卖给代理人王某良。"前述供述与被上诉人经现场勘验所发现的渔船上的渔网、存放渔获的箱子及箱中水渍、零星渔获残留、被褥炉灶等生活用品足以证明捕捞作业事实。其次,上诉人在其提交的《申辩意见书》称"船上放置的网具是以前船卖掉之后的网具,该网具确实准备用于新渔船作业使用,但在旧船上作业使用过,现在放置在新船上没有使用";其在行政起诉状中亦否认曾下水作业。被上诉人认为,即使前述情况属实,也不影响对本案"下水作业"的违法事实的认定。根据最高人民法院发布的

《2019年全国海事审判典型案例》之（2018）浙行终1135号"陈某某诉中国海监渔政某支队、宁波市海洋与渔业局渔业行政处罚与行政赔偿案"的裁判要旨，即使认为案涉渔船未实际下水作业，根据船上的渔网渔具、生活物品及上诉人在《申辩意见书》中"该网具确实准备用于新渔船作业使用"的表述，从事非法捕捞的准备行为亦应当认定为非法捕捞行为。

案例二：法院认为《现场检查（勘验）笔录》《询问笔录》表明，案发时案涉船舶尚在去拖网作业的航行途中，尚未开始放网。原告主张，因其还在航行途中，不构成违反捕捞许可证关于作业类型（围网）的规定进行捕捞，所以无违法行为事实。原告的上述主张，其背后的逻辑实为：实施、准备实施违反渔业捕捞许可证核定作业类型的渔船，只有在放网完毕后被执法机关查获的，才能认定违法事实、才能处罚；否则，执法机关不能认定违法事实、不能处罚。如此逻辑，一旦予以支持，将使海上渔业行政执法的难度、成本陡增，毫无行政效率可言，背离了海上行政执法的客观实际以及一般的公平正义理念，所以明显不成立。

渔船在航行途中（尚未实际放网捕捞）被查获与已经放网后被查获，两者虽在行为定性上是相同的，但在危害程度、量罚情节上明显是有区别的。案涉船舶在航行途中被查获，尚未实际放网捕捞，是否可以认定为尚未导致渔业资源的损失？是否可以认定为尚未造成危害后果？对于该项事实（即违法行为是否造成危害后果），被告本应当在讼争行政行为作出过程中予以查明、认定，并纳入行政裁量考量，但被告未予查明、认定。所以讼争行政处罚所依据的基础事实中遗漏了对行政相对人有利事实的查明、认定。

案例三：法院认为，陈某青作为一名渔民，对禁渔期限应有准确认识，其在2016年6月8日的笔录中称船上35吨冰于同年5月23日在大洋港所加，庭审中称因无生意做就回家休息，因船上无人未处理该冰，现又称35吨冰保存至2016年8月1日禁渔期满符合渔业生产习惯。陈某青的说法显然不能成立：首先，其未举证证明于何时何地购买了35吨冰，不能证明加冰时间及地点，而根据《浙江省渔业管理条例》（2020年修正）第四十八条第二款的规定，任何单位和个人不得向禁渔期内违禁作业的渔船供冰；其次，6月、7月正值一年天气最为炎热时节，保存35吨冰长达两个月之久需支出较高费用，且禁渔期满后冰的性质也会发生变化，不宜用于保存渔获物，陈某青的说法显与渔业生产习惯不符。根据《浙江省渔业管理条例》（2020年修正）第四十八条第一款规定：在禁渔期，渔业船舶和个人不得随船携带禁渔期禁止作业的渔具,故涉案渔船携带网具本身即属违法行为。

另外,陈某青的上述辩解意见,遗漏了一个重要事实,即其还存在冒用其他船名的行为。陈某青如确系在江苏从事捕捞,回宁波休息才将涉案渔船停泊于某江,其无须冒用浙江籍渔船船名。庭审中陈某青陈述,因涉案渔船不能在浙江捕捞,担心被渔政部门罚款,故冒用了其他本地船名。陈某青的上述意见,显与日常生活经验不符。

综合陈某青存在的未依法取得捕捞许可证、买卖捕捞许可证、涉案渔船捕捞许可证属无效证书、涉案渔船与其船舶检验证书不符、冒用"浙宁渔43007"船名等违法情形,结合涉案渔船被查获时,携带有流刺网网具139顶、装载35吨冰的事实,法院认定陈某青具有准备捕捞的行为。

(二)适用法律对比

案例一:翟某园的涉案船舶属于渔业船舶,从事下水捕捞,依法应当申报初次检验,取得渔业船舶检验证书。但涉案渔船系"三无"船舶,且擅自下水作业,违反了《中华人民共和国渔业船舶检验条例》第三十二条第一款之规定,区海洋发展局据此作出没收的行政处罚适用法律正确,处罚适当。对于翟某园提出处罚依据规定部分不当,应当适用《山东省农业行政处罚自由裁量权实施办法(2020)》(鲁农法字〔2023〕28号),区海洋发展局对相近违法行为处罚差别很大的主张。原审法院认为,《山东省农业行政处罚自由裁量权实施办法(2020)》(鲁农法字〔2023〕28号)作为一般规范性文件,并非行政处罚所必须依据的法律、行政法规,只作为参照适用,区海洋发展局未援引该文件并无不当。

案例二:按当时有效的《渔业捕捞许可管理规定》(中华人民共和国农业农村部令2018年第1号)有关规定。去目标渔区实施拖网作业之前的航行行为,属于"准备捕捞",也应认定是渔业捕捞活动。《渔业捕捞许可管理规定》(中华人民共和国农业农村部令2018年第1号)第四章第十六条第一款明确规定,在中华人民共和国管辖水域和公海从事"渔业捕捞活动",应当经主管机关批准并领取渔业捕捞许可证,根据规定的作业类型、场所、时限、渔具数量和捕捞限额作业。原告船舶被查获时正在去实施拖网作业的航行途中,法院认为依据该条并结合上述第四十条的规定,已经足以认定原告构成违反渔业捕捞许可证所规定作业类型进行渔业捕捞。虽然，原告认为《渔业捕捞许可管理规定》（中华人民共和国农业农村部令2018年第1号）不适用于本案之情形，但法院认为《渔业捕捞许可管理规定》（中华人民共和国农业农村部令2018年第1号）系农业农村部为贯彻《渔业法》，为"保护、合理利用渔业资源，控制捕捞强度，维护渔业生产秩序"而制定之部门规章，其第四章"渔业捕捞许可证管理"系直接针对渔业捕捞许可证行政管理秩序、制度的规定（尤其是上文所述第四章第十六条第一款更是直接规定了本案争议事实所涉之行政法律关系），因此《渔业捕捞许可管理规定》（中华人民共和国农业农村部令2018年第1号）中的用语、概念适用于本案下的法律事实、法律关系。综上，被告认定原告违反渔业捕捞许可证关于作业类型（围网）规定进行拖网捕捞，并无不当。

案例三：法院认为，《渔业法》第四十一条规定："未依法取得捕捞许可证擅自进行捕捞的，没收渔获物和违法所得，并处十万元以下的罚款；情节严重的，并可以没收渔具和渔船。"陈某青未取得捕捞许可证擅自从事捕捞准备活动，属捕捞行为，中国海监渔政某支队依法有权对陈某青处以十万元以下罚款。该支队根据《浙江省海洋与渔业行政处罚裁量基准（2022版）》（浙农专发〔2022〕48号）的规定，按"未依法取得捕捞许可证擅自进行捕捞"，在相应裁量种类和罚款幅度内对陈某青进行了最低限度的罚款，合理妥当。故对陈某青要求将该罚款金额调整为2万元的诉讼请求，不予支持。至于没收涉案渔船及渔具，陈某青具有买卖捕捞许可证、冒用他船船名、船舶与检验证书不符、禁渔期内进行捕捞、不持有捕捞许可证进行捕捞等违法行为，且违法行为发生于浙江省"一打三整治"期间，违法情节严重，中国海监渔政某支队按照《浙江省海洋与渔业行政处罚裁量基准（2022版）》（浙农专发〔2022〕48号）及《宁波市行政处罚自由裁量权行使规则》的相关规定，根据《渔业法》第四十一条对陈某青从重处罚，亦合理妥当。

（三）类案数据分析

截至2024年1月26日，以"渔业捕捞活动""下水作业"为关键词，通过公开案例库共检索出类案121件。

从地域分布来看，当前案例主要集中在江苏省、山东省、湖南省，分别占比12.40%、9.92%、9.09%。其中江苏省的案件量最多，达到15件。

从案由分类情况来看,当前的案由分布由多至少分别是民事,有54件;刑事,有47件;行政,有19件。

从行业分类情况来看,当前的行业分布主要集中在制造业,有9件;租赁和商务服务业,有4件;金融业,有2件;建筑业,有2件;农、林、牧、渔业,有1件。

从案件审理程序分布来看,一审案件有78件,二审案件有40件,再审案件有2件。并能够推算出一审上诉率为51.28%。

通过对一审裁判结果进行分析可知:全部/部分支持的有22件;全部驳回的有15件。

通过对二审裁判结果进行分析可知:当前条件下维持原判的有38件;改判的有2件。

四、类案裁判规则的解析确立

行政处罚的目的,并不在于单纯对行政违法行为进行事后惩戒,更重要的是要保障行政机关有效实施行政管理,维护公共利益和社会秩序并通过实施行政处罚实现教育的作用,具有教育功能、预防违法功能。渔业执法多数在水上进行,执法环境显著区别于陆上,执法难度较大。但渔业捕捞是一个过程,包括捕捞准备行为及捕捞实施行为,捕捞准备行为系捕捞实施行为的必经阶段,两者密不可分。自维护公共利益和社会秩序角度出发,通过实施行政处罚将违法行为遏制在捕捞准备阶段,更利于保护海洋渔业资源,而不能苛求渔业执法机关于实施捕捞行为时当场查获才能进行处罚。

行为人一般会主张其并未真正进行捕捞活动,该主张背后的逻辑为:实施、准备实施违反渔业捕捞许可证核定作业类型的渔船,只有在放网完毕后被执法机关查获的,才能认定违法事实、才能处罚;否则,渔船若尚未放网,就视为未从事捕捞活动,执法机关不能认定违法事实、不能处罚。如此逻辑,一旦予以支持,将使海上渔业行政执法的难度、成本陡增,毫无行政效率可言,背离了海上行政执法的客观实际以及一般的公平正义理念,所以明显不成立。实际上,渔业捕捞活动的内涵,包含了"捕捞""准备捕捞"。在具体的非法捕捞案件审理过程中,如果涉案渔船未实际下水作业,但其从事非法捕捞的准备行为,如携带渔网渔具、生活物品、去目标渔区实施拖网作业之前的航行行为等,属于"准备捕捞",也应认定是渔业捕捞活动。亦可认定为非法捕捞行为,即下水作业行为。

故在审理非法捕捞案件过程中,如果行政机关在捕捞准备阶段即对行为人进行行政处罚,有利于规制非法捕捞行为,将危害限制在最低程度,有利于保护海洋渔业资源,法院应当予以支持。

五、关联法律法规

(一)《中华人民共和国渔业法》(2013年修正)

第四十一条 未依法取得捕捞许可证擅自进行捕捞的,没收渔获物和违法所得,并处十万元以下的罚款;情节严重的,并可以没收渔具和渔船。

(二)《渔业捕捞许可管理规定》(2019年1月1日施行)

第五十五条 本规定有关用语的定义如下:

渔业捕捞活动:捕捞或准备捕捞水生生物资源的行为,以及为这种行为提供支持和服务的各种活动。在尚未管理的滩涂或水域手工零星采集水产品的除外。

(三)《最高人民法院关于审理发生在我国管辖海域相关案件若干问题的规定(二)》(2016年8月2日施行,法释〔2016〕17号)

第十条 行政相对人未依法取得捕捞许可证擅自进行捕捞,行政机关认为该行为构成渔业法第四十一条规定的"情节严重"情形的,人民法院应当从以下方面综合审查,并作出认定:(一)是否未依法取得渔业船舶检验证书或渔业船舶登记证书;(二)是否故意遮挡、涂改船名、船籍港;(三)是否标写伪造、变造的渔业船舶船名、船籍港,或者使用伪造、变造的渔业船舶证书;(四)是否标写其他合法渔业船舶的船名、船籍港或者使用其他渔业船舶证书;(五)是否非法安装挖捕珊瑚等国家重点保护水生野生动物设施;(六)是否使用相关法律、法规、规章禁用的方法实施捕捞;(七)是否非法捕捞水产品、非法捕捞有重要经济价值的水生动物苗种、怀卵亲体或者在水产种质资源保护区内捕捞水产品,数量或价值较大;(八)是否于禁渔区、禁渔期实施捕捞;(九)是否存在其他严重违法捕捞行为的情形。

海洋生态环境司法裁判规则
第 11 条

　　行政机关对排污行为进行认定时，应确认排污行为性质、检测养殖尾水水质、成分等，并衡量排污是否超出国家现行排放标准，以及是否会对当地海洋环境造成损害。未进行确认便对行政相对人进行处罚的，该行政行为缺乏事实依据，不予支持

一、聚焦司法案件裁判观点

■ **争议焦点**

行政机关是否可以主观认定"养殖废水"就是污染物？

■ **裁判观点**

合法的行政行为应当是在具有法定职权的前提下，在事实清楚、证据充分、适用法律准确、履行正当程序的基础上，依法作出的行为。行政机关在作出行政处罚时应进行充分的事实论证，准确地适用相关法律，否则作出的行政处罚将会被撤销。行政机关在判断"养殖废水"为污染物，并作出处罚决定时，应对尾水进行水质检测、分析认定养殖尾水的成分，比较养殖尾水的污染物含量是否超出了国家现行的排放标准、是否会对当地海洋环境造成损害，单纯以主观认定排放养殖尾水为排污行为，认定排放养殖尾水的排水口为排污口而作出的相关行政行为属于缺乏事实依据的违法行政行为。

二、司法案例样本对比

案例一

秦皇岛某盛海产品养殖开发基地有限公司山海关分公司
与某区海洋和渔业局、某市某区自然资源和规划局
行政处罚纠纷案

• 法院

某海事法院

- **当事人**

原告：秦皇岛某盛海产品养殖开发基地有限公司山海关分公司（简称"某盛公司"）

被告：某区海洋和渔业局

被告：某市某区自然资源和规划局（简称"某区自然规划局"）

- **基本案情**

被告某区海洋与渔业局、某区自然规划局于 2019 年 8 月 9 日共同作出《行政处罚决定书》，认定某盛公司在养殖场南侧国有海域范围内，未经批准非法占用国有海域私自建设海水取水井，并非法将大量养殖废水直排入海。上述行为违反了《海域使用管理法》第四十二条和《海洋环境保护法》（2017 年修正，已修改）第七十三条第一款第二项的规定。根据上述规定，两被告对某盛公司作出如下处罚：1. 责令退还非法占用海域，恢复海域原状，并视情况没收违法所得，对非法占用海域行为进行处罚。2. 责令停止违法排放污水行为，并处罚款人民币 10 万元整，拒不改正的，自责令改正之日的次日起，按照本次数额按日连续处罚。

经审理查明，2003 年 10 月 27 日，某市某区国土资源局就养殖场拆迁问题向某养殖场的养殖户进行答复，称：1. 养殖场所迁新址是按照规划选定的，政府为征用该处土地，已经向有关方面支付了一定补偿，且在新址已先期投入，并按原布局已修建好围墙等设施。因此，必须维持该处位置。在此基础上，为满足生产需要，可对该处布局进行适当调整，如向北适当扩建，便于安置绞盘等。2. 新建场址土地所有权为国有，这一点无可争议。你场除非遇不可抗拒力（指国家为满足军事、能源、基础设施建设等公益事业需要）占用该处土地外，在养殖期内，拥有第一使用权，任何单位和个人不得侵犯。可由区政府以一定的文件形式明确。3. 新建场区内的建筑物、围墙等设施所有权无条件地归你场所有，但产权证按规定不能予以办理。4. 新建场区内的所有建、构筑物在不严重违反规划的条件下，可由你场自行建设。

12 月 30 日，某区政府召开区长办公会，会议纪要载明：某养殖场旧址坐落于欢乐海洋公园项目用地内，属无批建手续的临时建筑，依照城市总体规划需拆除。区政府本着给养殖户出路的原则，区规划和国土资源局已为该场安排新址，养殖户须于 2004 年 1 月 6 日前搬出。考虑到养殖场西移外建工棚以及搬迁等需要发生一些费用，可以给予适当补助。具体补助费用以规划和国土资源局与养殖户签订的协议为准。补助费于搬迁后兑现。

2008年3月21日，某市某区某镇某村村民委员会（发包方）与该村村民朱某（承包方）签订《土地承包合同》，合同载明土地租赁范围为东至河道西侧、西至区养殖场、南至海域、北至龙源大道，土地用途为养殖和水产品加工及餐饮业、种植业，承包期限为2008年1月1日至2028年12月31日，承包方在承包期内的合法使用权不受侵犯。2009年7月18日，朱某经村民委员会同意，将承包的部分土地出租给某盛公司，双方约定土地用途为养殖和水产品加工及餐饮业、种植业，承包期限为2009年12月31日至2028年12月31日，承包方在承包期内的合法使用权不受侵犯。某市某区某镇人民政府和某市某区某镇某村村民委员会出具证明，确认上述部分承包土地的出租系经某市某区某镇某村村民委员会同意，土地所有权为集体土地，没有土地证。

2019年6月14日，某区人民政府召开区长办公会，会议议定如下事项：1.沿海水产工厂化养殖企业整治工作的牵头单位为区海洋与渔业局。区人民政府责成区海洋与渔业局联合区自然规划局共同负责沿海水产工厂化养殖企业调查处置工作。2.区生态环境分局负责养殖企业非法设置排污口的依法查处工作，此项工作务于6月25日前完成。3.区海洋与渔业局、区自然规划局负责养殖企业取水口的查处工作，会后立即组织人员依法依规进行查处。4.区海洋与渔业局、区自然规划局负责对养殖企业非法排污行为进行再次取证，依法依规开展处罚工作。区生态环境分局负责提供2017年以来针对养殖企业非法排污行为的巡查、执法资料。

7月12日，区海洋与渔业局和区自然规划局向某盛公司发出《行政处罚及听证事先告知书》，告知拟处罚事项及某盛公司享有申辩和听证的权利。7月25日，在区自然规划局召开了行政处罚听证会，某盛公司负责人孟某某参加了听证。8月1日，听证机关形成《行政处罚听证报告》。8月9日，区海洋与渔业局和区自然规划局作出《行政处罚决定书》，认定某盛公司在养殖场南侧国有海域范围内，未经批准非法占用国有海域私自建设海水取水井，并非法将大量养殖废水直排入海。上述行为违反了《海域使用管理法》第四十二条和《海洋环境保护法》（2017年修正，已修改）第七十三条第一款第二项的规定。依据上述规定，两被告对某盛公司作出如下处罚：1.责令退还非法占用海域，恢复海域原状，并视情况没收违法所得，对非法占用海域行为进行处罚。2.责令停止违法排放污水行为、立即改正,并处罚款人民币拾万元整,拒不改正的,自责令改正之日的次日起,按照本次数额按日连续处罚。

• 案件争点

两被告对原告的处罚事实及法律依据是否充分。

• 裁判要旨

两被告作出的《行政处罚决定书》,认定某盛公司存在两个违法行为,一是未经批准非法占用国有海域私自建设海水取水井,二是非法将大量养殖废水直排入海。

关于两被告所称未经批准非法占用国有海域私自建设海水取水井的问题。两被告认为原告某盛公司违反了《海域使用管理法》第四十二条。该条规定:未经批准或者骗取批准,非法占用海域的,责令退还非法占用的海域,恢复海域原状,没收违法所得,并处非法占用海域期间内该海域面积应缴纳的海域使用金五倍以上十五倍以下的罚款;对未经批准或者骗取批准,进行围海、填海活动的,并处非法占用海域期间内该海域面积应缴纳的海域使用金十倍以上二十倍以下的罚款。

本案原告提交了充分的证据,证明其系合法养殖,养殖场建设取得了政府的认可和批准,原告某盛公司并非擅自占用国有海域进行养殖,其养殖行为得到了政府的认可和批准。工厂化的养殖场,是由一系列的附属设施构成,如取水设施、养鱼车间、排水设施等。本案两被告仅对取水井进行了处罚,取水井仅是原告合法建设养殖场中的一个附属设施。如两被告认为养殖场中的取水井需要专门审批,则两被告需要提交对此予以规定的规范性文件,而本案两被告没有提交依据的规范性文件。因此,两被告认定原告某盛公司未经批准非法占用国有海域建设取水井事实依据不足,适用法律错误。

关于两被告所称原告非法将大量养殖废水直排入海的问题。两被告认为某盛公司违反了《海洋环境保护法》(2017年修正,已修改)第七十三条第一款第二项的规定。该条规定的违法情形是:不按照本法规定向海洋排放污染物,或者超过标准、总量控制指标排放污染物的。"养殖废水"是否属于该法规定的污染物,也是本案原、被告双方争议的核心问题。《海洋环境管理法》第九章附则第一百二十条没有规定污染物的含义,但该条第一项对"海洋环境污染损害"进行了定义。该项规定:海洋环境污染损害,是指直接或者间接地把物质或者能量引入海洋环境,产生损害海洋生物资源、危害人体健康、妨害渔业和海上其他合法活动、损害海水使用素质和减损环境质量等有害影响。由此可见,《海洋环境保护法》中的污染物是指对海洋生物资源、人体健康、渔业、海水使用素质、环境质量等具有有害影响的物质。在涉案的行政处罚过程中,两被告未对"养殖废水"进行水质检测,分析认定"养殖废水"的成分,也未认定"养殖废水"是否超出了国家现行的排放标准,进而会对当地海洋环境造成损害,便主观认定"养殖废水"就是污染物,缺乏证据支持,事实依据不足。

综上,被告作出的涉诉行政行为事实认定不清、证据不足、适用法律不当,足以影响到涉案行政行为的合法性、公正性,依法应予撤销。

案例二

某市生态环境局与秦皇岛某盛海产品养殖开发基地有限公司山海关分公司行政处罚案

• **法院**

某市人民法院

• **当事人**

上诉人(原审被告):某市生态环境局

被上诉人(原审原告):秦皇岛某盛海产品养殖开发基地有限公司山海关分公司(简称"某盛公司")

• **基本案情**

2009年7月18日,某盛公司经某村村民委员会同意承租村民朱某承包的部分土地,双方约定土地租赁范围为东至山海关乐岛西侧、西至斌扬冷冻厂东侧、南至海域、北至龙源大道,土地用途为养殖和水产品加工及餐饮业、种植业,承包期限为2009年12月31日至2028年12月31日,承包方在承包期内的合法使用权不受侵犯。某市某区某镇人民政府和某市某区某镇某村村民委员会出具证明,确认上述部分承包土地的出租系经某市某区某镇某村村民委员会同意,土地所有权为集体土地,没有土地证。

2017 年 9 月 8 日,某市某区环境保护局作出《行政处罚决定书》,载明 2017 年 5 月 11 日该局对原告进行了调查,发现并认定原告在生产过程中私设排污口,排放养殖废水。上述行为违反了《中华人民共和国水污染防治法》第二十二条规定。依据《中华人民共和国水污染防治法》第七十五条规定,对原告作出罚款人民币 2 万元的处罚。2018 年 4 月 17 日,某市环境保护局某区分局作出《撤销行政处罚决定书》,决定撤销 2017 年 9 月 8 日作出的《行政处罚决定书》。

2018 年 10 月 31 日,某市环境保护局某区分局对原告养殖场进行检查,制作了《现场检查(勘察)笔录》,笔录记载"经查,该单位从事海水养殖。现场检查时,该单位拒绝检查。电话沟通该单位负责人,该单位负责人不配合进行调查,执法人员进行了拍照取证。"

2019 年 6 月 20 日,某市生态环境局作出《责令改正违法行为决定书》,载明 2018 年 10 月 31 日对原告进行了调查,发现原告存在违反法律规定设置入海排污口的行为。以上事实有现场检查照片、影像资料、检测报告等证据为凭。上述行为违反了《海洋环境保护法》(2017 年修正,已修改)第三十条第一款,依据《行政处罚法》第二十三条、《海洋环境保护法》(2017 年修正,已修改)第七十七条第一款规定,责令原告关闭入海排污口。同日,被告还作出了《行政处罚事先告知书》,告知原告拟对其作出罚款人民币 5 万元的行政处罚。亦于同日,被告向原告作出《行政处罚听证告知书》,告知原告有申请听证的权利。

7 月 24 日,在某市生态环境局某区分局召开了行政处罚听证会,原告负责人孟某红参加了听证。8 月 2 日,听证机关形成了《行政处罚听证报告》,报告建议对原告处罚人民币 5 万元。10 月 29 日,被告作出《行政处罚决定书》,认定原告违反法律规定设置入海排污口。上述行为违反了《海洋环境保护法》(2017 年修正,已修改)第三十条第一款规定。依据《海洋环境保护法》(2017 年修正,已修改)第七十七条第一款规定,被告对原告作出如下处罚:关闭入海排污口,并罚款人民币 5 万元整。原告起诉请求撤销被告作出的《行政处罚决定书》并判令被告承担本案诉讼费。

原审法院认为,被告作出的《行政处罚决定书》,认定原告违反法律规定设置排污口事实依据不足。

被告认定原告养殖场排放的养殖尾水属于污染物、所设的排水口属于排污口，事实依据仅为排放养殖尾水的视频、照片，没有水质情况的证据。养殖尾水是否属于《海洋环境保护法》规定的污染物，是本案原、被告双方争议的焦点问题。《海洋环境保护法》（2017年修正，已修改）第十章附则第九十四条没有规定污染物的含义，但该条第一项对"海洋环境污染损害"进行了定义。该项规定：海洋环境污染损害，是指直接或者间接地把物质或者能量引入海洋环境，产生损害海洋生物资源、危害人体健康、妨害渔业和海上其他合法活动、损害海水使用素质和减损环境质量等有害影响。即，《海洋环境保护法》中的污染物是指对海洋生物资源、人体健康、渔业、海水使用素质、环境质量等具有有害影响的物质。在本案行政处罚过程中，被告所提交的行政处罚证据，未对养殖尾水进行水质检测、分析认定养殖尾水的成分，也未比较养殖尾水是否超出了国家现行的排放标准、是否会对当地海洋环境造成损害。庭审中，就养殖场排污口备案除了《海洋环境保护法》的规定是否还有其他部门规章、地方性法规或相关细化实施的规范性文件作为工作依据，被告陈述为不掌握，且其从未对养殖场排污口进行过备案。本案被告未能说明所在地区关于海水养殖场排污口备案的规范性管理文件和操作方式，仅以养殖场排放养殖尾水便径行认定原告设置排污口，缺乏证据支持，事实依据不足。

被告某市生态环境局作出涉诉行政处罚事实认定不清，依法应予撤销。依照《行政诉讼法》第七十条第一项之规定，法院作出判决如下：撤销被告某市生态环境局作出的《行政处罚决定书》。诉讼费用100元，由被告某市生态环境局承担。

某市生态环境局不服原审判决，提起上诉。

- **案件争点**

养殖尾水是否属于污染物、所设的排水口是否属于排污口？

- **裁判要旨**

根据《海洋环境保护法》（2017年修正，已修改）第三十条、第七十七条的规定，上诉人某市生态环境局具有作出被诉处罚决定的主体资格和法定职权。《海洋环境保护法》（2017年修正，已修改）第三十条第一款规定："入海排污口位置的选择，应当根据海洋功能区划、海水动力条件和有关规定，经科学论证后，报设区的市级以上人民政府环境保护行政主管部门备案。"上诉人作出的处罚决定认定被上诉人违法设置入海排污口。依据在案证据及庭审双方陈述，被上诉人系利用海水循环养殖，设置排水口排出养殖尾水。养殖尾水是否属于污染物、所设的排水口是否属于排污口，是本案双方争议的焦点。《中华人民共和国防治陆源污染物污染损害海洋环境管理条例》第二条规定："本条例所称陆地污染源（简称陆源），是指从陆地向海域排放污染物，造成或者可能造成海洋环境污染损害的场所、设施等。本条例所称陆源污染物是指由前款陆源排放的污染物。"上诉人作出被诉处罚决定时，未对养殖尾水进行水质检测、未分析认定养殖尾水的成分，也未比较养殖尾水是否超出了国家现行的排放标准、是否会对当地海洋环境造成损害，故其认定排放养殖尾水的排水口为排污口缺乏事实依据。

《行政处罚法》第五条规定："实施行政处罚，纠正违法行为，应当坚持处罚与教育相结合，教育公民、法人或者其他组织自觉守法。"行政处罚不仅要通过给予违法行为人经济上的制裁，更要通过执法部门的宣传教育，督促行为人增强法治观念，自觉守法。行政处罚不是目的，而是一种手段，特别是对一般的违法者给予行政处罚，更应强调教育，不能以罚代教。只有坚持处罚与教育并重的原则，才能真正达到促进行政相对人守法的目的。本案中，根据在案证据，某盛公司系2010年设立，之前2008年某市某区某镇某村与被上诉人签署土地承包合同，提供土地给被上诉人作为养殖基地，2009年某市某区某镇人民政府将某盛海产品养殖开发基地作为招商引资项目报请某区政府批准并获批同意。该处即被上诉人所在地，被上诉人的养殖场已经建立多年。结合两审庭审双方陈述，多年间，上诉人从未对此类入海排污口进行过备案，也不掌握具体的备案程序、备案流程，庭审中上诉人对某市××排污口的设置是否进行过监督管理亦无法回答，并认可存在执法不到位或薄弱环节。被上诉人基于其系政府批准成立，建立养殖场多年未有相关部门进行监管、要求其办理相关环保手续的情况，产生了一定的信赖利益。在此情况下，作为行政执法机关在发现问题后，应当本着处罚与教育相结合的原则，给予被上诉人一定的过渡期限，告知其应当如何完善相应手续，妥善处理历史遗留问题，依法规范整治，而不是以罚代管。综上所述，原审法院判决撤销被诉行政处罚决定并无不当，上诉人的上诉请求法院难以支持。

案例三

某市生态环境局与秦皇岛市某刚水产养殖有限公司行政处罚案

• 法院

天津市某人民法院

• 当事人

上诉人（原审被告）：某市生态环境局

被上诉人（原审原告）：秦皇岛市某刚水产养殖有限公司（以下简称"某刚公司"）

• 基本案情

原审法院查明，原告在××道××斌杨水产院墙东侧从事水产养殖。2003年12月30日，某区政府召开区长办公会，会议纪要载明：某养殖场旧址坐落于欢乐海洋公园项目用地内，属无批建手续的临时建筑，依照城市总体规划需拆除。区政府本着给养殖户出路的原则，区规划和国土资源局已为该场安排新址，养殖户须于2004年1月6日前搬出。

2004年1月2日，某区规划和国土资源局（甲方）与原告法定代表人刘某林的父亲刘某祥（乙方）签署《协议书》，协议书载明根据城市规划与发展及欢乐海洋公园建设的需要，急需对某镇某村养殖场的建、构筑物实施拆迁，异地安置。协议第一条约定："为确保乙方海水养殖得以继续进行，甲方无偿提供给乙方与拆迁位置同等用地面积的土地作为乙方养殖基地，甲方所提供的新址位于××道××斌杨水产院墙东侧。甲方同时负责新场地的平整、院墙的圈定、道路的简单硬化（垫积沙）、路口的开设等（现上述工作已全部完工）。甲方给乙方垫的道路在乙方养殖期间允许乙方无条件使用。"2013年8月19日，刘某祥的儿子刘某林设立某刚公司。

2017年9月8日，某市某区环境保护局作出《行政处罚决定书》载明，2017年5月11日该局对原告进行了调查，发现并认定原告在生产过程中私设排污口，排放养殖废水。上述行为违反了《水污染防治法》第二十二条规定。依据《中华人民共和国水污染防治法》第七十五条规定，对原告作出罚款人民币 2 万元的处罚。2018 年 4 月 17 日，某市环境保护局某区分局作出《撤销行政处罚决定书》，决定撤销 2017 年 9 月 8 日作出的《行政处罚决定书》。

2018 年 10 月 31 日，某市环境保护局某区分局对原告养殖场进行检查，制作了《现场检查（勘察）笔录》，笔录记载"经查，该养殖厂存在违反法律规定设置入海排污口的行为，刘某林母亲在单位，未在现场笔录上签字、执法人员对现场情况进行拍照、录像取证。"

2019 年 6 月 20 日，某市生态环境局作出《责令改正违法行为决定书》，载明 2018 年 10 月 31 日对原告进行了调查，发现原告存在违反法律规定设置入海排污口的行为。以上事实有现场检查照片、影像资料、检测报告等证据为凭。上述行为违反了《海洋环境保护法》（2017 年修正，已修改）第三十条第一款，依据《行政处罚法》第二十三条、《海洋环境保护法》（2017 年修正，已修改）第七十七条第一款规定，责令原告关闭入海排污口。同日，被告还作出了《行政处罚事先告知书》，告知原告拟对其作出罚款人民币 5 万元的行政处罚。同日，被告向原告作出《行政处罚听证告知书》，告知原告有申请听证的权利。

7 月 24 日，在某市生态环境局某区分局召开了行政处罚听证会，原告法定代表人刘某林参加了听证。8 月 2 日，听证机关形成了《行政处罚听证报告》，报告建议对原告处罚人民币 5 万元。10 月 29 日，被告作出《行政处罚决定书》，认定原告违反法律规定设置入海排污口。上述行为违反了《海洋环境保护法》（2017 年修正，已修改）第三十条第一款规定。依据《海洋环境保护法》第七十七条第一款规定，被告对原告作出如下处罚：关闭入海排污口，并罚款人民币 5 万元整。原告起诉请求撤销被告于 10 月 29 日作出的《行政处罚决定书》并判令被告承担本案诉讼费。

原审法院认为，被告作出的《行政处罚决定书》，认定原告违反法律规定设置排污口事实依据不足。

被告认定原告养殖场排放的养殖尾水属于污染物、所设的排水口属于排污口，事实依据仅为排放养殖尾水的视频、照片，没有水质情况的证据。养殖尾水是否属于《海洋环境保护法》规定的污染物，是本案原、被告双方争议的焦点问题。《海洋环境保护法》（2017 年修正，已修改）第九章附则第一百二十条没有规定污染物的含义，但该条第一项对"海洋环境污染损害"进行了定义。《海洋环境保护法》中的污染物是指对海洋生物资源、人体健康、渔业、海水使用素质、环境质量等具有有害影响的物质。在本案行政处罚过程中，被告所提交的行政处罚证据，未对养殖尾水进行水质检测、分析认定养殖尾水的成分，也未比较养殖尾水是否超出了国家现行的排放标准、是否会对当地海洋环境造成损害。庭审中，就养殖场排污口备案除了《海洋环境保护法》的规定是否还有其他部门规章、地方性法规或相关细化实施的规范性文件作为工作依据，被告陈述为不掌握，且其从未对养殖场排污口进行过备案。本案被告未能说明所在地区关于海水养殖场排污口备案的规范性管理文件和操作方式，仅以养殖场排放养殖尾水便认定原告设置排污口，缺乏证据支持，事实依据不足。

被告生态环境局作出涉诉行政处罚事实认定不清，依法应予撤销。依照《行政诉讼法》第七十条第一项之规定，法院作出判决如下：撤销被告某市生态环境局作出的《行政处罚决定书》。诉讼费用100元，由被告某市生态环境局承担。

某市生态环境局不服原审判决，提起上诉。

• **案件争点**

养殖尾水是否属于污染物、所设的排水口是否属于排污口？

• **裁判要旨**

养殖尾水是否属于污染物、所设的排水口是否属于排污口，是本案双方争议的焦点。上诉人作出被诉处罚决定时，未对养殖尾水进行水质检测、未分析认定"养殖尾水"的成分，也未比较"养殖尾水"是否超出了国家现行的排放标准、是否会对当地海洋环境造成损害，故其认定排放"养殖尾水"的排水口为排污口缺乏事实依据。

本案中，根据在案证据，被上诉人某刚公司系2013年设立，于2004年该养殖公司法定代表人刘某刚的父亲取得了某区规划和国土资源局与被上诉人法定代表人刘某林的父亲刘某祥签署的《协议书》，约定提供给其土地作为养殖基地，该土地即被上诉人所在地，被上诉人的养殖场已经建立多年。结合两次庭审双方陈述，多年间，上诉人从未对此类入海排污口进行过备案，也不掌握具体的备案程序、备案流程，庭审中上诉人对某市××排污口的设置是否进行过监督管理亦无法回答，并认可存在执法不到位或薄弱环节。被上诉人基于其养殖基地系政府批准成立，且建立多年未有相关部门进行监管或要求其办理相关环保手续的情形，产生了一定的信赖利益。在此情况下，作为行政执法机关在发现问题后，应当本着处罚与教育相结合的原则，给予被上诉人一定的过渡期限，告知其应当如何完善相应手续，妥善处理历史遗留问题，依法规范整治，而不是以罚代管。综上所述,原审法院判决撤销被诉行政处罚决定并无不当,上诉人的上诉请求法院难以支持。

三、司法案例类案甄别

(一)事实对比

案例一:7月12日,区海洋与渔业局和区自然规划局向某盛公司发出《行政处罚及听证事先告知书》,告知拟处罚事项及某盛公司享有申辩和听证的权利。7月25日,在区自然规划局召开了行政处罚听证会,某盛公司负责人孟某某参加了听证。8月1日,听证机关形成《行政处罚听证报告》。8月9日,区海洋与渔业局和区自然规划局作出《行政处罚决定书》,认定某盛公司在养殖场南侧国有海域范围内,未经批准非法占用国有海域私自建设海水取水井,并非法将大量养殖废水直排入海。上述行为违反了《海域使用管理法》第四十二条、《海洋环境保护法》(2017年修正,已修改)第七十三条第一款第二项的规定。依据上述规定,两被告对某盛公司作出如下处罚:1.责令退还非法占用海域,恢复海域原状,并视情况没收违法所得,对非法占用海域行为进行处罚。2.责令停止违法排放污水行为、立即改正,并处罚款人民币10万元整,拒不改正的,自责令改正之日的次日起,按照本次数额按日连续处罚。

案例二:2017年9月8日,某市某区环境保护局作出《行政处罚决定书》,载明2017年5月11日,该局对原告进行了调查,发现认定原告在生产过程中私设排污口,排放养殖废水。上述行为违反了《水污染防治法》第二十二条规定。依据《水污染防治法》第七十五条规定,对原告作出罚款人民币2万元的处罚。2018年4月17日,某市环境保护局某区分局作出撤销9月8日《行政处罚决定书》的决定。

2019年6月20日,某市生态环境局作出《责令改正违法行为决定书》,载明2018年10月31日对原告进行了调查,发现原告存在违反法律规定设置入海排污口的行为。以上事实有现场检查照片、影像资料、检测报告等证据为凭。上述行为违反了《海洋环境保护法》(2017年修正,已修改)第三十条第一款,依据《行政处罚法》第二十三条、《海洋环境保护法》(2017年修正,已修改)第七十七条第一款规定,责令原告关闭入海排污口。同日,被告还作出了《行政处罚事先告知书》,告知原告拟对其作出罚款人民币5万元的行政处罚。亦于同日，被告向原告作出《行政处罚听证告知书》，告知原告有申请听证的权利。

7月24日，在某市生态环境局某区分局召开了行政处罚听证会，原告负责人孟某红参加了听证。8月2日，听证机关形成了《行政处罚听证报告》，报告建议对原告处罚人民币5万元。10月29日，被告作出《行政处罚决定书》，认定原告违反法律规定设置入海排污口。上述行为违反了《海洋环境保护法》（2017年修正，已修改）第三十条第一款规定。依据《海洋环境保护法》（2017年修正，已修改）第七十七条第一款规定，被告对原告作出如下处罚：关闭入海排污口，并罚款人民币5万元整。原告起诉请求撤销被告作出的《行政处罚决定书》并判令被告承担本案诉讼费。

案例三：2017年9月8日，某市某区环境保护局作出《行政处罚决定书》，载明2017年5月11日，该局对原告进行了调查，发现认定原告在生产过程中私设排污口，排放养殖废水。上述行为违反了《水污染防治法》第二十二条规定。依据《水污染防治法》第七十五条规定，对原告作出罚款人民币2万元的处罚。2018年4月17日，某市环境保护局某区分局作出《撤销行政处罚决定书》，决定撤销2017年9月8日作出的《行政处罚决定书》。

2019年6月20日，某市生态环境局作出《责令改正违法行为决定书》，载明2018年10月31日对原告进行了调查，发现原告存在违反法律规定设置入海排污口的行为。以上事实有现场检查照片、影像资料、检测报告等证据为凭。上述行为违反了《海洋环境保护法》（2017年修正，已修改）第三十条第一款，依据《行政处罚法》第二十三条、《海洋环境保护法》（2017年修正，已修改）第七十七条第一款规定，责令原告关闭入海排污口。同日，被告还作出了《行政处罚事先告知书》，告知原告拟对其作出罚款人民币5万元的行政处罚。亦于同日，被告向原告作出《行政处罚听证告知书》，告知原告有申请听证的权利。

7月24日，在某市生态环境局某区分局召开了行政处罚听证会，原告法定代表人刘某林参加了听证。8月2日，听证机关形成了《行政处罚听证报告》，报告建议对原告处罚人民币5万元。10月29日，被告作出《行政处罚决定书》，认定原告违反法律规定设置入海排污口。上述行为违反了《海洋环境保护法》（2017年修正，已修改）第三十条第一款规定。依据《海洋环境保护法》（2017年修正，已修改）第七十七条第一款规定，被告对原告作出如下处罚：关闭入海排污口，并罚款人民币5万元整。原告起诉请求撤销被告作出的《行政处罚决定书》并判令被告承担本案诉讼费。

（二）适用法律对比

案例一：两被告认为某盛公司违反了《海洋环境保护法》（2017年修正，已修改）第七十三条第一款第二项的规定。该条规定的违法情形是：不按照本法规定向海洋排放污染物，或者超过标准、总量控制指标排放污染物的。"养殖废水"是否属于该法规定的污染物，也是本案原、被告双方争议的核心问题。《海洋环境管理法》第十章附则第九十四条没有规定污染物的含义，但该条第一项对"海洋环境污染损害"进行了定义。《海洋环境保护法》中的污染物是指对海洋生物资源、人体健康、渔业、海水使用素质、环境质量等具有有害影响的物质。在涉案的行政处罚过程中，两被告未对"养殖废水"进行水质检测，分析认定"养殖废水"的成分，也未认定"养殖废水"是否超出了国家现行的排放标准，进而会对当地海洋环境造成损害，便主观认定"养殖废水"就是污染物，缺乏证据支持，事实依据不足。

案例二：《中华人民共和国防治陆源污染物污染损害海洋环境管理条例》第二条规定："本条例所称陆地污染源（简称陆源），是指从陆地向海域排放污染物，造成或者可能造成海洋环境污染损害的场所、设施等。本条例所称陆源污染物是指由前款陆源排放的污染物。"上诉人作出被诉处罚决定时，未对"养殖尾水"进行水质检测、未分析认定"养殖尾水"的成分，也未比较"养殖尾水"是否超出了国家现行的排放标准、是否会对当地海洋环境造成损害，故其认定排放养殖尾水的排水口为排污口缺乏事实依据。

（三）类案数据分析

截至2024年1月26日，以"排污行为""排放标准""损害""海洋"为关键词，通过公开案例库共检索出类案150件。

从地域分布来看，当前案例主要集中在广西壮族自治区、最高人民法院、江苏省，分别占比32.00%、28.67%、5.33%。其中广西壮族自治区的案件量最多，达到48件。

从案由分类情况来看，当前最主要的案由是民事，有 136 件；其次是行政，有 12 件；刑事，有 2 件。

从行业分类情况来看，当前的行业分布主要集中在制造业，有 110 件；电力、热力、燃气及水生产和供应业，有 11 件；农、林、牧、渔业，有 10 件；建筑业，有 7 件；批发和零售业，有 4 件。

从案件审理程序分布来看，一审案件有 27 件，二审案件有 73 件，再审案件有 44 件，执行案件有 5 件。

通过对一审裁判结果进行分析可知：当前条件下全部/部分支持的有 14 件；全部驳回的有 9 件。

通过对二审裁判结果进行分析可知：当前条件下维持原判的有 57 件；改判的有 13 件。

四、类案裁判规则的解析确立

向海洋排污，对海洋环境造成严重损害行为，是一种污染海洋环境，破坏海洋生态的违法行为，应当予以禁止。海洋养殖企业理应遵循相应标准和法律规范，合理安排、备案排污口，优化养殖行为。相关的行政机关，也应当对相应行为进行监督。如果遇到违法排污等情形，理应依法进行处罚。然而，合法的行政行为应当是在具有法定职权的前提下，在事实清楚、证据充分、适用法律准确、履行正当程序的基础上，依法作出的行为。行政机关在作出行政处罚时应进行充分事实论证，准确的适用相关法律，否则作出的行政处罚应予以撤销。

我国《海洋环境保护法》（2023 年修订）第九章附则第一百二十条没有规定污染物的含义，但该条第一项对"海洋环境污染损害"进行了定义。该项规定：海洋环境污染损害，是指直接或者间接地把物质或者能量引入海洋环境，产生损害海洋生物资源、危害人体健康、妨害渔业和海上其他合法活动、损害海水使用素质和减损环境质量等有害影响。即《海洋环境保护法》中的污染物是指对海洋生物资源、人体健康、渔业、海水使用素质、环境质量等具有有害影响的物质。在涉及排污口设置的政处罚过程中，行政机关应提交相应的行政处罚证据，应对养殖尾水进行水质检测、分析认定养殖尾水的成分，并比较养殖尾水是否超出了国家现行的排放标准、是否会对当地海洋环境造成损害。如果行政机关未能说明所在地区关于海水养殖场排污口备案的规范性管理文件和操作方式，仅以养殖场排放养殖尾水便认定原告设置排污口，缺乏证据支持，事实依据不足。

《行政处罚法》第五条规定："实施行政处罚，纠正违法行为，应当坚持处罚与教育相结合，教育公民、法人或者其他组织自觉守法。"行政处罚不仅是要给予违法行为人经济上的制裁，更是要通过执法部门的宣传教育，以督促行为人增强法治观念，自觉守法。行政处罚不是目的，而是一种手段，特别是对一般的违法者给予行政处罚，更应强调教育，不能以罚代教。只有坚持处罚与教育并重的原则，才能真正达到促进行政相对人守法的目的。

行政机关在未对沿海滩涂土地取得方式、类别用途、补办手续必要性等因素予以综合考量的情况下，直接作出行政处罚决定，忽视了养殖企业等行政相对人的信赖利益，不符合处罚与教育并重的行政处罚原则。人民法院在审理此类行政案件过程中，应促进行政机关坚持处罚与教育相结合，依法、全面、审慎地履行海洋环境监管职责，切实保护人民群众合法权益，依法服务和保障生态文明建设，对于此类未经确认尾水水质等，便进行行政处罚的行为不予支持。

五、关联法律法规

《中华人民共和国防治陆源污染物污染损害海洋环境管理条例》（1990年8月1日施行）

第二条 本条例所称陆地污染源（简称陆源），是指从陆地向海域排放污染物，造成或者可能造成海洋环境污染损害的场所、设施等。

本条例所称陆源污染物是指由前款陆源排放的污染物。

海洋生态环境司法裁判规则

第 12 条

利用船舶进行违法倾废行为时,不能以存在委托协议为由逃避责任。实施违法行为的个人、船舶登记经营人、船舶实际所有人、船舶实际经营人,皆属于应承担行政处罚责任的主体

一、聚焦司法案件裁判观点

争议焦点

受他人委托利用船舶进行违法倾倒的行为人，是否应当承担相应法律责任。

裁判观点

《海洋环境保护法》（1999年修订，已修改）第五十五条规定，"任何单位未经国家海洋行政主管部门批准，不得向中华人民共和国管辖海域倾倒任何废弃物。需要倾倒废弃物的单位，必须向国家海洋行政主管部门提出书面申请，经国家海洋行政主管部门审查批准，发给许可证后，方可倾倒。"依照《中华人民共和国海洋倾废管理条例》第六条第三款规定"任何单位和船舶、航空器、平台及其他载运工具，未依法经主管部门批准，不得向海洋倾倒废弃物。"该条例第二十一条第一款还规定"对违反本条例，造成或可能造成海洋环境污染损害的直接责任人，主管部门可处以警告或者罚款，也可以并处。"因此，任何船舶在我国管辖海域内实施倾倒废弃物的行为，须经过国家海洋行政主管部门批准。其中，船舶登记人即使没有实施违法倾废行为，也应尽保护海洋环境的法律义务。任何船舶登记人以"船舶挂靠"为由，否认存在海洋违法倾倒废弃物的主观故意，拒不承担法律责任的，法院不予支持。

二、司法案例样本对比

案例一

某市某工程有限公司与某市海洋与渔业局行政罚款决定及某市人民政府行政复议决定案

• 法院

某海事法院

• 当事人

原告：某市某工程有限公司
被告：某市海洋与渔业局
被告：某市人民政府

• 基本案情

被告某市海洋与渔业局于2016年11月16日作出行政处罚决定书，认定原告在未取得《废弃物倾倒许可证》的情况下，于2016年3月21日组织运泥船、干货船在某泵站下游200米处海域进行倾倒作业，违反了《海洋环境保护法》（2013年修正，已修改）第五十五条第二款的规定，依据《海洋环境保护法》（2013年修正，已修改）第七十三条第一款及《广东省非法向海洋倾倒废弃物行政处罚案件自由裁量权基准（一）》的规定，对原告作出如下行政处罚：（1）责令限期改正；（2）并处罚款17万元整。原告不服，向被告某市人民政府申请行政复议，被告某市人民政府于2017年2月27日作出行政复议决定，维持了某市海洋与渔业局作出的行政处罚决定。

原告某市某工程有限公司诉称，被告某市海洋与渔业局于2016年11月16日作出行政处罚决定，对原告罚款17万元。原告不服向被告某市人民政府申请复议后，某市人民政府作出《行政复议决定书》，维持了某市海洋与渔业局的行政处罚决定。原告对此均不服，认为被诉行政行为认定事实不清、证据不足，适用法律错误。

海洋生态环境司法裁判规则第12条

法院经审理查明：2016年3月21日，原告组织运泥船和干货船作为倾倒平台在某泵站下游200米海域进行倾倒废弃泥土作业，作业方式为：原告联系运泥船装运废弃泥土至指定位置后，原告安排挖掘机通过干货船作为作业平台将运泥船装载的泥土倾倒入海，其中运泥船总吨位1 814，净吨位816，干货船总吨位508，净吨位284，两船总吨位合计为2 322，净吨位合计1 100。某市水务局工作人员于同日在检查中发现两船已经向海中倾倒泥土400立方米，运泥船上仍装载有泥土1 100立方米。某市水务局核实倾倒地点属于某市海洋与渔业局管辖范围后，于3月22日将案件移送某市海洋与渔业局。某市海洋与渔业局下属单位中国海监广东省总队某支队收到移送案件后，于同日到达上述海域，向船上人员出示海洋执法监察证，告知权利和义务后登船检查，作了现场笔录，拍摄了现场记录等，并向原告送达了《检查通知书》《责令停止违法行为通知书》。3月23日，某市海洋与渔业局对原告涉嫌违反《海洋环境保护法》（2013年修正，已修改）第五十五条规定的行为，根据《海洋行政处罚实施办法》第十三条的规定制作了《立案审查表》予以立案。3月24日，原告出具委托书，安排该司负责本次倾倒作业的工作人员林某某全权办理某围堤加固工程调查相关事宜。同日，林某某到某市海洋与渔业局接受调查，承认未经海洋主管部门批准，雇请上述两船共同作为倾倒平台在某泵站下游200米处倾倒泥土的违法事实，但主张倾倒泥土是为了开展与某都公司签订的某围堤加固工程，该工程是通过中间人签署的，其不收取某都公司费用，也没有该公司的联系方式。5月24日，某市海洋与渔业局就原告向海洋倾倒废弃物行政处罚案进行讨论，并于6月28日作出案件调查终结报告，认为原告未取得废弃物倾倒许可证，违反了《海洋环境保护法》（2013年修正，已修改）第五十五条的规定，根据该法第七十三条第一款第三项和第二款的规定，对原告的违法行为应当处三万元以上二十万元以下的罚款，同时结合《广东省非法向海洋倾倒废弃物行政处罚案件自由裁量权基准（一）》的规定，对于非法向海洋倾倒废弃物的行为，按倾倒平台净吨位区划处罚幅度，第一次倾倒且倾倒平台净吨位大于800而当事人能够配合调查的，建议给予原告责令限期改正，并处罚款17万元整的处罚。7月4日，某市海洋与渔业局向原告发出《行政处罚听证告知书》，告知原告拟作出责令限期改正，并处罚17万元整的行政处罚，并告知原告有权在3日内要求举行听证。9月19日，原告收到该告知书。9月20日，林某某到某市海洋与渔业局进行陈述申辩，主张原告倾倒泥土是无偿为某都公司加固某市三角镇高平村永德围围堤，请求不作出任何处罚。11月16日，某市海洋与渔业局作出《行政处罚决定书》，认定原告在未取得《废弃物倾倒许可证》的情况下，于2015年3月22日组织运泥船、干货船在某泵站下游200米处海域进行倾倒作业，违反了《海洋环境保护法》（2013年修正，已修改）第五十五条第二款的规定，依据《海洋环境保护法》（2013年修正，已修改）第七十三条第一款和《广东省非法向海洋倾倒废弃物行政处罚案件自由裁量权基准（一）》的规定，对原告作出如下行政处罚：（1）责令限期改正；（2）并处罚款17万元整。11月17日，原告收到《行政处罚决定书》。

2016年12月1日，原告向某市人民政府申请行政复议，称某市海洋与渔业局作出的行政处罚决定书认定其在未取得废弃物倾倒许可证的情况下，于2015年3月22日组织两船在某泵站下游200米处海域进行倾倒作业，事实上原告在该日未组织上述船舶在该地作业，某市海洋与渔业局的《行政处罚决定书》没有事实依据，作出的具体行政行为错误，请求予以撤销。同日，某市人民政府对原告申请行政复议案予以立案受理，并向原告发出了《行政复议案件受理通知书》、向某市海洋与渔业局发出《提出行政复议答复通知书》。12月8日，某市海洋与渔业局向原告作出《关于更正〈行政处罚决定书〉有关日期的通知书》，称《行政处罚决定书》正文第5行到第6行"你公司在未取得《废弃物倾倒许可证》的情况下，在2015年3月22日组织某两船舶……"中的日期存在笔误，将其更正为"2016年3月21日"，并告知原告依据该《行政处罚决定书》缴纳罚款的期限自收到本《通知书》之日重新计算。12月9日，原告收到《关于更正〈行政处罚决定书〉有关日期的通知书》。2017年1月26日，某市人民政府作出《延长行政复议审查期限通知书》，因案情复杂，决定对复议案件审查期限延长30天，同时将该通知书邮寄给原告。2月27日，某市人民政府作出《行政复议决定书》，认为原告雇用并组织两船作为倾倒平台进行非法倾倒泥土作业，事实清楚，证据充分，某市海洋与渔业局作出的处罚决定正确合法，《行政处罚决定书》的违法日期系笔误，不影响具体行政行为的合法性，且某市海洋与渔业局已予更正，原告以此为由请求撤销行政处罚决定理据不充分，维持了某市海洋与渔业局作出的《行政处罚决定书》。3月2日，原告签收了《行政复议决定书》。

• **案件争点**

原告是否为倾倒废弃物的责任主体？

• 裁判要旨

《海洋环境保护法》（2013年修正，已修改）第五十五条规定，"任何单位未经国家海洋行政主管部门批准，不得向中华人民共和国管辖海域倾倒任何废弃物。需要倾倒废弃物的单位，必须向国家海洋行政主管部门提出书面申请，经国家海洋行政主管部门审查批准，发给许可证后，方可倾倒。"案涉运泥船和干货船在某泵站下游200米海域进行倾倒废弃泥土作业时，两船作业时间、地点和方式均由原告控制和安排，原告也确认其组织、指挥了倾倒行为，某市海洋与渔业局认定原告是倾倒废弃物的责任主体于法有据。原告称与某都公司签订了工程合同，责任主体应是某都公司，但对自己的主张不能提供合法有效的证据予以证明，其主张不能成立。

案例二

某船舶运输有限公司诉某市某区海洋综合执法大队、某市某区人民政府行政处罚及行政复议案

• 法院

广东省某人民法院

• 当事人

上诉人（原审原告）：某船舶运输有限公司
被上诉人（原审被告）：某市某区综合海洋执法大队
被上诉人（原审被告）：某市某区人民政府
第三人：冯某某

• 基本案情

2018年10月24日，某区海洋综合执法大队根据举报在某市狮子洋附近海域巡查时，发现某运泥船（净吨位618）向海中倾倒废弃物，即要求停船接受检查。执法人员登船检查时，发现该运泥船为开底式淤泥船，船舱有倾倒后的淤泥残留。经询问该船驾驶员及其他船员并事后进一步调

查，某区海洋执法大队认定该船违法倾倒废弃物。据船舶所有权证书和船舶国籍证书记载，该运泥船经营人为某船舶公司，所有权登记为：某船舶公司占51％股份、冯某某占49％股份。根据委托管理船舶协议约定，冯某某委托某船舶公司对该船运营进行部分有偿管理，主要是帮助办理有关适航手续。2018年12月20日，原某市某区海洋与渔业局对冯某某作出行政处罚。冯某某不服，提出行政复议。2020年3月18日，某区政府以认定事实不清、证据不足和处罚明显不当为由撤销2018年作出的行政处罚决定，并责令原处罚机关对案件重新作出处理。2020年6月12日，某区海洋执法大队经重新调查，依据《海洋环境保护法》（2013年修正，已修改）及《广东省海洋与渔业局关于规范行政处罚自由裁量权的规定》对某船舶公司作出《行政处罚决定》：1. 责令立即改正违法行为；2. 处罚款12万元。某船舶公司不服，向某区政府申请行政复议。2020年9月9日，某区政府作出《行政复议决定》，维持执法大队作出的《行政处罚决定》。某船舶公司不服《行政处罚决定》和《行政复议决定》，遂提起行政诉讼。某海事法院于2021年3月11日作出行政判决：驳回某船舶公司的诉讼请求。

某船舶公司不服，提起上诉。

• 案件争点

涉案行政处罚决定是否正确？

• 裁判要旨

法院认为，某区海洋执法大队据以作出处罚决定的证据包括执法现场视频、登船检查笔录、船员询问笔录和施工笔记等。虽然上述证据并非直接反映涉案船舶向狮子洋海域倾倒废弃物的现场证据，但可以直接证明涉案船舶案发当晚装载了疏浚物；结合涉案船舶离岸后至执法检查时船位承载重量变化的情况，现场检查时发现船舱底部仍有湿润淤泥及当晚船员现场笔录，可以间接证明涉案疏浚物在航行中倾倒；又根据涉案船舶为开底式设计、具有快速倾倒淤泥功能，认定涉案船舶实施海上倾倒疏浚物的直接和间接证据形成了互相印证的链条。考虑到海上执法检查的特殊性和执法机关提供的相关证据的高度关联性，根据行政诉讼明显优势证据标准，认定涉案船舶在狮子洋海域违规倾倒疏浚物具有充分的证据。保护海洋环境更是船舶登记人应尽的法律义务。涉案船舶在未经海洋行政主管部门许可的情况下，企图逃避海洋环境监督管理，故意在内水主航道倾倒废弃

海洋生态环境司法裁判规则第 12 条

物,严重违反海洋环境管理秩序,破坏了海洋生态环境,影响了内水主要航道通畅,某船舶公司作为涉案船舶的登记经营人,依法应当对该违法行为承担法律责任。某区海洋执法大队认定涉案船舶倾倒废弃物破坏海洋环境并据此作出处罚决定,具有充分的证据依据,量罚适当。某区海洋执法大队作出《行政处罚决定》和某区政府作出《行政复议决定》,认定事实清楚,适用法律正确,符合法定程序。

案例三
陈某与某市海洋局行政处罚纠纷案

- **法院**

某海事法院

- **当事人**

原告:陈某
被告:某市海洋局
第三人:海南某汇疏浚工程有限公司

- **基本案情**

2018 年 12 月 14 日 12 时 50 分,某市海洋局接到某区人民检察院某海洋检察室(以下简称某检察室)线索移交,在海口美丽沙西侧海域临时码头有驳泥船装载泥土在近海区域倾倒,已使用无人机对该行为进行了拍照和摄像。某市海洋局执法人员于当日 13 时 21 分,在海上当场截获尚未来得及离开的一艘开底运泥船甲,并予以扣押。另据某检察室提供的无人机视频资料显示,在美丽沙海域倾倒作业的还有乙开底运泥船。2018 年 12 月 19 日,某市海洋局批准立案。2018 年 12 月 20 日,该局向第三人发出《检查通知书》《责令停止违法行为通知书》,并对该案展开调查。经调查,本案的基本事实如下:

2018 年 5 月 13 日,某源公司与第三人签订分包合同,约定由第三人承包美丽沙工程范围内的土石方运输。2018 年 9 月,第三人向市海洋局申请临时靠泊平台临时海域使用权。2018 年 9 月 18 日,某市海洋局批复同意第三人的临时用海申请,使用期限从 2018 年 9 月 19 日至 2018 年 12 月 17 日。

自 2018 年 11 月 13 日开始,某源公司从其中标的两地块挖出泥;地块挖出泥土车运至第三人搭建的临时靠泊平台,再装至平板驳船或甲、乙运泥船,然后由第三人进行外运。截至 2018 年 12 月 14 日,共运输泥土 1 192 车次。第三人未经海洋行政主管部门批准,未取得《废弃物海洋倾倒许可证》,擅自组织甲、乙运泥船等船,将泥土运至海口美丽沙西侧海域倾废。上述倾废事实有某检察室提供的无人机拍摄影像资料以及市海洋局的调查材料等证据证实。

原告是甲、乙船的实际所有人和经营人。该两艘船舶是原告于 2017 年 12 月 11 日分别以 66 万元和 86 万元向林某坚购买。为船舶经营管理方便,两艘船舶均挂靠在某市某航船务有限公司名下,但双方在《船舶委托经营合同》中明确约定,原告是两艘船舶 100% 的实际所有权人和责任人。原告陈某是第三人的法定代表人陈某玉的儿子,其参与了第三人涉案美丽沙临时泊位工程的环境影响评价委托、海域使用权申请、分包合同签订、倾废船舶调度等活动。其代表第三人与某源公司签订分包合同,并使用其所有的甲、乙船为第三人实施倾废行为。

根据第三人提供的《退塘还林土方回填工程承包合同书》和原告提供的泥土倾倒点,被告到某村民委员会和某市××区渔人码头进行了调查。经调查查实,《退塘还林土方回填工程承包合同书》中的签名及公章均系伪造;渔人码头方从未接受任何公司在码头倾倒泥土。原告及第三人所称的两处泥土倾倒点均不属实,且未能提供外运泥土的真实去向。

2019 年 4 月 11 日,某市海洋局对原告作出《行政处罚意见告知书》,拟对原告作出责令立即改正,处以 10 万元罚款的处罚。原告不服,并申请听证。2019 年 5 月 7 日,某市海洋局组织了听证会,充分听取了双方的陈述及申辩意见。2019 年 5 月 13 日,某市海洋局对原告作出《行政处罚决定书》,并于 2019 年 5 月 16 日向原告送达。该处罚决定书认定,原告未经海洋行政主管部门批准,未取得《海洋倾倒许可证》,擅自组织甲、乙运泥船在美丽沙西侧海域进行海上倾废作业的行为,违反了《海洋环境保护法》第五十五条的规定,依据该法第七十三条第三项的规定,对原告作出责令立即改正,处以罚款 10 万元的行政处罚。原告收到该处罚决定后,于 2019 年 5 月 27 日向被告缴纳了罚款。

• 案件争点

被告应否对原告进行处罚，处罚认定事实是否清楚，被告作出的处罚决定适用法律是否正确？

• 裁判要旨

关于被告应否对原告进行处罚，处罚认定事实是否清楚的问题。原告及第三人主张双方间存在委托代理关系和船舶租赁关系，原告实施的行为应由作为被代理人的第三人承担，被告既处罚第三人，又处罚原告，属认定事实不清，处罚错误。法院认为，首先，结合《中华人民共和国民法典》（以下简称《民法典》）第六十五条规定，委托代理的授权可采用书面、口头形式。本案中，虽然原告与第三人未订立书面委托代理合同，但原告在整个案涉事务中自始至终均代表第三人并以第三人的名义对外实施行为，且第三人也未作反对表示，原告与第三人间实际已形成事实上的委托代理关系，只是这种代理关系并不以书面形式，而是以口头或其他形式体现，法院应依法确认原告与第三人间形成委托代理关系。但依照《中华人民共和国民法总则》（已被《民法典》废止）第一百六十七条的规定，被代理人知道或者应当知道代理人的代理行为违法，未作反对表示的，被代理人和代理人都应承担责任。本案中，原告代理第三人组织实施了违法的倾废行为，作为被代理人的第三人并未作反对表示，故不仅第三人应承担违法倾废责任，原告亦应承担责任。

其次，原告是甲、乙运泥船的实际所有人和经营人，并使用该两艘船舶为第三人具体实施了违法倾废作业行为，依照《中华人民共和国海洋倾废条例》第六条第三款规定"任何单位和船舶、航空器、平台及其他载运工具，未依法经主管部门批准，不得向海洋倾倒废弃物。"该条例第二十一条第一款还规定"对违反本条例，造成或可能造成海洋环境污染损害的直接责任人，主管部门可处以警告或者罚款，也可以并处。"根据该条例的规定，船舶的所有人或经营人违法倾废理应受到行政法规的约束。本案利用涉案船舶在海洋违法倾废的直接责任人应是作为船舶实际所有人或经营人并实际组织违法倾废的原告，原告理应受到行政处罚。从本案的处罚事实看，被告之所以对原告进行处罚的原因，并不在于原告与第三人是否存在委托代理关系，而在于原告是案涉船舶的实际所有人和经营人并组织了违法倾废行为这一事实。

最后，关于原告与第三人是否存在船舶租赁关系的问题。依照《中华人民共和国海商法》第一百二十八条规定，"船舶租用合同，包括定期租船合同和光船租赁合同，均应当书面订立。"但本案中，原告及第三人并未提供船舶租赁关系的任何证据，更无书面租赁合同，故法院对原告及第三人主张的船舶租赁关系不予确认。综合上述意见，法院认为，原告是本案违法行为的主体，被告应对其进行处罚，认定事实清楚。

关于处罚决定适用法律是否正确的问题。原告认为，《海洋环境保护法》（2017年修正，已修改）第五十五条约束的是"单位"，而不是"个人"，被告适用该法条对作为个人的原告进行处罚，属适用法律错误。法院认为，根据《海洋环境保护法》（2017年修正，已修改）第二条第二款和第四条的规定"在中华人民共和国管辖海域内从事航行、勘探、开发、生产、旅游、科学研究及其他活动，或者在沿海陆域内从事影响海洋环境活动的任何单位和个人，都必须遵守本法""一切单位和个人都有保护海洋环境的义务。"以上规定均居于该法的总则部分，一部法律的总则部分一般应包含立法目的、原则、适用范围等规定，总则起着统率其他章节的作用，其他章节不得与总则相抵触。在理解《海洋环境保护法》（2017年修正，已修改）第五十五条规定时，应结合总则的相关规定予以理解。该法总则部分对适用主体已进行了明确规定，即该法约束一切单位和个人。对个人未取得倾废许可的违法倾废行为不受处罚，显然与该法的立法目的相悖。法院对原告的该项主张，不予支持。

三、司法案例类案甄别

（一）事实对比

案例一：原告出具委托书，安排该司负责本次倾倒作业的工作人员林某某全权办理某围堤加固工程调查相关事宜。同日，林某某到某市海洋与渔业局接受调查，承认未经海洋主管部门批准，雇请运泥船和干货船共同作为倾倒平台在某泵站下游200米处倾倒泥土的违法事实，但主张倾倒泥土是为了开展与某都公司签订的某围堤加固工程，该工程是通过中间人签署的，其不收取某都公司费用，也没有该公司的联系方式。

案例二：2018年10月24日，某区海洋执法大队根据举报，巡查时，发现某运泥船（净吨位618）向海中倾倒废弃物，即要求停船接受检查。

执法人员登船检查时,发现该运泥船为开底式淤泥船,船舱有倾倒后的淤泥残留。经询问该船驾驶员及其他船员并事后进一步调查,某区海洋执法大队认定该船违法倾倒废弃物。据船舶所有权证书和船舶国籍证书记载,该运泥船经营人为某船舶公司,所有权登记为某船舶公司占51%股份、冯某某占49%股份。根据委托管理船舶协议约定,冯某某委托某船舶公司对该船运营进行部分有偿管理,主要是帮助办理有关适航手续。2018年12月20日,原广州市番禺区海洋与渔业局对冯某某作出行政处罚。冯某某不服,提出行政复议。2020年3月18日,某区政府以认定事实不清、证据不足和处罚明显不当为由撤销了2018年作出的行政处罚决定,并责令原处罚机关对案件重新作出处理。2020年6月12日,某区海洋执法大队经重新调查,依据《海洋环境保护法》及《广东省海洋与渔业局关于规范行政处罚自由裁量权的规定》对某船舶公司作出《处罚决定》:1.责令立即改正违法行为;2.处罚款12万元。某船舶公司不服,向某区政府申请行政复议。2020年9月9日,某区政府作出《复议决定》,维持执法大队作出的《处罚决定》。

案例三:自2018年11月13日开始,某源公司从其中标的美丽沙两地块挖出泥;地块挖出泥土车运至第三人搭建的临时靠泊平台,再装至平板驳船或甲、乙运泥船,然后由第三人进行外运。截至2018年12月14日,共运输泥土1192车次。第三人未经海洋行政主管部门批准,未取得《废弃物海洋倾倒许可证》,擅自组织甲、乙运泥船等船,将泥土运至海口美丽沙西侧海域倾废。上述倾废事实有某检察室提供的无人机拍摄影像资料以及市海洋局的调查材料等证据证实。原告是甲、乙运泥船的实际所有人和经营人。该两艘船舶是原告于2017年12月11日分别以66万元和86万元向林某坚购买。为船舶经营管理方便,两艘船舶均挂靠在某市某航船务有限公司名下,但双方在《船舶委托经营合同》中明确约定,原告是两艘船舶100%的实际所有权人和责任人。原告陈某是第三人的法定代表人陈某玉的儿子,其参与了第三人案涉美丽沙临时泊位工程的环境影响评价委托、海域使用权申请、分包合同签订、倾废船舶调度等活动。其代表第三人与某源公司签订分包合同,并使用其所有的甲、乙运泥船为第三人实施倾废行为。

(二)适用法律对比

案例一:《海洋环境保护法》(2013年修正,已修改)第五十五条规定,"任何单位未经国家海洋行政主管部门批准,不得向中华人民共和国管辖海域倾倒任何废弃物。需要倾倒废弃物的单位,必须向国家海洋行政主管部门提出书面申请,经国家海洋行政主管部门审查批准,发给许可证后,方可倾倒。"某运泥船和某干货船在某泵站下游 200 米海域进行倾倒废弃泥土作业时,两船作业时间、地点和方式均由原告控制和安排,原告也确认其组织、指挥了倾倒行为,某市海洋与渔业局认定原告是倾倒废弃物的责任主体于法有据。原告称与某都公司签订了工程合同,责任主体应是某都公司,但对自己的主张不能提供合法有效的证据予以证明,其主张不能成立。

原告在未取得废弃物倾倒许可证情况下向海洋倾倒废弃物,违反了《海洋环境保护法》(2013 年修正,已修改)第五十五条的规定,按该法第七十三条第一款第三项的规定,应当受到相应的行政处罚。原告主张倾倒废弃物是为加固永德围围堤,该行为是合法施工行为,并非违法倾倒。原告对该主张未提供合法有效的证据证明,其倾倒废弃泥土入海的位置并非围堤所在位置,而且不论是加固围堤还是向海域倾倒废弃物均应事先向有关行政主管部门履行相应的报批手续,原告称其倾倒废弃物的行为是加固围堤不应受行政处罚的主张没有事实和法律依据,依法不能成立。

案例二:2020 年 6 月 12 日,某区海洋执法大队经重新调查,依据《海洋环境保护法》(2017 年修正,已修改)及《广东省海洋与渔业局关于规范行政处罚自由裁量权的规定》对某船舶公司作出行政处罚决定。法院认为某区海洋执法大队作出《行政处罚决定》和某区政府作出行政复议决定,认定事实清楚,适用法律正确,符合法定程序。

案例三:原告是甲、乙运泥船的实际所有人和经营人,并使用该两艘船舶为第三人具体实施了违法倾废作业行为,依照《中华人民共和国海洋倾废条例》第六条第三款规定,"任何单位和船舶、航空器、平台及其他载运工具,未依法经主管部门批准,不得向海洋倾倒废弃物。"该条例第二十一条第一款还规定"对违反本条例,造成或可能造成海洋环境污染损害的直接责任人,主管部门可处以警告或者罚款,也可以并处。"根据该条例的规定,船舶的所有人或经营人违法倾废理应受到行政法规的约束。本案利用案涉船舶在海洋违法倾废的直接责任人应是作为船舶实际所有人或经营人并实际组织违法倾废的原告,原告理应受到行政处罚。从本案的处罚事实看,被告之所以对原告进行处罚的原因,并不在于原告与第三人是否存在委托代理关系,而在于原告是案涉船舶的实际所有人和经营人并组织了违法倾废行为这一事实。最后,关于原告与第三人是否存在船舶租赁关系的问题。依照《海商法》第一百二十八条规定"船舶租用合同,包括定期租船合同和光船租赁合同,均应当书面订立。"但本案中,原告及第三人并未提供船舶租赁关系的任何证据,更无书面租赁合同,故法院对原告及第三人主张的船舶租赁关系不予确认。综合上述意见,法院认为,原告是本案违法行为的主体,被告应对其进行处罚,认定事实清楚。

法院认为,在理解《海洋环境保护法》(2017年修正,已修改)第五十五条规定时,不应机械理解,应结合总则的相关规定予以理解。该法总则部分对适用主体已进行了明确规定,即该法约束一切单位和个人。对个人未取得倾废许可的违法倾废行为不受处罚,显然与该法的立法目的相悖。法院对原告的该项主张,不予支持。

(三)类案数据分析

截至2024年1月26日,以"船舶""违法倾废行为""委托协议""责任主体"为关键词,通过公开案例库共检索出类案92件。

从地域分布来看,当前案例主要集中在山东省、广东省、江苏省,分别占比13.04％、13.04％、10.87％。其中山东省的案件量最多,达到12件。

从案由分类情况来看,当前最主要的案由是民事,有72件;其次是刑事,有16件;行政,有4件。

从行业分类情况来看,当前的行业分布主要集中在交通运输、仓储和邮政业,有27件;建筑业,有22件;金融业,有19件;制造业,有10件;批发和零售业,有5件。

从案件审理程序分布可以看到,一审案件有38件,二审案件有48件,再审案件有5件。

通过对一审裁判结果进行分析可知:全部/部分支持的有13件;全部驳回的有8件。

通过对二审裁判结果进行分析可知:当前条件下维持原判的有26件;改判的有19件。

四、类案裁判规则的解析确立

根据《中华人民共和国海洋倾废管理条例》第六条的规定，需要向海洋倾倒废弃物的单位，应事先向主管部门提出申请，按规定的格式填报倾倒废弃物申请书，并附报废弃物特性和成分检验单。主管部门在接到申请书之日起两个月内予以审批。对同意倾倒者应发给废弃物倾倒许可证。任何单位和船舶、航空器、平台及其他载运工具，未依法经主管部门批准，不得向海洋倾倒废弃物。由于向海洋倾倒废弃物，会严重影响海洋生态环境，造成海洋污染，对海洋生态带来损害。因此，应当对海洋倾倒废物的行为进行严厉处理。

然而，海洋倾废违法行为具有较强的隐蔽性和瞬时性。法院在审理此类行政处罚案件时，应当综合考虑海上执法环境的特殊性，以及调查取证的难易程度。在证明标准的选取时，应采取合理适度的证明标准，对被诉行政行为是否达到"证据确凿"的要求，准确进行认定。如果具体案件中，行政机关虽然无法提供直接反映海洋倾废行为的现场证据，但在案其他证据高度关联、相互印证且已形成共同证明违法事实存在的证据链条，根据明显优势证据标准，可以认定行政机关作出的行政处罚事实清楚、证据充分。

除了证明行为人实施了倾废行为外，行为人本身是否属于应当负责的主体，也是海洋倾废违法行为认定中极为重要的内容。根据我国民事法律规范的规定，委托代理的授权可采用书面、口头形式。在具体案件审理过程中，有的行为人虽未与第三人签订书面的委托代理合同，但行为人在整个涉案事务中自始至终均代表第三人，并以第三人的名义对外实施行为，且第三人也未作反对表示，行为人与第三人间实际已形成事实上的委托代理关系，只是这种代理关系并不以书面形式，而是以口头或其他形式体现，法院依法应确认行为人与第三人间形成委托代理关系。被代理人知道或者应当知道代理人的代理行为违法，未作反对表示的，被代理人和代理人都应承担责任。所以，当行为人代理第三人并组织实施了违法的倾废行为，作为被代理人的第三人并未作反对表示，不仅第三人应承担违法倾废责任，行为人亦应当承担责任。同时，由于我国实行船舶登记管理制度，船舶挂靠登记经营人负有船舶监管义务，对于其名下船舶实施的损害海洋生态环境的违法行为，船舶登记经营人依法应当承担法律责任。所以，船舶所有人或经营人违法倾废理应受到行政法规的约束。不能以存在委托为由，逃避责任，实施违法行为的个人、船舶登记经营人、船舶实际所有人、船舶实际经营人，皆属于应承担行政处罚责任的主体。任何船舶登记人或实际所有人等，以"船舶挂靠"、受人委托等为由，否认存在海洋违法倾倒废弃物的主观故意或主体资格，不承担法律责任的，法院不予支持。

五、关联法律法规

（一）《中华人民共和国海洋环境保护法》（2023 年修订）

第五十五条　沿海地方各级人民政府应当加强农业面源污染防治。沿海农田、林场施用化学农药，应当执行国家农药安全使用的规定和标准。沿海农田、林场应当合理使用化肥和植物生长调节剂。

第七十三条　国务院生态环境主管部门会同国务院自然资源主管部门编制全国海洋倾倒区规划，并征求国务院交通运输、渔业等部门和海警机构的意见，报国务院批准。

国务院生态环境主管部门根据全国海洋倾倒区规划，按照科学、合理、经济、安全的原则及时选划海洋倾倒区，征求国务院交通运输、渔业等部门和海警机构的意见，并向社会公告。

（二）《中华人民共和国海洋倾废管理条例》（2017 年修订）

第六条　需要向海洋倾倒废弃物的单位，应事先向主管部门提出申请，按规定的格式填报倾倒废弃物申请书，并附报废弃物特性和成分检验单。

主管部门在接到申请书之日起两个月内予以审批。对同意倾倒者应发给废弃物倾倒许可证。

任何单位和船舶、航空器、平台及其他载运工具，未依法经主管部门批准，不得向海洋倾倒废弃物。

（三）《中华人民共和国海洋环境保护法》（2017 年修正）

第五十五条　任何单位未经国家海洋行政主管部门批准，不得向中华人民共和国管辖海域倾倒任何废弃物。

需要倾倒废弃物的单位，必须向国家海洋行政主管部门提出书面申请，经国家海洋行政主管部门审查批准，发给许可证后，方可倾倒。

禁止中华人民共和国境外的废弃物在中华人民共和国管辖海域倾倒。

海洋生态环境司法裁判规则
第 13 条

在非法采矿罪案件审理中,应以被告实际参与的积极程度对事实进行认定,仅以受他人雇请为由不构成犯罪的辩护意见,不予采纳

海洋生态环境司法裁判规则第 13 条

一、聚焦司法案件裁判观点

■ **争议焦点**

被告人以受雇佣为由，希望改判无罪或更轻刑罚，是否应当采纳？

■ **裁判观点**

不能仅因为受雇佣为由对其适用缓刑，也不能仅因受单位指使就认定被告人无罪。应针对被告人犯罪的事实、性质、情节和对社会的危害程度，充分考虑被告人的积极程度进行定罪量刑。如果被告人参与犯罪时间较长，非法采砂数量特别巨大，造成生态环境损害特别严重，属于犯罪情节特别严重，或多次受到行政处罚仍不悔改的不应适用缓刑等；如果被告人构成单位犯罪的其他直接责任人员，其行为应当构成非法采矿罪。

二、司法案例样本对比

案例一
胡某某、浙江某海运有限公司等非法采矿案

- **法院**

福建省某市中级人民法院

- **当事人**

公诉机关：某市某区人民检察院
被告人：胡某某
被告单位：浙江某海运有限公司

被告人：王某某

• **基本案情**

原判认定，2020年3月，被告单位浙江某公司时任法定代表人及实际经营者被告人王某某，明知"××浅滩"附近海域不允许开采海砂，决定公司承接他人到××浅滩附近海域运输海砂业务，指派公司融资租赁的"万信21"船前往上述海域指定地点接驳运输海砂。2020年3月6日，"万信21"船船长胡某某（被告人），明知××浅滩海域不允许开采海砂，受某某公司指派，驾驶该船舶到上述海域接驳运输海砂，计划满载后运输至惠州港。"万信21"船在前往××浅滩指定海域航行过程中船载AIS系统关闭，导致从汕尾附近海域到××浅滩附近海域的航线记录消失。胡某某驾驶"万信21"船于2020年3月7日5时20分许到达指定海域抛锚，等待采砂船通过事先约定的高频16频道呼叫装载海砂。之后，现场采砂船通过高频16频道告知"万信21"船过驳海砂的经纬度，"万信21"船驶至该经纬度位置等待过驳海砂。同日夜间20时30分许至次日上午8时30分许，"万信21"船从采砂船过驳现场采挖的海砂，被厦门海警局执法人员当场查获，后被押解至厦门港附近海域进一步调查。2020年3月9日，福建海警局指定厦门海警局管辖该案。经鉴定，"万信21"船被查获时装载海砂资源量为17 085.41立方米，价值446 271元。经福建省自然资源厅证明，该厅未在××浅滩附近海域颁发过海砂开采海域使用权证、采矿许可证。

2020年3月8日，被告人胡某某被厦门海警局执法人员现场抓获；2020年3月20日，被告单位某某公司原法定代表人被告人王某某经电话通知后自动到案接受调查，后对其犯罪事实均供认不讳。

2020年4月27日，厦门海警局将先行变卖涉案海砂所得价款110万元，暂扣于该单位账户。本案审理期间，被告人王某某向某市同安区人民法院预缴2万元用于执行罚金。被告单位某某公司在庭后向某市同安区人民法院预缴5万元用于执行罚金。

原判认为，被告单位某某公司违反《矿产资源法》的规定，事先与从事非法开采海砂的人员同谋，帮助他人运输非法采挖的海砂，价值共计446 271元，情节严重，其行为构成非法采矿罪。被告人王某某作为某某公司的时任法定代表人及实际经营者，在某某公司本次犯罪中起决策作用，是直接负责的主管人员；被告人胡某某作为"万信21"船的船长，在某某公司本次犯罪中具体实施犯罪，起较大作用，是其他直接责任人员；

该二被告人依法均应以非法采矿罪论处。公诉机关指控的罪名成立。浙江某公司、王某某、胡某某与非法采挖海砂的犯罪分子构成非法采矿共同犯罪，浙江某公司、王某某、胡某某在共同犯罪中起次要作用，系从犯，应当从轻或者减轻处罚。某某公司犯罪以后自动投案，如实供述自己的罪行，系自首，可以从轻或者减轻处罚；认罪认罚，主动预缴罚金，可以依法从宽处理。综合以上量刑情节，决定对某某公司从轻处罚。王某某犯罪以后自动投案，如实供述自己的罪行，系自首，可以从轻或者减轻处罚；认罪认罚，主动预缴罚金，可以依法从宽处理。综合以上量刑情节，结合社会调查评估意见，决定对王某某从轻处罚并适用缓刑。胡某某在共同犯罪中起次要作用，系从犯，依法应当从轻或者减轻处罚。胡某某虽在侦查阶段、审查起诉阶段如实供述自己的犯罪事实，但在庭审中当庭翻供，否认犯罪，公诉机关关于不应认定胡某某具有坦白情节的公诉意见，予以采纳。综合以上量刑情节，决定对胡某某从轻处罚。依照《中华人民共和国刑法》（以下简称《刑法》）第三百四十三条第一款、第三百四十六条、第三十条、第三十一条、第二十五条第一款、第二十七条、第六十七条第一款、第七十二条、第七十三条第一款和第三款，《最高人民法院、最高人民检察院关于办理非法采矿、破坏性采矿刑事案件适用法律若干问题的解释》第二条、第三条、第五条、第九条、第十三条之规定，判决：一、被告单位浙江某海运有限公司犯非法采矿罪，判处罚金人民币5万元。二、被告人王某某犯非法采矿罪，判处拘役五个月，缓刑七个月，并处罚金人民币2万元；三、被告人胡某某犯非法采矿罪，判处有期徒刑六个月，并处罚金人民币2万元；四、暂扣在厦门海警局的涉案海砂先行变卖款人民币110万元，予以没收，上缴国库。

上诉人胡某某及辩护人诉辩提出：（1）原判认定原审被告单位浙江某公司与从事非法开采海砂的人员事先同谋，事实不清、证据不足；（2）胡某某受浙江某公司指示前往海域运载海砂，主观上并不清楚所过驳、运载的海砂是非法采挖所得，其不是单位犯罪的其他责任人员。综上，请求二审法院改判胡某某无罪。

某市人民检察院检察员发表出庭意见，认为原判认定事实清楚、证据充分，量刑适当，建议驳回上诉，维持原判。

经审理查明，原判认定原审被告单位浙江某公司、原审被告人王某某、上诉人胡某某非法采矿的事实清楚，并有经原审举证、质证的证据予以证实，法院予以确认。

• 案件争点

被告单位浙江某公司与从事非法开采海砂的人员事先是否有同谋，胡某某是否为单位犯罪的其他责任人员？

• 裁判要旨

1. 关于上诉人胡某某及辩护人提出的原判认定原审被告单位浙江某公司与从事非法开采海砂的人员事先同谋，事实不清、证据不足的诉辩意见。经查，根据原审被告人王某某的供述、证人晁某娜和丁某的证言、航次运输合同以及航海日志等能够相互印证，证实浙江某公司为牟利，经王某某决策，由晁某娜具体对接，与非法开采海上人员事先同谋，指使、安排船长胡某某驾驶涉案船舶前往指定海域多次过驳、运输非法开采的海砂，浙江某公司的行为应当构成非法采矿罪。上诉人诉辩意见与查明的事实不符，不能成立，不予采纳。

2. 关于上诉人胡某某及辩护人提出的胡某某受浙江某公司指示前往海域运载海砂，主观上并不清楚所过驳、运载的海砂是非法采挖所得，胡某某不是单位犯罪的其他责任人员，胡某某无罪的诉辩意见。经查，在案证据足以证实涉案船舶"万信21"船在前往××浅滩附近海域接驳海砂途中关闭船舶AIS系统，在夜间从无船名船号的采砂船过驳海砂，被海警查获时无法提供合法有效的海砂来源证明，胡某某到案后对上述事实亦供认不讳。结合胡某某作为船长的任职情况以及长达15年的海运从业经历，其应当明知其驾驶船舶过驳、运输的海砂来源于非法采挖。胡某某自原审庭审翻供称其仅负责船舶航线的制定，对涉案船舶接受浙江某公司指派前往指定海域过驳、运输海砂的具体事务均不知情，不清楚涉案船舶AIS系统被关闭等情况，得不到在案证据的支持，且不符合常理，不予采信。综上，胡某某作为涉案船舶的船长，负责全船事务，多次接受浙江某公司指派，具体实施带领船员驾驶涉案船舶过驳、运输非法采挖海砂的行为，是单位犯罪的其他直接责任人员，其行为应当构成非法采矿罪。该节诉辩意见与查明的事实不符，不能成立，不予采纳。

法院认为，原审被告单位浙江某公司违反《矿产资源法》的规定，事先与从事非法开采海砂的人员同谋，帮助他人运输非法采挖的海砂，价值共计446 271元，情节严重，其行为构成非法采矿罪。原审被告人王某某作为某某公司的时任法定代表人及实际经营者，在浙江某公司非法采矿犯罪中起决策作用,是直接负责的主管人员;上诉人胡某某作为"万信21"船的船长,在某某公司指使下,多次具体实施出海过驳、运输非法采挖的海砂的行为,是其他直接责任人员,王某某、胡某某的行为构成非法采矿罪。本案系共同犯罪。原判定罪准确,量刑适当,审判程序合法。依照《中华人民共和国刑事诉讼法》(以下简称《刑事诉讼法》)第二百三十六条第一款第一项之规定,裁定驳回上诉,维持原判。

案例二
蓝某洪、林某兵等非法采矿案

- 法院

广西壮族自治区某市中级人民法院

- 当事人

公诉机关:广西壮族自治区某区人民检察院

上诉人(原审被告):蓝某洪

被告人:林某兵、俞某云、韦某灵、陈某华、杨某、史某电

- 基本案情

原判认定:

(一)非法采矿犯罪事实

2019年11月至2020年4月,被告人林某兵、俞某云、蓝某洪、韦某灵、陈某华、杨某、史某电、杜某华(另案处理),在未取得海域使用权证且未办理采矿许可证情况下,租用周某粤广海工8338船在某市铁山港电厂码头附近海域非法开采海砂共计203 939.41立方米,租湘长沙机0755、湘长沙机0999、湘益阳机5899、海顺16、兴昭海98、生松工28等运输船运至广东乌石、企水等地销售。其间,2019年11月23日,北海海警局执法人员登临粤广海工8338船检查,因未经批准非法采砂,于同年12月3日被北海海警局行政处罚。2020年3月17日,北海海洋局执法人

员登临粤广海工 8338 船检查,因其未经批准非法采砂,北海海洋局对其进行行政处罚。

2019 年 10 月 24 日,林某兵、俞某云、"桂姐"、张某检(后二人均不在案)事先商谋利用粤广海工 8338 船到某市铁山港海域非法采砂销售,利润四人平分,俞某云与周某签订疏浚施工合作协议,约定"桂姐"出资 60 万元,其中调船费 50 万元,活动经费 10 万元,周某收取 17 元/立方米的抽工费。周某安排蓝某洪为粤广海工 8338 船负责人,韦某灵为船长,二人按照林某兵、俞某云的指挥开采海砂,蓝某洪从海砂方数中抽取 1 元/立方米的提成。

2020 年 1 月,林某兵、俞某云与陈某华、杨某、史某电合作,由杨某、史某电、孙某史(另案处理)共同出资 110 多万元租用刘某(另案处理)介绍的湘长沙机 0755、湘长沙机 0999、湘益阳机 5899 运输船将海砂运至广东企水、乌石销售,约定利润由林某兵、俞某云占四成,陈某华、杨某、史某电占六成,2020 年 2 月 28 日起正式开采海砂销售。其间,林某兵负责采砂、运砂、销售环节,俞某云负责对接蓝某洪、韦某灵抽砂作业,陈某华、史某电在码头负责海砂监管,杨某负责记账和出账,杜某华经林某兵介绍在码头负责计量海砂方量,领取固定工资 1 万元/月,无利润分成。

案发后,经广西桂探地质工程有限公司鉴定,涉案海砂属于回填用砂,某市价格认证中心认定,回填用砂价格每立方米 90—120 元。林某兵、俞某云、蓝某洪、韦某灵参与非法开采海砂 203 939.41 立方米,价值超过 18 354 546.9 元,陈某华、杨某、史某电参与非法开采海砂 48 611 立方米,价值超过 4 374 990 元。

2020 年 4 月 25 日,北海海警局在广东省珠海市香洲区××路××花园××栋××号将被告人林某兵抓获归案;同月 27 日,被告人蓝某洪、韦某灵、杨某经北海海警局电话传唤到案;同年 7 月 14 日,被告人俞某云经北海海警局电话传唤到案;同月 27 日,被告人陈某华经澄迈县××局红光派出所电话传唤到案;同月 28 日,被告人史某电主动向北海海警局投案。

(二)掩饰、隐瞒犯罪所得犯罪事实

2020 年 3 月间,被告人林某兵明知黄某1(另案起诉)等人利用粤东莞工 0811 号抽砂船非法开采海砂销售,事先与黄某1约定,林某兵以

43元/立方米的价格收购,再以高价转卖他人从中牟利。林某养(另案起诉)联系林某兵购买海砂商定45元/立方米后,林某兵便让林某养直接与黄某1对接向粤东莞工0811号抽砂船购买非法开采的海砂运往某县销售。2020年3月26日,林某兵经黄某1向林某养销售海砂2 900立方米,同年3月29日,向林某养销售海砂3 165.11立方米。林某兵从海砂销售中获利14 400元。经某市价格认证中心认定,本案非法开采的海砂属于回填用砂,价格每立方米90—120元。海砂共计6 065.11立方米,价值超过545 859.9元。

原判认为,被告人林某兵、俞某云、蓝某洪、韦某灵、陈某华、杨某、史某电违反《中华人民共和国矿产资源法》(以下简称《矿产资源法》)的规定,在未取得海域使用权证且未取得采矿许可证的情况下,共同擅自开采海砂,情节特别严重,其行为均已构成非法采矿罪,被告人林某兵明知黄某1等人非法开采海砂,仍收购贩卖给他人,情节严重,其行为已构成掩饰、隐瞒犯罪所得罪。被告人林某兵在判决宣告以前一人犯数罪,应当数罪并罚。在共同非法采矿犯罪活动中,被告人林某兵、俞某云、陈某华、杨某、史某电均起主要作用,均是主犯,应当按照其所参与的全部犯罪处罚。被告人蓝某洪、韦某灵起次要作用,均是从犯,依法可以减轻处罚。被告人林某兵归案后能够如实供述自己的罪行,依法可以从轻处罚。被告人俞某云、蓝某洪、韦某灵、陈某华、杨某、史某电主动投案,如实供述自己的罪行,是自首,依法可以从轻或减轻处罚。被告人林某兵、俞某云、韦某灵、杨某、史某电均自愿认罪认罚,被告人蓝某洪当庭认罪认罚,可以依法从宽处理。综合各被告人的犯罪情节,认罪悔罪态度,决定对被告人俞某云从轻处罚,对被告人蓝某洪、韦某灵、陈某华、杨某、史某电减轻处罚。扣押的粤广海工8338船虽是本案的作案工具,但船舶所有人并非涉案被告人,且无证据证实船舶所有人明知被告人林某兵、俞某云等人使用粤广海工8338船实施非法采矿犯罪而提供,故粤广海工8338船不宜作为本案犯罪工具予以没收,应当依法发还给船舶所有人。依照《刑法》第三百四十三条第一款、第三百一十二条、第二十五条第一款、第二十六条第一款、第二十六条第四款、第二十七条、第五十二条、第五十三条第一款、第六十四条、第六十七条第一款、第六十七条第三款、第六十九条,《最高人民法院、最高人民检察院关于办理非法采矿、破坏性采矿刑事案件适用法律若干问题的解释》第二条第一项、第三条第二款第一项、第五条第一款、第十三条第一款,《最高人民法院关于审理掩饰、隐瞒犯罪所得、犯罪所得收益刑事案件适用法律若干问题的解释》第三条第一项及《刑事诉讼法》第十五条之规定,判决如下:一、被告人林某兵犯非法采矿罪,判处有期徒刑三年六个月,并处罚金人民币60万元,犯掩饰、隐瞒犯罪所得罪,判处有期徒刑三年,并处罚金人民币10万元,总和刑期为有期徒刑六年六个月,并处罚金人民币70万元,决定执行有期徒刑五年,并处罚金人民币70万元;二、被告人俞某云犯非法采矿罪,判处有期徒刑三年,并处罚金人民币50万元;三、被告人蓝某洪犯非法采矿罪,判处有期徒刑二年八个月,并处罚金人民币25万元;四、被告人韦某灵犯非法采矿罪,判处有期徒刑二年七个月,并处罚金人民币20万元;五、被告人陈某华犯非法采矿罪,判处有期徒刑二年六个月,并处罚金人民币20万元;六、被告人杨某犯非法采矿罪,判处有期徒刑二年四个月,并处罚金人民币20万元;七、被告人史某电犯非法采矿罪,判处有期徒刑二年四个月,并处罚金人民币20万元;八、扣押的作案工具手机十五台,予以没收,上缴国库;九、扣押的海砂2 103立方米,予以没收,上缴国库(未随案移送,由扣押机关依法处理);十、扣押的U盘一个、营业执照一本、合同五份、章六个、笔记本七本,予以没收;十一、继续追缴被告人林某兵违法所得人民币1.44万元,予以没收,上缴国库。

原审被告人林某兵、俞某云、陈某华、史某电均对一审判决无异议。

上诉人蓝某洪提出:其是为老板周某打工的,老板周某不在时才帮忙看管,其主要工作是负责买菜和做杂工,其不是主要负责人,所有的事情都需要经过老板的同意才做的,其是从犯,原判对其量刑过重,请求法院撤销原判,依法改判对其适用缓刑。

原审被告人杨某提出:一审判决对其判处罚金过重。

原审被告人韦某灵提出:其是受周某雇请的,原判对其量刑过重。

• **案件争点**

原判对蓝某洪、韦某灵量刑是否过重,原判决对杨某判处罚金是否过重。

• **裁判要旨**

上诉人蓝某洪和原审被告人林某兵、俞某云、韦某灵、陈某华、杨某、史某电违反《矿产资源法》的规定,在未取得海域使用权证且未取得采矿许可证的情况下共同擅自开采海砂,情节特别严重,其行为均已构成非法采矿罪,依法应判处三年以上七年以下有期徒刑,并处罚金。原审被告人林某兵明知黄某1等人非法开采海砂,仍购买贩卖给他人,情节严重,其行为构成掩饰、隐瞒犯罪所得罪,依法应判处三年以上七年以下有期徒刑,并处罚金。原审被告人林某兵一人犯数罪,应当数罪并罚。在共同非法采矿犯罪活动中,原审被告人林某兵、俞某云、陈某华、杨某、史某电均起主要作用,均是主犯,应当按照其参与的全部犯罪行为处罚,上诉人蓝某洪、原审被告人韦某灵在共同犯罪中起次要或辅助作用,是从犯,依法应当从轻、减轻处罚或免除处罚。上诉人蓝某洪和原审被告人俞某云、韦某灵、陈某华、杨某、史某电均是主动到案,如实供述自己的罪行,是自首,依法可以从轻或减轻处罚。原审被告人林某兵归案后能够如实供述自己的罪行,依法可以从轻处罚。上诉人蓝某洪和原审被告人林某兵、俞某云、杨某、韦某灵、史某电认罪认罚,可以从宽处罚。原判根据上诉人蓝某洪和各原审被告人犯罪的事实、性质、情节和对社会的危害程度,充分考虑上诉人和原审被告人的上述量刑情节,决定在法定量刑幅度内分别对上诉人蓝某洪和原审被告人韦某灵、陈某华、杨某、史某电减轻处罚,对原审被告人俞某云从轻处罚,原判对上诉人和各原审被告人所判刑罚并无不当。上诉人蓝某洪提出其系从犯的意见原判已予以认定,并在量刑上作了充分考虑,且蓝某洪自2019年11月份至2020年4月份参与非法采矿,参与犯罪时间较长,非法采砂数量特别巨大,造成生态环境损害特别严重,属于犯罪情节特别严重,两次受到行政处罚仍不悔改,不宜对其适用缓刑。上诉人蓝某洪和原审被告人韦某灵、杨某在没有新的事实、证据的情况下,请求法院对其改判更轻的刑罚或缓刑无事实和法律依据,法院均不予采纳。原判认定的犯罪事实清楚,证据确实充分,适用法律正确,定罪准确,量刑适当,审判程序合法,应予维持。依照《刑事诉讼法》第二百三十六条第一款第一项、第二百四十四条之规定,裁定驳回上诉,维持原判。

三、司法案例类案甄别

(一)事实对比

案例一:2020年3月,被告单位浙江某公司时任法定代表人及实际经营者被告人王某某,明知"××浅滩"附近海域不允许开采海砂,仍决定公司承接他人到××浅滩附近海域运输海砂业务，指派公司融资租赁的"万信21"船前往上述海域指定地点接驳运输海砂。2020年3月6日，"万信21"船船长胡某某，明知××浅滩海域不允许开采海砂，受某某公司指派驾驶该船舶前往上述海域接驳海砂，计划满载后运输至惠州港。"万信21"船在前往××浅滩指定海域航行过程中船载AIS系统关闭，导致从汕尾附近海域到××浅滩附近海域的航线记录消失。胡某某驾驶"万信21"船过驳海砂时，被厦门海警局执法人员当场查获，后被押解至厦门港附近海域做进一步调查。2020年3月9日，福建海警局指定厦门海警局管辖该案。经鉴定，"万信21"船被查获时装载海砂资源量为17 085.41立方米，价值446 271元。经福建省自然资源厅证明，该厅未在××浅滩附近海域颁发过海砂开采海域使用权证、采矿许可证。

被告单位浙江某公司违反《矿产资源法》的规定，事先与从事非法开采海砂的人员同谋，帮助他人运输非法采挖的海砂，价值共计446 271元，情节严重，其行为构成非法采矿罪。被告人王某某在本次犯罪中起决策作用，是直接负责的主管人员；被告人胡某某作为"万信21"船的船长，在本次犯罪中具体实施犯罪起较大作用，是其他直接责任人员；该二被告人依法均应以非法采矿罪论处。公诉机关指控的罪名成立。浙江某公司、王某某、胡某某与非法采挖海砂的犯罪分子构成非法采矿共同犯罪，浙江某公司、王某某、胡某某在共同犯罪中起次要作用，系从犯，应当从轻或者减轻处罚。某某公司犯罪以后自动投案，如实供述自己的罪行，系自首，可以从轻或者减轻处罚；认罪认罚，主动预缴罚金，可以依法从宽处理。综合以上量刑情节，决定对浙江某公司从轻处罚。王某某犯罪以后自动投案，如实供述自己的罪行，系自首，可以从轻或者减轻处罚；认罪认罚，主动预缴罚金，可以依法从宽处理。综合以上量刑情节，结合社会调查评估意见，决定对王某某从轻处罚并适用缓刑。胡某某在共同犯罪中起次要作用，系从犯，依法应当从轻或者减轻处罚。胡某某虽在侦查阶段、审查起诉阶段如实供述自己的犯罪事实，但在庭审中当庭翻供，否认犯罪，公诉机关关于不应认定胡某某具有坦白情节的公诉意见，予以采纳。综合以上量刑情节，决定对胡某某从轻处罚。

上诉人胡某某及辩护人提出的胡某某受浙江某公司指示前往海域运载海砂，主观上并不清楚所过驳、运载的海砂是非法采挖所得，胡某某不是单位犯罪的其他责任人员，胡某某无罪的诉辩意见。经查，在案证据足以证实涉案船舶"万信21"船在前往××浅滩附近海域接驳海砂途中关闭船舶 AIS 系统，在夜间从无船名船号的采砂船过驳海砂，被海警查获时无法提供合法有效的海砂来源证明，胡某某到案后对上述事实亦供认不讳。结合胡某某作为船长的任职情况以及长达 15 年的海运从业经历，其应当明知其驾驶船舶过驳、运输的海砂来源于非法采挖。胡某某自原审庭审翻供称其仅负责船舶航线的制定，对涉案船舶接受浙江某公司指派前往指定海域过驳、运输海砂的具体事务均不知情，不清楚涉案船舶 AIS 系统被关闭等情况，得不到在案证据的支持，且不符合常理，不予采信。综上，胡某某作为涉案船舶的船长，负责全船事务，多次接受浙江某公司指派，具体实施带领船员驾驶涉案船舶过驳、运输非法采挖海砂的行为，是单位犯罪的其他直接责任人员，其行为应当构成非法采矿罪。

案例二：2019 年 11 月至 2020 年 4 月，被告人林某兵、俞某云、蓝某洪、韦某灵、陈某华、杨某、史某电、杜某华（另案处理）在未取得海域使用权证且未办理采矿许可证情况下租用周某粤广海工 8338 船在某市铁山港电厂码头附近海域非法开采海砂共计 203 939.41 立方米，租湘长沙机 0755、湘长沙机 0999、湘益阳机 5899、海顺 16、兴昭海 98、生松工 28 等运输船运至广东乌石、企水等地销售。其间，2019 年 11 月 23 日，粤广海工 8338 船因未经批准非法采砂，于同年 12 月 3 日被北海海警局行政处罚。2020 年 3 月 17 日，粤广海工 8338 船因未经批准非法采砂，后被某市海洋局行政处罚。

2019 年 10 月 24 日，林某兵、俞某云、"桂姐"、张某检（后二人均不在案）事先商谋利用粤广海工 8338 船到某市铁山港海域非法采砂销售，利润四人平分，俞某云与周某签订疏浚施工合作协议，约定"桂姐"出资 60 万元，其中调船费 50 万元，活动经费 10 万元，周某收取 17 元/立方米的抽工费。周某安排蓝某洪为粤广海工 8338 船负责人，韦某灵为船长，二人按照林某兵、俞某云的指使开采海砂，蓝某洪从海砂方数中抽取 1 元/立方米的提成。

2020 年 1 月，林某兵、俞某云与陈某华、杨某、史某电合作，由杨某、史某电、孙某史（另案处理）共同出资 110 多万元租用刘某（另案处理）介绍的湘长沙机 0755、湘长沙机 0999、湘益阳机 5899 运输船将海砂运至广东某市企水、乌石销售，约定利润由林某兵、俞某云占四成，陈某华、杨某、史某电占六成，2020 年 2 月 28 日起正式开采海砂销售。其间，林某兵负责采砂、运砂、销售环节，俞某云负责对接蓝某洪、韦某灵抽砂作业，陈某华、史某电在码头负责海砂监管，杨某负责记账和出账，杜某华经林某兵介绍在码头负责计量海砂方量,领取固定工资1万元/月,无利润分成。

（二）适用法律对比

案例一：依照《刑法》第三百四十三条第一款、第三百四十六条、第三十条、第三十一条、第二十五条第一款、第二十七条、第六十七条第一款、第七十二条、第七十三条第一款、第七十三条第三款,《最高人民法院、最高人民检察院关于办理非法采矿、破坏性采矿刑事案件适用法律若干问题的解释》第二条、第三条、第五条、第九条、第十三条之规定,判决：一、被告单位浙江某海运有限公司犯非法采矿罪,判处罚金人民币5万元；二、被告人王某某犯非法采矿罪,判处拘役五个月,缓刑七个月,并处罚金人民币2万元；三、被告人胡某某犯非法采矿罪,判处有期徒刑六个月,并处罚金人民币2万元；四、暂扣在厦门海警局的涉案海砂先行变卖款人民币110万元,予以没收,上缴国库。

二审法院依照《刑事诉讼法》第二百三十六条第一款第一项之规定,裁定驳回上诉,维持原判。

案例二：依照《刑法》第三百四十三条第一款、第三百一十二条、第二十五条第一款、第二十六条第一款和第四款、第二十七条、第五十二条、第五十三条第一款、第六十四条、第六十七条第一款和第三款、第六十九条,《最高人民法院、最高人民检察院关于办理非法采矿、破坏性采矿刑事案件适用法律若干问题的解释》第二条第一项、第三条第二款第一项、第五条第一款、第十三条第一款,《最高人民法院关于审理掩饰、隐瞒犯罪所得、犯罪所得收益刑事案件适用法律若干问题的解释》第三条第一项及《刑事诉讼法》第十五条之规定,判决：一、被告人林某兵犯非法采矿罪,判处有期徒刑三年六个月,并处罚金人民币60万元,犯掩饰、隐瞒犯罪所得罪,判处有期徒刑三年,并处罚金人民币10万元,总和刑期为有期徒刑六年六个月,并处罚金人民币70万元,决定执行有期徒刑五年,并处罚金人民币70万元；二、被告人俞某云犯非法采矿罪,判处有期徒刑三年,并处罚金人民币50万元；三、被告人蓝某洪犯非法采矿罪,判处有期徒刑二年八个月,并处罚金人民币25万元；四、被告人韦某灵犯非法采矿罪,判处有期徒刑二年七个月,并处罚金人民币20万元；五、被告人陈某华犯非法采矿罪,判处有期徒刑二年六个月,并处罚金人民币20万元；六、被告人杨某犯非法采矿罪，判处有期徒刑二年四个月，并处罚金人民币20万元；七、被告人史某电犯非法采矿罪，判处有期徒刑二年四个月，并处罚金人民币20万元。

二审法院依照《刑事诉讼法》第二百三十六条第一款第一项、第二百四十四条之规定，裁定驳回上诉，维持原判。

（三）类案数据分析

截至2024年1月26日，以"非法采矿""受他人雇佣""积极程度""事实"为关键词，通过公开案例库共检索出类案982件。

从地域分布来看，当前案例主要集中在山东省、福建省、广东省，分别占比9.67%、8.66%、8.45%。其中山东省的案件量最多，达到95件。

从案由分类情况来看，当前最主要的案由是刑事，有948件；其次是民事，有32件；行政，有2件。

从行业分类情况来看，当前的行业分布主要集中在采矿业，有7件；金融业，有6件；批发和零售业，有4件；租赁和商务服务业，有2件；制造业，有2件。

从案件审理程序分布情况来看，一审案件有701件，二审案件有269件，再审案件有11件。并能够推算出一审上诉率为38.37%。

通过对二审裁判结果进行分析可知：当前条件下维持原判的有192件；改判的有66件。

四、类案裁判规则的解析确立

海砂是一种维系海洋生态系统，以及海洋地质地貌稳定的重要矿产资源。沿海省份盗采海砂现象日益突出，严重威胁到海洋地形地貌和海洋生态。非法开采海砂的行为，不仅严重破坏国家矿产资源，影响海洋地质构造，破坏海洋生物多样性，严重破坏海砂资源和海洋生态，还会因海砂未经处理流入市场对建筑安全带来严重隐患，威胁人民群众生命财产安全，因而需要依法进行严厉打击。

在具体案件审理中，行为人往往会提出自己是受公司指派前往海域运载海砂，主观上并不清楚所过驳、运载的海砂是非法采挖所得，且不是单位犯罪的其他责任人员,希望获取无罪的判决结果。也有的行为人声称:自己是被雇请的,是为老板打工,老板不在时帮忙看管,主要工作是杂工,不是主要负责人,所有事情都需要经过老板的同意才做等。目的是推脱其在犯罪中的作用,以起次要作用为借口希望被认定为从犯。法院在此类案件审理过程中应当根据事实和证据进行综合判断,如证据足以证明行为人应当明知其驾驶船舶过驳、运输的海砂来源于非法采挖,或行为人在共同犯罪中实际上起积极作用,则不能仅以受雇请为由对其适用缓刑,也不能仅因受单位指使就认定被告人无罪。应针对被告人犯罪的事实、性质、情节和对社会的危害程度,充分考虑被告人的积极程度进行定罪量刑。

如果被告人参与犯罪时间较长,非法采砂数量特别巨大,造成生态环境损害特别严重,属于犯罪情节特别严重,或多次受到行政处罚仍不悔改的不应适用缓刑等。如果被告人构成单位犯罪的其他直接责任人员,其行为应当构成非法采矿罪。案件审理过程中,应采取上述方法,依法认定和区分主犯与受雇人员的责任并予以相应的刑事处罚,确保依法严惩盗采矿产资源犯罪的总体效果,落实宽严相济的刑事政策,体现人民法院围绕国家海洋战略、以司法审判护航海洋生态文明建设的立场和导向。

五、关联法律法规

(一)《中华人民共和国刑法》(2023年修正)

第三百四十三条第一款 违反矿产资源法的规定,未取得采矿许可证擅自采矿,擅自进入国家规划矿区、对国民经济具有重要价值的矿区和他人矿区范围采矿,或者擅自开采国家规定实行保护性开采的特定矿种,情节严重的,处三年以下有期徒刑、拘役或者管制,并处或者单处罚金;情节特别严重的,处三年以上七年以下有期徒刑,并处罚金。

第三百四十六条 单位犯本节第三百三十八条至第三百四十五条规定之罪的,对单位判处罚金,并对其直接负责的主管人员和其他直接责任人员,依照本节各该条的规定处罚。

(二)《最高人民法院、最高人民检察院关于办理非法采矿、破坏性采矿刑事案件适用法律若干问题的解释》(2016年12月1日施行,法释〔2016〕25号)

第二条　具有下列情形之一的,应当认定为刑法第三百四十三条第一款规定的"未取得采矿许可证":

(一)无许可证的;

(二)许可证被注销、吊销、撤销的;

(三)超越许可证规定的矿区范围或者开采范围的;

(四)超出许可证规定的矿种的(共生、伴生矿种除外);

(五)其他未取得许可证的情形。

第三条　实施非法采矿行为,具有下列情形之一的,应当认定为刑法第三百四十三条第一款规定的"情节严重":

(一)开采的矿产品价值或者造成矿产资源破坏的价值在十万元至三十万元以上的;

(二)在国家规划矿区、对国民经济具有重要价值的矿区采矿,开采国家规定实行保护性开采的特定矿种,或者在禁采区、禁采期内采矿,开采的矿产品价值或者造成矿产资源破坏的价值在五万元至十五万元以上的;

(三)二年内曾因非法采矿受过两次以上行政处罚,又实施非法采矿行为的;

(四)造成生态环境严重损害的;

(五)其他情节严重的情形。

实施非法采矿行为,具有下列情形之一的,应当认定为刑法第三百四十三条第一款规定的"情节特别严重":

(一)数额达到前款第一项、第二项规定标准五倍以上的;

(二)造成生态环境特别严重损害的;

(三)其他情节特别严重的情形。

第五条　未取得海砂开采海域使用权证,且未取得采矿许可证,采挖海砂,符合刑法第三百四十三条第一款和本解释第二条、第三条规定的,以非法采矿罪定罪处罚。

实施前款规定行为,虽不具有本解释第三条第一款规定的情形,但造成海岸线严重破坏的,应当认定为刑法第三百四十三条第一款规定的"情节严重"。

第九条 单位犯刑法第三百四十三条规定之罪的,依照本解释规定的相应自然人犯罪的定罪量刑标准,对直接负责的主管人员和其他直接责任人员定罪处罚,并对单位判处罚金。

第十三条 非法开采的矿产品价值,根据销赃数额认定;无销赃数额,销赃数额难以查证,或者根据销赃数额认定明显不合理的,根据矿产品价格和数量认定。

矿产品价值难以确定的,依据下列机构出具的报告,结合其他证据作出认定:

(一)价格认证机构出具的报告;

(二)省级以上人民政府国土资源、水行政、海洋等主管部门出具的报告;

(三)国务院水行政主管部门在国家确定的重要江河、湖泊设立的流域管理机构出具的报告。

(三)《最高人民法院关于审理掩饰、隐瞒犯罪所得、犯罪所得收益刑事案件适用法律若干问题的解释》(2021年修正,法释〔2015〕11号)

第三条 掩饰、隐瞒犯罪所得及其产生的收益,具有下列情形之一的,应当认定为刑法第三百一十二条第一款规定的"情节严重":

(一)掩饰、隐瞒犯罪所得及其产生的收益价值总额达到十万元以上的。

……

海洋生态环境司法裁判规则
第14条

被告取得疏浚工程许可,以航道清淤疏浚为名,在未办理海域使用权证和采矿许可证的情况下,以出售疏浚物海砂牟利为目的,不按规定方式处置海砂或超越工程权限抽取海砂,情节严重的,应当以非法采矿罪定罪处罚

一、聚焦司法案件裁判观点

■ 争议焦点

以承包公共项目等方式疏浚海口、港口河道的单位或个人抽取海砂行为如何与非法采矿区分？

■ 裁判观点

《刑法》并未规定清淤项目未取得海域使用权或采矿许可证构成非法采矿罪，但疏浚工程并不包含海砂的抽取，未按规定处置方式处理疏浚工程过程中抽取的海砂的行为，依然符合非法采矿罪的构成要件，结合主观犯意的认定和证据证明依然可以认为构成非法采矿罪。行为人取得疏浚工程许可，以航道清淤疏浚为名，在未办理海域使用权证和采矿许可证的情况下，以出售疏浚物海砂牟利为目的抽采海砂，情节严重的，应当以非法采矿罪定罪处罚。

二、司法案例样本对比

案例一
卢某劲非法采矿案

- **法院**

广东省某人民法院

- **当事人**

申诉人：卢某劲

• **基本案情**

卢某劲因犯非法采矿罪一案,不服广东省某县人民法院刑事判决、阳江市中级人民法院刑事裁定和驳回申诉通知,向法院提出申诉。申诉人申诉的主要理由如下:

1. 原审裁判认定事实不清,证据不足。现有证据不足以认定申诉人的行为构成非法采矿罪。清淤整治项目是政府发包的工程,申诉人在该项目范围内清淤,无法自行办理海域使用权证或采矿许可证。《刑法》并未规定清淤项目未取得海域使用权或采矿许可证构成非法采矿罪,根据罪刑法定原则,申诉人的行为不构成犯罪。

2. 涉案船舶不是非法采矿的专门工具,也不是为非法采矿而购买,判决予以没收,违反了《刑法》关于犯罪工具的相关原则,也导致申诉人受到过重的处罚。请求对本案再审,依法改判申诉人无罪,并将涉案船舶发还给申诉人。

• **案件争点**

海洋与渔业局作出涉案的××号行政处罚决定是否合法?

• **裁判要旨**

关于申诉人申诉提出现有证据不足以证明申诉人的行为构成非法采矿罪的意见。经查,原判认定申诉人的行为构成非法采矿罪,有现场勘验笔录和照片、广东省海监总队某大队执法照片、采砂数量说明、指认堆放海砂地点的照片、收款收据、清淤整治项目的相关文件复印件、测量技术报告、检测报告和价格认定结论书等书证、证人证言、申诉人本人的供述和同案被告人的供述等证据证实,上述证据相互印证,足以证明申诉人和同案人违反《矿产资源法》的规定,未取得采矿许可证,擅自采矿并用于出卖牟利的犯罪事实。

申诉人申诉称清淤整治项目是政府发包的工程,申诉人只是在该项目范围内清淤。经查,某县溪头渔港进出港口区域清淤整治项目是由某市海洋与渔业局下拨经费,并经某县发展和改革局批复同意立项。在项目发包前某县渔港建设管理中心委托相关机构进行了环境影响评估。根据《建设项目环境影响报告表》、某县环境保护局作出批复要求,本次清淤整治项目主要包括底泥疏浚、运输;本工程航道清淤面层主要是杂草、污泥、树叶腐殖质,拟采用疏挖弃泥船运输到某县淤泥渣土管理部门指定的地点进行填埋。可见,本次清淤疏浚工程并不包含海砂的抽取。虽然清淤整治项目是政府发包工程,但申诉人和同案人在河道清淤工程施工期间,在没有采矿许可证的情况下,擅自从海域挖掘海砂并伙同同案人出售牟利。根据同案被告人徐某荣、李某财、徐某炳等人的供述,他们在工程施工期间实际操作过程是将海砂和其他物质抽上船后,用网将海砂和其他物质分离,将海砂输送到运砂船运走,其他物质倒回海里。可见申诉人在河道清淤工程施工期间并没有按照要求清理河道淤泥杂质,而是以清淤为名非法采砂用于出售牟利。经渔政执法部门查获,申诉人和同案人非法采砂共计9 000多立方米,在某县溪镇丰头港码头堆放了约7 000立方米,还有约2 000立方米堆放在某瓦晒砂场,已出售了900多立方米。综上,申诉人和同案人未取得采矿许可证,擅自采矿并用于出卖牟利的事实清楚,证据充分,申诉人申诉提出申诉人的行为不构成犯罪的意见不能成立。

关于申诉人申诉提出涉案船舶不是非法采矿的专门工具,原审法院判决予以没收违反法律规定的意见。经查,涉案粤三水工9999、东港运113、粤惠州货8623采砂船用于非法采砂的犯罪活动,原判认定上述船舶为用于非法采砂犯罪的专门工具,依法予以没收并无不当。

综上所述,申诉人的申诉不符合《刑事诉讼法》第二百五十三条及《最高人民法院关于适用〈中华人民共和国刑事诉讼法〉的解释》第三百七十五条第二款规定的再审情形,依照《最高人民法院关于适用〈中华人民共和国刑事诉讼法〉的解释》第三百七十七条的规定,予以驳回。

案例二

米某某等8人非法采矿案

• 法院

海南省某中级人民法院

• 当事人

公诉机关:某县人民检察院
被告人:米某某等8人

• 基本案情

2019年6月,米某某在未取得海域使用权证和采矿许可证的情况下,挂靠某公司以每立方米1元的施工费承包了某游艇码头航道清淤疏浚工程,并办理了航道清淤疏浚工程施工手续。海南省某县自然资源和规划局在施工手续中明确要求,项目砂质疏浚物只能用于回填修复被损毁的海岸线,不得上岸、外运及转卖。2019年9月,米某某找到林某甲、梁某甲、张某某等人,商定由林某甲等人具体负责疏浚施工,将抽采出的海砂出售,所得钱款按事先约定分赃牟利。

2020年4月,林某甲通过梁某乙联系租赁施工船舶,林某甲父亲林某乙帮助签订租船合同并支付租金,梁某甲雇请其弟弟梁某丙管理运作非法抽采海砂收支等。林某甲通过梁某乙的介绍和帮助,联系到海砂收购方陈某,双方签订了疏浚物接收协议。2020年5月2日晚,张某某等人指挥施工船进行抽砂作业,陈某到实地查看海砂后,双方商定收购海砂的价格为每吨32元。次日,张某某指挥施工船将抽采的海砂过驳到运输船,陈某按照运输船满载量6 700吨支付购砂款21.44元,抽采的海砂被运往海南省某县马村港后被查获。经鉴定,采挖的涉案疏浚物属于非金属矿产资源中的天然石英砂,方量为4 093.51立方米,价值122 805元。

三亚海警局某工作站(简称海警某工作站)立案侦查后,鉴于案件较为疑难、证据比较薄弱,邀请某县人民检察院(简称"某县检察院")派员介入侦查、引导取证。某县检察院通过查阅案件卷宗、听取海警机构介绍侦查进展情况、联合召开案件讨论会等方式,及时针对案件定性和调查取证方向、策略等提出具体意见。经过海警侦查人员和检察官的通力协作,一是查明了米某某承包该疏浚工程的营利点不是发包方的施工费,而是以疏浚为名,通过出售海砂进行牟利的事实;二是收集到内部合作协议、转账记录等证明米某某、林某甲、梁某甲等人商量出售海砂的关键证据,证实了米某某等人非法采矿的主观故意;三是通过调取银行流水清单,查明了该案陈某向米某某、梁某甲支付购砂款的关键事实,使本案证据链完全闭合。海警某工作站于2021年6月28日提请批准逮捕米某某、张某某、梁某甲,于8月17日提请批准逮捕林某甲、梁某乙、林某乙、梁某丙。某县检察院依法对共同犯罪中发挥作用较大的米某某、林某甲、梁某甲、张某某批准逮捕,对共同犯罪中发挥作用较小且没有社会危险性的梁某乙、林某乙、梁某丙不批准逮捕。

2021年9月3日，海警某工作站以米某某、林某甲、张某某、梁某甲、林某乙、梁某乙、梁某丙、陈某等8人涉嫌非法采矿罪移送某县检察院审查起诉。经审查，某县检察院对犯罪情节轻微的从犯林某乙、梁某乙、梁某丙、陈某依法作不起诉处理，向某县综合行政执法局提出给予行政处罚、没收违法所得的检察意见。2021年10月15日，某县检察院以米某某、林某甲、梁某甲、张某某犯非法采矿罪向人民法院提起公诉，并建议判处米某某有期徒刑一年，并处罚金2万元；林某甲、梁某甲有期徒刑十个月，并处罚金1.5万元；张某某有期徒刑九个月，并处罚金1万元。

2021年12月29日，某县人民法院依法公开开庭审理本案。米某某、林某甲、梁某甲、张某某当庭对指控事实、罪名没有异议。被告人米某某的辩护人提出辩护意见：一是被告人米某某承包的疏浚工程已取得合法手续，其行为系合法疏浚，未实施法律及司法解释规定的非法采矿行为；二是抽采的海砂中存在杂质，海砂价格认定未去除杂质，如去除杂质海砂价值可能达不到犯罪标准。

公诉人对辩护意见进行答辩：一是内部合作协议、被告人的供述和辩解等关键证据，足以证实被告人米某某与林某甲、梁某甲等人共谋，以疏浚为幌子，抽采海砂出售牟利的事实。某县自然资源和规划局关于对该疏浚工程疏浚物处置报备的复函中，明确要求砂质疏浚物必须用于游艇码头南侧防波堤以南被损毁的海岸带回填修复，不得上岸、外运及转卖。被告人米某某等人在明知疏浚工程的砂质疏浚物相关处置要求的情况下，仍通过出售疏浚物海砂牟利，其行为的本质系抽利用疏浚工程之便采海砂出售牟利。二是物证海砂和鉴定意见以及支付海砂货款的银行流水清单、海砂收购方陈某的供述和辩解，足以证明涉案海砂实际出售价格达到了犯罪标准。

2022年2月14日，某县人民法院作出一审判决，采纳了检察机关指控的全部犯罪事实及量刑建议。米某某、林某甲不服一审判决提出上诉，二审裁定驳回上诉，维持原判。

• **案件争点**

未取得海砂开采海域使用权证及采矿许可证，以疏浚为名抽采海砂出售牟利的行为定性问题。

• 裁判要旨

一是内部合作协议、被告人的供述和辩解等关键证据,足以证实被告人米某某与林某甲、梁某甲等人共谋,以疏浚为幌,抽采海砂出售牟利的事实。某县自然资源和规划局关于对该疏浚工程疏浚物处置报备的复函中,明确要求砂质疏浚物必须用于游艇码头南侧防波堤以南被损毁的海岸带回填修复,不得上岸、外运及转卖。被告人米某某等人在明知疏浚工程的砂质疏浚物相关处置要求的情况下,仍通过出售疏浚物海砂牟利,其行为的本质系抽采海砂出售牟利。二是物证海砂和鉴定意见以及支付海砂货款的银行流水清单、海砂收购方陈某的供述和辩解,足以证明涉案海砂实际出售价格达到了犯罪标准。故以航道清淤疏浚工程为幌子,在未取得海砂开采海域使用权证及采矿许可证的情况下抽采海砂并出售牟利,本质上是一种非法采矿的行为,情节严重的,应以非法采矿罪追究刑事责任。被告人以出售疏浚物海砂牟利为目的抽采海砂的行为,被告人提出自己是合法疏浚、没有非法采矿故意的辩解,不予采信。

三、司法案例类案甄别

(一)事实对比

案例一:1. 原审裁判认定事实不清,证据不足。现有证据不足以认定申诉人的行为构成非法采矿罪。清淤整治项目是政府发包的工程,申诉人在该项目范围内清淤,无法自行办理海域使用权或采矿许可证。《刑法》并未规定清淤项目未取得海域使用权或采矿许可证构成非法采矿罪,根据罪刑法定原则,申诉人的行为不构成犯罪。2. 涉案船舶不是非法采矿的专门工具,也不是为非法采矿而购买,判决予以没收,违反了《刑法》关于犯罪工具的相关原则,也导致申诉人受到过重的处罚。请求对本案再审,依法改判申诉人无罪,并将涉案船舶发还给申诉人。原判认定申诉人的行为构成非法采矿罪,有现场勘验笔录和照片、广东省海监总队某大队执法照片、采砂数量说明、指认堆放海砂地点的照片、收款收据、清淤整治项目的相关文件复印件、测量技术报告、检测报告和价格认定结论书等书证、证人证言、申诉人本人的供述和同案被告人的供述等证据证实,上述证据相互印证,足以证明申诉人和同案人违反《矿产资源法》的规定,未取得采矿许可证,擅自采矿并用于出卖牟利的犯罪事实。

申诉人申诉称,清淤整治项目是政府发包的工程,申诉人只是在该项目范围内清淤。经查,某县溪头渔港进出港口区域清淤整治项目是由某市海洋与渔业局下拨经费,并经某县发展和改革局批复同意立项。在项目发包前某县渔港建设管理中心委托相关机构进行了环境影响评估。根据《建设项目环境影响报告表》、某县环境保护局《关于某县溪头渔港进出港口区域清淤整治项目环境影响报告表的批复》的要求,本次清淤整治项目主要包括底泥疏浚、运输;本工程航道清淤面层主要是杂草、污泥、树叶腐殖质为主,拟采用疏挖弃泥船运输到某县余泥渣土管理部门指定的地点进行填埋。可见,本次清淤疏浚工程并不包含海砂的抽取。虽然清淤整治项目是政府发包工程,但申诉人和同案人在河道清淤工程施工期间,在没有采矿许可证的情况下,擅自从海域挖掘海砂并伙同同案人出售牟利。根据同案被告人徐某荣、李某财、徐某炳等人的供述,他们在工程施工期间实际操作过程是将海砂和其他物质抽上船后,用网将海砂和其他物质分离,将海砂输送到运砂船运走,其他物质倒回海里。可见申诉人在河道清淤工程施工期间并没有按照要求清理河道淤泥杂质,而是以清淤为名非法采砂用于出售牟利。经渔政执法部门查获,申诉人和同案人非法采砂共计 9 000 多立方米,在某县溪镇丰头港码头堆放了约 7 000 立方米,还有约 2 000 立方米堆放在某瓦晒砂场,已出售了 900 多立方米。综上,申诉人和同案人未取得采矿许可证,擅自采矿并用于出卖牟利的事实清楚,证据充分,申诉人申诉提出申诉人的行为不构成犯罪的意见不能成立。

关于申诉人申诉提出涉案船舶不是非法采矿的专门工具,原审法院判决予以没收违反法律规定的意见。经查,涉案粤三水工 9999、东港运 113、粤惠州货 8623 采砂船用于非法采砂的犯罪活动,原判认定上述船舶为用于非法采砂犯罪的专门工具,依法予以没收并无不当。

案例二:2019 年 6 月,米某某在未取得海域使用权证和采矿许可证的情况下,挂靠某公司以每立方米 1 元的施工费承包了某游艇码头航道清淤疏浚工程,并办理了航道清淤疏浚工程施工手续。某省某县自然资源和规划局在施工手续中明确要求,项目砂质疏浚物只能用于回填修复被损毁的海岸线,不得上岸、外运及转卖。2019 年 9 月,米某某找到林某甲、梁某甲、张某某等人,商定由林某甲等人具体负责疏浚施工,将抽采出的海砂出售，所得钱款按事先约定分赃牟利。

2020年4月，林某甲通过梁某乙联系租赁施工船舶，林某甲父亲林某乙帮助签订租船合同并支付租金，梁某甲雇其弟弟梁某丙管理运作非法抽采海砂收支等。林某甲通过梁某乙的介绍和帮助，联系到海砂收购方陈某，双方签订了疏浚物接收协议。2020年5月2日晚，张某某等人指挥施工船进行抽砂作业，陈某到实地查看海砂后，双方商定收购海砂的价格为每吨32元。次日，张某某指挥施工船将抽采的海砂过驳到运输船，陈某按照运输船满载量6 700吨，支付购砂款214 400元，抽采的海砂被运往海南省某县马村港后被查获。经鉴定，采挖的涉案疏浚物属于非金属矿产资源中的天然石英砂，方量为4 093.51立方米，价值122 805元。

（二）适用法律对比

案例一：法院认定申诉人的申诉不符合《刑事诉讼法》第二百五十三条及《最高人民法院关于适用〈中华人民共和国刑事诉讼法〉的解释》第三百七十五条第二款规定的再审情形，依照《最高人民法院关于适用〈中华人民共和国刑事诉讼法〉的解释》第三百七十七条的规定，予以驳回。

案例二：依据《中华人民共和国刑法》第二十五条第一款、第二十六条、第二十七条、第三百四十三条第一款。《最高人民法院、最高人民检察院关于办理非法采矿、破坏性采矿刑事案件适用法律若干问题的解释》（法释〔2016〕25号）第二条、第三条、第五条、第七条、第十一条、第十三条。二审裁定驳回上诉，维持原判。

（三）类案数据分析

截至2024年1月26日，以"疏浚工程许可""牟利为目的""非法采矿"为关键词，通过公开案例库共检索出类案27件。

从地域分布来看，当前案例主要集中在广东省、海南省、浙江省，分别占比18.52%、18.52%、14.81%。其中广东省的案件量最多，达到5件。

从案由分类情况来看，当前最主要的案由是刑事，有25件；其次是民事，有1件；行政，有1件。

从案件审理程序分布情况来看,一审案件有14件,二审案件有11件,再审案件有2件。并能够推算出一审上诉率为78.57%。

四、类案裁判规则的解析确立

近年来,随着建筑市场用砂需求不断增大,砂石价格大幅上涨,一些不法分子受利益驱使,从事海上非法采砂相关犯罪活动,形成采、运、销的黑色产业链。海砂在我国分布广泛,是仅次于石油、天然气的重要海洋矿产资源。非法开采海砂不仅严重破坏国家矿产资源,还会影响海岸带和海洋地质构造,破坏海洋生物多样性。海砂的氯离子含量超标,未经处理用作建筑材料会给建设工程质量带来安全隐患,严重威胁人民群众生命财产安全。

为依法严厉打击海上非法采砂相关犯罪,警示社会,保护海洋自然资源和生态环境,最高人民检察院、中国海警局选编了"王某明等4人非法采矿案"等案例作为办理海上非法采砂相关犯罪典型案例进行发布。可见,非法采砂行为非法性极为严重,对其行为性质的正确判定具备急迫性。

我国《刑法》并未规定清淤项目未取得海域使用权或采矿许可证构成非法采矿罪,但疏浚工程并不包含海砂的抽取或者未按规定处置方式,处理疏通工程过程中抽取的海砂行为,依然符合非法采矿罪的构成要件,结合主观犯意的认定和证据证明依然可以认为构成非法采矿罪。

未取得海砂开采海域使用权证及采矿许可证,以疏浚为名抽采海砂出售牟利的行为系非法采矿。近年来,非法采矿呈现犯罪手段多样化特点,由传统无证开采向披着合法外衣行盗采之实转变的趋势明显,隐蔽性更强。有的不法分子打着航道清淤疏浚工程的幌子,在未取得海砂开采海域使用权证及采矿许可证的情况下抽采海砂并出售牟利,本质上是一种非法采矿的行为,情节严重的,应以非法采矿罪追究刑事责任。在办理此类案件时,行为人往往会以合法疏浚为由进行辩解。针对行为人提出自己是合法疏浚、没有非法采矿故意的辩解,应着重审查行为人是否以出售疏浚物海砂牟利为目的抽采海砂,坚持主客观相一致,确保定性准确。例如,一般清淤整治项目主要包括底泥疏浚、运输,工程航道清淤面层主要是杂草、污泥、树叶腐殖质等为主,拟采用措施一般是疏挖弃泥船运输指定地点进行填埋。而在工程施工期间,有的行为人实际操作过程是将海砂和其他物质抽上船后,用网将海砂和其他物质分离,将海砂输送到运砂船运走,其他物质倒回海里。从计划内容和实际操作的巨大差别,以及实际操作的具体行为,即可认定行为人在河道清淤工程施工期间,并没有按照要求清理河道淤泥杂质,而是以清淤为名非法采砂用于出售牟利。

当然,在办理非法采砂共同犯罪案件时,应坚持宽严相济刑事政策,对涉案人员分层处理、区别对待。在办理涉案人数较多、存在不同分工的非法采砂案件中,要整体把握涉案人员在共同犯罪中的地位、作用。坚持宽严相济,对犯罪作用大、对抗查办的涉案人员,依法从严处理;对认罪认罚、积极配合司法机关查清案件、犯罪情节较轻的涉案人员,依法从宽处理。

五、关联法律法规

(一)《中华人民共和国刑法》(2023年修正)

第二十五条第一款　共同犯罪是指二人以上共同故意犯罪。

第二十六条第一款　组织、领导犯罪集团进行犯罪活动的或者在共同犯罪中起主要作用的,是主犯。

第二十七条　在共同犯罪中起次要或者辅助作用的,是从犯。

对于从犯,应当从轻、减轻处罚或者免除处罚。

第三百四十三条第一款　违反矿产资源法的规定,未取得采矿许可证擅自采矿,擅自进入国家规划矿区、对国民经济具有重要价值的矿区和他人矿区范围采矿,或者擅自开采国家规定实行保护性开采的特定矿种,情节严重的,处三年以下有期徒刑、拘役或者管制,并处或者单处罚金;情节特别严重的,处三年以上七年以下有期徒刑,并处罚金。

(二)《最高人民法院、最高人民检察院关于办理非法采矿、破坏性采矿刑事案件适用法律若干问题的解释》(2016年12月1日施行,法释〔2016〕25号)

第二条　具有下列情形之一的,应当认定为刑法第三百四十三条第一款规定的"未取得采矿许可证"：

（一）无许可证的；

（二）许可证被注销、吊销、撤销的；

（三）超越许可证规定的矿区范围或者开采范围的；

（四）超出许可证规定的矿种的（共生、伴生矿种除外）；

（五）其他未取得许可证的情形。

第三条 实施非法采矿行为，具有下列情形之一的，应当认定为刑法第三百四十三条第一款规定的"情节严重"：

（一）开采的矿产品价值或者造成矿产资源破坏的价值在十万元至三十万元以上的；

（二）在国家规划矿区、对国民经济具有重要价值的矿区采矿，开采国家规定实行保护性开采的特定矿种，或者在禁采区、禁采期内采矿，开采的矿产品价值或者造成矿产资源破坏的价值在五万元至十五万元以上的；

（三）二年内曾因非法采矿受过两次以上行政处罚，又实施非法采矿行为的；

（四）造成生态环境严重损害的；

（五）其他情节严重的情形。

实施非法采矿行为，具有下列情形之一的，应当认定为刑法第三百四十三条第一款规定的"情节特别严重"：

（一）数额达到前款第一项、第二项规定标准五倍以上的；

（二）造成生态环境特别严重损害的；

（三）其他情节特别严重的情形。

第五条 未取得海砂开采海域使用权证，且未取得采矿许可证，采挖海砂，符合刑法第三百四十三条第一款和本解释第二条、第三条规定的，以非法采矿罪定罪处罚。

实施前款规定行为，虽不具有本解释第三条第一款规定的情形，但造成海岸线严重破坏的，应当认定为刑法第三百四十三条第一款规定的"情节严重"。

第七条 明知是犯罪所得的矿产品及其产生的收益，而予以窝藏、转移、收购、代为销售或者以其他方法掩饰、隐瞒的，依照刑法第三百一十二条的规定，以掩饰、隐瞒犯罪所得、犯罪所得收益罪定罪处罚。

实施前款规定的犯罪行为，事前通谋的，以共同犯罪论处。

第十一条　对受雇佣为非法采矿、破坏性采矿犯罪提供劳务的人员，除参与利润分成或者领取高额固定工资的以外，一般不以犯罪论处，但曾因非法采矿、破坏性采矿受过处罚的除外。

第十三条　非法开采的矿产品价值，根据销赃数额认定；无销赃数额，销赃数额难以查证，或者根据销赃数额认定明显不合理的，根据矿产品价格和数量认定。

矿产品价值难以确定的，依据下列机构出具的报告，结合其他证据作出认定：

（一）价格认证机构出具的报告；

（二）省级以上人民政府国土资源、水行政、海洋等主管部门出具的报告；

（三）国务院水行政主管部门在国家确定的重要江河、湖泊设立的流域管理机构出具的报告。

（三）《中华人民共和国刑事诉讼法》（2018年修正）

第二百四十二条　第二审人民法院审判上诉或者抗诉案件的程序，除本章已有规定的以外，参照第一审程序的规定进行。

第二百五十三条　当事人及其法定代理人、近亲属的申诉符合下列情形之一的，人民法院应当重新审判：

（一）有新的证据证明原判决、裁定认定的事实确有错误，可能影响定罪量刑的；

（二）据以定罪量刑的证据不确实、不充分、依法应当予以排除，或者证明案件事实的主要证据之间存在矛盾的；

（三）原判决、裁定适用法律确有错误的；

（四）违反法律规定的诉讼程序，可能影响公正审判的；

（五）审判人员在审理该案件的时候，有贪污受贿，徇私舞弊，枉法裁判行为的。

（四）《中华人民共和国矿产资源法》（2009年修正）

第二条　在中华人民共和国领域及管辖海域勘查、开采矿产资源，必须遵守本法。

海洋生态环境司法裁判规则
第 15 条

被告明知他人交付的水产品为非法捕捞所得，仍代为销售，构成掩饰、隐瞒犯罪所得罪

海洋生态环境司法裁判规则第 15 条

一、聚焦司法案件裁判观点

■ 争议焦点

被告明知他人交付的水产品为非法捕捞所得,仍代为销售的,应如何定罪?

■ 裁判观点

《刑法》规定,明知是犯罪所得而予以窝藏、转移、收购、代为销售或者以其他方式掩饰、隐瞒的,构成掩饰、隐瞒犯罪所得罪。行为人在明知他人交付的水产品系在禁渔期、采用禁用方式非法捕捞所得,仍代为销售,构成掩饰、隐瞒犯罪所得罪。根据罪责刑相适应的原则,作为下游犯罪的掩饰、隐瞒犯罪所得罪的量刑一般不应高于其上游犯罪的法定刑。《刑法》规定犯非法捕捞水产品罪应在三年有期徒刑以下量刑,据此,掩饰、隐瞒非法捕捞水产品犯罪所得的量刑一般也不应高于三年有期徒刑。

二、司法案例样本对比

案例一

陈某甲、陈某乙等非法捕捞水产品,故意伤害、掩饰、隐瞒犯罪所得、犯罪所得收益案

- 法院

浙江省某市中级人民法院

• **当事人**

公诉机关：某市某区人民检察院

上诉人（原审被告）：陈某甲

被告人：陈某乙、陈某丙、叶某甲、叶某乙、叶某尧、魏某友、施某明、王某勇、谢某

• **基本案情**

2014年10月份，原审被告人陈某甲购买了编号为"浙临渔12575船、浙临渔12576船"的"三无"船舶。2015年2月，被告人叶某甲出资人民币20万元入股取得浙临渔12575船、浙临渔12576船10％股权。2014年，陈某甲和被告人陈某丙、陈某乙（系同胞兄弟）合伙购买了浙瑞渔运00285船、浙瑞渔运00286船，股份平分，用于接收"浙临渔12575船、浙临渔12576船"捕捞的水产品。陈某甲雇请了被告人叶某尧、叶某乙、王某勇、魏某友、施某明等人为船员。2015年禁渔期前，陈某甲驾驶浙临渔12575船和叶某甲驾驶的浙临渔12576船在海上进行双拖网作业捕捞水产品，捕捞的渔获物大部分由陈某乙驾驶的浙瑞渔运00286船、陈某丙驾驶的浙瑞渔运00285船收购，水产品经销售后，利润由陈某甲、陈某乙、陈某丙平分。禁渔期将至，陈某甲、陈某乙、陈某丙经商量，在禁渔期期间，由陈某甲继续捕捞水产品，捕捞所得继续由陈某乙、陈某丙驾驶浙瑞渔运00286船、浙瑞渔运00285船来收购，陈某乙、陈某丙表示同意。2015年6月1日至6月22日，陈某甲、叶某甲、叶某乙、叶某尧、王某勇、魏某友、施某明明知处于禁渔期，禁止渔船拖网作业，仍然驾驶浙临渔12575船、浙临渔12576船在福建、浙江海域非法捕捞水产品共计145 058.5公斤。其间，陈某乙纠集被告人谢某驾驶浙瑞渔运00286船，收购其中98 000公斤，计人民币9万元；陈某甲将剩余47 058.5公斤销售给福建接鲜船，得赃款8万元。

2015年6月23日，被告人陈某甲、叶某乙、王某勇、魏某友、叶某尧、施某明被传唤到案。同年7月14日，被告人陈某乙到公安机关投案。同月17日，被告人陈某丙、叶某甲到公安机关投案。归案后，被告人陈某甲退出违法所得26万元。

原判根据上述事实及相关法律规定，以非法捕捞水产品罪分别判处被告人陈某甲有期徒刑一年；被告人陈某乙有期徒刑七个月，缓刑一年；被

告人陈某丙有期徒刑六个月,缓刑一年;被告人叶某甲有期徒刑八个月,缓刑一年;被告人叶某尧罚金人民币三万元;被告人魏某友罚金人民币三万元;被告人施某明罚金人民币三万元;被告人王某勇罚金人民币三万元。以非法捕捞水产品罪判处被告人叶某乙罚金人民币三万元,以故意伤害罪判处其有期徒刑七个月,决定执行有期徒刑七个月,罚金人民币三万元。以掩饰、隐瞒犯罪所得罪判处被告人谢某罚金人民币二万元。已扣押的浙临渔12575、浙临渔12576"三无"船舶和已退出的违法所得计人民币二十六万元,予以没收。

上诉人(原审被告人)陈某甲上诉提出其有悔罪表现,且其身体有基础病需要治疗,请求适用缓刑。其辩护人认为陈某甲犯罪情节较轻,并有悔罪表现,没有再犯罪的危险,请求二审对陈某甲改判并适用缓刑,并提供了陈某甲的治疗病历,及当地乡政府、村委会出具的陈某甲平常因健康不佳表现的情况说明。

经审理查明,原判认定上诉人(原审被告人)陈某甲、原审被告人陈某乙、陈某丙、叶某甲、叶某尧、魏某友、施某明、王某勇犯非法捕捞水产品罪,原审被告人叶某乙犯非法捕捞水产品罪、故意伤害罪,原审被告人谢某犯掩饰、隐瞒犯罪所得罪的事实,有证人胡某甲、胡某乙、郭某、王某的证言、辨认笔录、扣押决定书、扣押笔录、扣押清单、暂扣款票据、调取证据通知书、情况说明、船舶所有权证书、渔业船舶检验记录、行政处罚决定书、农业部通告〔2012〕1号、浙江省《2015年海洋禁渔休渔通告》、福建省海洋与渔业厅《关于印发实施2015年度海洋伏季休渔制度工作方案的通知》、证明书、现场检查视频光盘,被害人卢某的陈述、辨认笔录、调解协议书、证明书、情况说明、人体损伤程度鉴定意见书、到案经过、自动投案证明、户籍证明及各被告人的供述等证据证实。原判认定事实清楚,证据确实、充分。

- 案件争点

对行为人明知是非法捕捞所得,仍代为销售的行为,定罪量刑是否准确?

- 裁判要旨

法院认为,上诉人(原审被告人)陈某甲伙同原审被告人陈某乙、陈某丙、叶某甲、叶某乙、叶某尧、王某勇、魏某友、施某明在禁渔期非法捕捞水产品,共计 145 000 余公斤,情节严重,其行为均已构成非法捕捞水产品罪。原审被告人谢某明知是赃物仍帮忙予以收购,价值人民币 9 万元,其行为已构成掩饰、隐瞒犯罪所得罪。原审被告人叶某乙还酒后故意伤害他人,致一人轻伤,其行为又已构成故意伤害罪,依法应予并罚。在共同犯罪中,上诉人陈某甲、原审被告人陈某乙、陈某丙、叶某甲系主犯,应按照其所参与的全部犯罪处罚。原审被告人叶某乙、叶某尧、王某勇、魏某友、施某明、谢某系从犯,应当从轻处罚。原判定罪正确,综合各被告人的犯罪和量刑情节所作的量刑适当,审判程序合法。但根据二审中查明的上诉人陈某甲的身体状况,及当地乡政府、村委会对陈某甲的日常表现的肯定情况,结合上诉人陈某甲的具体犯罪情节及悔罪表现,决定对其改判适用缓刑。上诉人陈某甲及其辩护人请求改判适用缓刑的意见予以采纳。依照《刑事诉讼法》第二百二十五条第二项和《刑法》第三百四十条、第三百一十二条、第二百三十四条第一款、第二十五条第一款、第二十六条第一款和第四款、第二十七条、第六十九条、第七十二条第一款、第七十三条第二款和第三款、第六十四条之规定,判决撤销某区人民法院刑事判决第一项中对上诉人(原审被告人)陈某甲的量刑部分,维持其余部分。上诉人(原审被告人)陈某甲犯非法捕捞水产品罪,判处有期徒刑一年,缓刑二年。

案例二

顾某飞、仇某兴等非法捕捞水产品,掩饰、隐瞒犯罪所得、犯罪所得收益案

• 法院

江苏省某市中级人民法院

• 当事人

公诉机关:江苏省某市某区人民检察院

上诉人(原审被告):顾某飞

被告人:仇某兴、张某兵、黄某新、沈某辉、沈某

• 基本案情

2016年3月19日至5月26日间,被告人顾某飞雇请被告人仇某兴、张某兵、黄某新,驾驶苏灌渔11339号船在启东五仓港、连兴港附近的长江水域,多次利用多锚单片张网(俗称底扒网)进行捕捞作业,捕获长江水产品共计3 153.5斤,共销赃得款人民币50 000元,其中销赃给被告人沈某辉得款人民币30 000元。

2016年3月至5月,被告人沈某辉明知被告人顾某飞、张某(已判)捕获的长江水产品系犯罪所得仍多次收购,共收购长江水产品人民币3.35万元,获利人民币2 000元;2016年5月10日至2016年5月26日,被告人沈某协助被告人沈某辉收购水产品,共计价值人民币7 886元。

案发后,公安机关依法扣押被告人顾某飞所有的底扒网22顶,底扒网锚23口;被告人顾某飞主动退出非法所得人民币5万元,被告人沈某辉主动退出非法所得人民币2 000元。

上述事实,有被告人顾某飞、仇某兴、张某兵、黄某新、沈某辉、沈某的供述,未到庭证人张某的证言笔录,记账本及送(销)货单、价格认定结论书,长江航运公安局某分局出具的扣押决定书,某市渔政监督支队提供的宣传材料,江苏省海洋水产研究所出具的鉴定意见,户籍资料,刑事判决书,破案经过等证据证实。

原审法院认为,本案中被告人顾某飞、仇某兴、张某兵、黄某新在长江禁渔期使用禁用的工具底扒网捕捞长江水产品,应当以非法捕捞水产品罪追究其刑事责任。本案系共同犯罪,被告人顾某飞起主要作用,系主犯,应当按照其参与的全部犯罪处罚;被告人仇某兴、张某兵、黄某新受被告人顾某飞雇请,起次要作用,系从犯,应当从轻处罚。被告人沈某辉、沈某明知是犯罪所得而予以收购,应当以掩饰、隐瞒犯罪所得罪追究其刑事责任;本案系共同犯罪,在共同犯罪中,被告人沈某辉起主要作用,系主犯,应当按照其参与的全部犯罪处罚;被告人沈某起次要作用,系从犯,应当从轻处罚。本案中,被告人顾某飞、仇某兴、张某兵、黄某新、沈某辉、沈某到案后能如实供述自己的罪行,可以从轻处罚。被告人沈某辉有前科,酌情从重处罚。案发后,被告人顾某飞、沈某辉主动退赃,酌情从轻处罚。依照《刑法》第三百四十条、第三百一十二条、第二十五条第一款、第二十六条第一款、第二十六条第四款、第二十七条、第六十七条第三款、第七十二条第一款、第七十二条第三款、第六十四条的规定，以非法捕捞水产品罪分别判处被告人顾某飞有期徒刑八个月，被告人仇某兴拘役五个月，缓刑十个月，被告人张某兵拘役五个月，缓刑十个月，被告人黄某新拘役五个月，缓刑十个月。以掩饰、隐瞒犯罪所得罪分别判处被告人沈某辉有期徒刑六个月、缓刑一年，并处罚金人民币6 000元，被告人沈某拘役二个月、缓刑四个月，并处罚金人民币2 000元。扣押在案的底扒网22顶、底扒网锚23口、非法所得人民币52 000元予以没收。

上诉人顾某飞上诉称，原审量刑过重，请求从轻处罚。

• 案件争点

对行为人的定罪量刑是否准确？

• 裁判要旨

依据《刑法》第三百四十条规定，违反保护水产资源法规，在禁渔区、禁渔期或者使用禁用的工具、方法捕捞水产品，情节严重的，处三年以下有期徒刑、拘役、管制或者罚金。本案上诉人顾某飞、原审被告人仇某兴、张某兵、黄某新在长江禁渔期使用禁用的工具底扒网捕捞长江水产品，应当以非法捕捞水产品罪追究刑事责任。上诉人顾某飞雇请原审被告人仇某兴、张某兵、黄某新进行捕捞活动，在共同犯罪中起主要作用，系主犯，应当按照其参与的全部犯罪处罚。原审被告人仇某兴、张某兵、黄某新起次要作用，系从犯，应当从轻处罚。《刑法》第三百一十二条第一款规定，明知是犯罪所得及其产生的收益而予以窝藏、转移、收购、代为销售或者以其他方法掩饰、隐瞒的，处三年以下有期徒刑、拘役或者管制，并处或者单处罚金；情节严重的，处三年以上七年以下有期徒刑，并处罚金。原审被告人沈某辉、沈某明知是犯罪所得而予以收购，应以前述罪名追究其刑事责任。在掩饰、隐瞒犯罪所得共同犯罪中，原审被告人沈某辉起主要作用，系主犯，应按照其参与的全部犯罪处罚；原审被告人沈某协助沈某辉收购水产品，在共同犯罪中起次要作用，系从犯，应当从轻处罚。原审法院综合考虑顾某飞、仇某兴、张某兵、黄某新、沈某辉、沈某如实供述罪行、退赃、是否有前科等具体情节，依照《刑法》第三百四十条、第三百一十二条、第二十五条第一款、第二十六条第一款、第二十六条第四款、第二十七条、第六十七条第三款、第七十二条第一款、第七十二条第三款、第六十四条的规定，对顾某飞等人分别作出相应处罚，量刑适当，于法有据。

关于上诉人顾某飞称量刑过重的上诉理由。法院认为，上诉人顾某飞明知是禁渔期却雇请人员使用禁用工具非法捕捞，系主犯，应当按照其参与的全部犯罪处罚，原审法院在考虑其如实供述及退赃情节的基础上，对其判处有期徒刑八个月适当。故其上诉理由不能成立，法院不予采纳。

综上，原审判决认定事实清楚，证据确实、充分，定性准确，审判程序合法，适用法律正确，量刑适当，应当予以维持。据此，依照《刑事诉讼法》第二百二十五条第一款第一项之规定，裁定驳回上诉，维持原判。

案例三

邵某军等人非法捕捞水产品，掩饰、隐瞒犯罪所得、犯罪所得收益案

- **法院**

山东省某市人民法院

- **当事人**

公诉机关：某市人民检察院

被告人：邵某某、崔某、王某、王某甲、纪某某、任某、王某某

- **基本案情**

（一）非法捕捞水产品罪

自2020年6月份开始，被告人邵某某先后组织被告人王某、王某甲、崔某、"亮"（另案处理）、"秋"（另案处理）5名渔船船长带领各自船员驾驶5艘渔船在河北省、东营市、某市等渤海海域内使用"板子网"进行非法捕捞作业，捕捞的渔获由邵某某联系出售。2020年7月9日，在非法捕捞过程中，王某甲和"亮""秋"的3艘渔船被龙口市海洋与渔业监督监察大队当场查获。后邵某某继续组织崔某、王某使用"板子网"在莱州海域

进行捕捞至案发。

经查，被告人邵某某自 2020 年 6 月至 7 月期间组织 5 艘渔船出海非法捕捞出售海获价值共计人民币 251 458 元，被告人王某出售海货价值 65 118 元，被告人崔某出售海货价值 133 148 元，被告人王某甲出售海货价值 29 993 元。

经某市海洋与渔业监督监察大队认定：被告人邵某某等人放置于海中进行捕捞作业的"板子网"为拖网类的单船有翼单囊拖网，为禁止在渤海使用的渔具。

（二）掩饰、隐瞒犯罪所得罪

被告人纪某某、任某、王某某在明知被告人邵某某等人出售的渔获是在国家禁渔期从莱州海域非法捕捞所得的情况下，仍然多次收购。经查，任某与王某某共计转账给邵某某购买渔获款 20 800 元，二人分别获利 1 000 余元；纪某某转账给邵某某渔获款 6 万余元，获利约 2 万元。

2020 年 8 月 2 日 23 时许，某市公安局某派出所民警在某市海庙港货运码头将被告人邵某某、任某、王某某当场抓获归案，并将现场扣押的非法捕捞的水产品进行称重，其中非法捕捞的爬虾 467.8 斤、杂鱼 33.84 斤、海虾 87.54 斤、梭子蟹 60.46 斤、火燎蟹子 268.06 斤、海兔 60.6 斤，后公安机关委托出售后扣押所得款 4 815 元。

2020 年 8 月 8 日，被告人纪某某经民警电话联系自动投案。同年 8 月 13 日 9 时许，某市公安局某派出所民警在某市三山岛街道过西大街十字路口红绿灯处一出租车内将被告人王某、王某甲、崔某当场抓获。公安机关依法扣押了任某违法所得 1 200 元，王某某违法所得 1 200 元，纪某某违法所得 2 万元，邵某某违法所得 2 万元。

针对上述指控的事实，公诉机关向法院提交了相应的证据予以证实。公诉机关认为，被告人邵某某、崔某、王某、王某甲违反保护水产资源法规，在禁渔区、禁渔期、使用禁用渔具捕捞水产品，情节严重；被告人纪某某、任某、王某某明知是非法捕捞的水产品而予以收购，其行为分别触犯了《刑法》第三百四十条、第三百一十二条第一款之规定，应当分别以非法捕捞水产品罪，掩饰、隐瞒犯罪所得罪追究其刑事责任；被告人邵某某归案后如实供述犯罪事实，积极缴纳违法所得，自愿认罪认罚，建议对其判处有期徒刑一年，缓刑二年；被告人崔某归案后如实供述犯罪事实，自愿认罪认罚，建议对其判处有期徒刑八个月，缓刑一年；被告人王某归案后如实供述犯罪事实，自愿认罪认罚，建议对其判处有期徒刑六个月，缓刑一年；被告人王某甲归案后如实供述犯罪事实，自愿认罪认罚，建议对其判处拘役六个月，缓刑一年；被告人纪某某自动投案，归案后如实供述犯罪事实，被告人任某、王某某归案后如实供述犯罪事实，三被告人积极缴纳违法所得，自愿认罪认罚，建议对三被告人均判处罚金。

上述事实，被告人邵某某、崔某、王某、王某甲、纪某某、任某、王某某对指控的事实、罪名及量刑建议没有异议，同意适用速裁程序且签字具结，在开庭审理过程中亦无异议，且有案件来源、到案经过、发破案经过、受案登记表、立案决定书、自述材料、记账本、扣押决定书、扣押清单、返还清单、山东省资金往来结算票据、非法捕捞水产品价值明细表、调取证据通知书、调取证据清单、山东省农业农村厅《关于印发2020年山东省海洋伏季休渔管理工作实施方案的通知》、某市海洋与渔业监督监察大队渔具认定证明、农业部令第34号《渤海生物资源养护规定》、人口信息查询资料、前科记录查询、吸毒现场检测报告书、认罪认罚具结书、办案说明，邵某某记账本截图、任某手机微信截图、纪某某手机微信截图及通话记录截图、船舶照片、禁用渔具"板子网"照片、罚款单据照片、现场笔录附现场照片、称重笔录附称重照片情况说明、辨认笔录附被辨认人照片列表及被辨认人身份情况说明、证人刘某某、徐某某、施某某、孙某某、宋某某、王某某、司某某、施某甲、马某某、马某甲、梁某某、武某某、张某某的证言，被告人邵某某、崔某、王某、王某甲、纪某某、任某、王某某的供述与辩解等证据予以证实，足以认定。

• **案件争点**

明知是非法捕捞的水产品而予以收购，如何定罪？

• **裁判要旨**

被告人邵某某、崔某、王某、王某甲违反保护水产资源法规，在海洋水域，在禁渔区、禁渔期、使用禁用渔具捕捞水产品，情节严重，构成非法捕捞水产品罪。公诉机关指控被告人邵某某、崔某、王某、王某甲非法捕捞水产品的事实及罪名成立。被告人纪某某、任某、王某某明知是非法捕捞的水产品而予以收购，三被告人之行为构成掩饰、隐瞒犯罪所得罪。公诉机关指控被告人纪某某、任某、王某某掩饰、隐瞒犯罪所得的事实及罪名成立。根据本案事实、情节、认罪悔罪态度及危害后果,依照《刑法》第三百四十条、第三百一十二条第一款、第二十五条第一款、第六十七条第一款和第三款、第七十二条第一款、第五十二条、第六十四条、《刑事诉讼法》第十五条之规定,作出判决:一、被告人邵某某犯非法捕捞水产品罪,判处有期徒刑一年,缓刑二年;二、被告人崔某犯非法捕捞水产品罪,判处有期徒刑八个月,缓刑一年;三、被告人王某犯非法捕捞水产品罪,判处有期徒刑六个月,缓刑一年;四、被告人王某甲犯非法捕捞水产品罪,判处拘役六个月,缓刑一年;五、被告人纪某某犯掩饰、隐瞒犯罪所得罪,判处罚金人民币1万元(已缴纳);六、被告人任某犯掩饰、隐瞒犯罪所得罪,判处罚金人民币3 000元(已缴纳);七、被告人王某某犯掩饰、隐瞒犯罪所得罪,判处罚金人民币3 000元(已缴纳);八、没收被告人邵某某违法所得人民币24 815元、被告人纪某某违法所得2万元、被告人任某违法所得1 200元、被告人王某某违法所得1 200元,由扣押机关上缴国库。

三、司法案例类案甄别

(一)事实对比

案例一:2014年10月份,被告人陈某甲购买了"三无"船舶,编号为"浙临渔12575船、浙临渔12576船"。2015年2月,被告人叶某甲出资人民币20万元入股取得浙临渔12575船、12576船10%股权。2014年,陈某甲和被告人陈某丙、陈某乙(系同胞兄弟)合伙购买了浙瑞渔运00285船、00286船,股份平分,用于接收"浙临渔12575船、浙临渔12576船"捕捞的水产品。陈某甲雇请了被告人叶某尧、叶某乙、王某勇、魏某友、施某明等人为船员。2015年6月1日至6月22日,陈某甲、叶某甲、叶某乙、叶某尧、王某勇、魏某友、施某明明知处于禁渔期,禁止渔船拖网作业,仍然驾驶浙临渔12575船与12576船在福建与浙江海域非法捕捞水产品,共计145 058.5公斤。其间,陈某乙纠集被告人谢某驾驶浙瑞渔运00286船,收购其中98 000公斤,计人民币90 000元;陈某甲将剩余47 058.5公斤销售给福建接鲜船,得赃款80 000元。

案例二:2016年3月19日至5月26日,被告人顾某飞雇请被告人仇某兴、张某兵、黄某新,驾驶苏灌渔11339号船在启东五仓港、连兴港附近的长江水域,多次利用多锚单片张网(俗称底扒网)进行捕捞作业,捕获长江水产品共计3 153.5斤,共销赃得款人民币50 000元,其中销赃给被告人沈某辉得款人民币30 000元。2016年3月至5月,被告人沈某辉明知被告人顾某飞、张某(已判)捕获的长江水产品系犯罪所得仍多次收购,共收购长江水产品人民币33 500元,获利人民币2 000元;2016年5月10日至2016年5月26日,被告人沈某协助被告人沈某辉收购水产品,共计价值人民币7 886元。

案例三:被告人纪某某、任某、王某某在明知被告人邵某某等人出售的渔获是在国家禁渔期从莱州海域非法捕捞所得的情况下,仍然多次收购。经查,任某与王某某共计转账给邵某某购买渔获款20 800元,二人分别获利1 000余元;纪某某转账给邵某某渔获款60 000余元,获利约2万元。2020年8月2日23时许,某市公安局某派出所民警在某市海庙港货运码头将被告人邵某某、任某、王某某当场抓获归案,并将现场扣押的非法捕捞的水产品进行称重,其中非法捕捞的爬虾467.8斤、杂鱼33.84斤、海虾87.54斤、梭子蟹60.46斤、火燎蟹子268.06斤、海兔60.6斤,后公安机关委托出售后扣押所得款4 815元。2020年8月8日,被告人纪某某经民警电话联系自动投案。同年8月13日9时许,某市公安局某派出所民警在某市三山岛街道过西大街十字路口红绿灯处一出租车内将被告人王某、王某甲、崔某当场抓获。公安机关依法扣押了任某违法所得1 200元、王某某违法所得1 200元、纪某某违法所得2万元、邵某某违法所得2万元。

(二)适用法律对比

案例一:根据二审中查明的上诉人陈某甲的身体状况,及当地乡政府、村委会对陈某甲日常表现的肯定情况,结合上诉人陈某甲的具体犯罪情节及悔罪表现,决定对其改判适用缓刑。上诉人陈某甲及其辩护人请求改判适用缓刑的意见予以采纳。依照《刑事诉讼法》第二百二十五条第二项和《刑法》第三百四十条、第三百一十二条、第二百三十四条第一款、第二十五条第一款、第二十六条第一款和第四款、第二十七条、第六十九条、第七十二条第一款、第七十三条第二款和第三款、第六十四条之规定,判决撤销某市某区人民法院(2016)浙1002刑初字××号刑事判决第一项中对上诉人(原审被告人)陈某甲的量刑部分,维持其余部分。上诉人（原审被告人）陈某甲犯非法捕捞水产品罪，判处有期徒刑一年，缓刑二年。

案例二：二审法院指出，《刑法》第三百一十二条第一款规定："明知是犯罪所得及其产生的收益而予以窝藏、转移、收购、代为销售或者以其他方法掩饰、隐瞒的，处三年以下有期徒刑、拘役或者管制，并处或者单处罚金；情节严重的，处三年以上七年以下有期徒刑，并处罚金。"原审被告人沈某辉、沈某明知是犯罪所得而予以收购，应以前述罪名追究其刑事责任。在掩饰、隐瞒犯罪所得共同犯罪中，原审被告人沈某辉起主要作用，系主犯，应按照其参与的全部犯罪处罚；原审被告人沈某协助沈某辉收购水产品，在共同犯罪中起次要作用，系从犯，应当从轻处罚。原审法院综合考虑顾某飞、仇某兴、张某兵、黄某新、沈某辉、沈某如实供述罪行、退赃、是否有前科等具体情节，依照《刑法》第三百四十条、第三百一十二条、第二十五条第一款、第二十六条第一款、第二十六条第四款、第二十七条、第六十七条第三款、第七十二条（第一、三款）、第六十四条的规定，对顾某飞等人分别作出相应处罚，量刑适当，于法有据。

案例三：根据本案事实、情节、认罪悔罪态度及危害后果，法院依照《刑法》第三百四十条、第三百一十二条第一款、第二十五条第一款、第六十七条第一款和第三款、第七十二条第一款、第五十二条、第六十四条，《刑事诉讼法》第十五条之规定，作出判决：一、被告人邵某某犯非法捕捞水产品罪，判处有期徒刑一年，缓刑二年；二、被告人崔某犯非法捕捞水产品罪，判处有期徒刑八个月，缓刑一年；三、被告人王某犯非法捕捞水产品罪，判处有期徒刑六个月，缓刑一年；四、被告人王某甲犯非法捕捞水产品罪，判处拘役六个月，缓刑一年；五、被告人纪某某犯掩饰、隐瞒犯罪所得罪，判处罚金人民币1万元（已缴纳）；六、被告人任某犯掩饰、隐瞒犯罪所得罪，判处罚金人民币3 000元（已缴纳）；七、被告人王某某犯掩饰、隐瞒犯罪所得罪，判处罚金人民币3 000元（已缴纳）；八、没收被告人邵某某违法所得人民币24 815元、被告人纪某某违法所得20 000元、被告人任某违法所得1 200元、被告人王某某违法所得1 200元，由扣押机关上缴国库。

（三）类案数据分析

截至2024年1月26日，以"非法捕捞所得""明知""代为销售""掩饰、隐瞒犯罪所得罪"为关键词，通过公开案例库共检索出类案 17 件。

从地域分布来看，当前案例主要集中在江苏省、上海市、湖北省，分别占比 52.94%、17.65%、17.65%。其中江苏省的案件量最多，达到 9 件。

从案由分类情况来看，当前的案由分布由多至少分别是破坏环境资源保护罪，有 12 件；妨害司法罪，有 5 件。

从案件审理程序分布来看，其中一审案件有 16 件，二审案件有 1 件。并能够推算出一审上诉率约为 6.25%。

四、类案裁判规则的解析确立

在非法捕捞行为过程中，往往有收购、代售等行为。如行为人代为销售或收购他人交付的水产品，为非法捕捞所得，应如何定罪的问题应当综合进行判断。我国《刑法》规定，明知是犯罪所得而予以窝藏、转移、收购、代为销售或者以其他方式掩饰、隐瞒的，构成掩饰、隐瞒犯罪所得罪。如果行为人在明知他人交付的水产品系在禁渔期、采用禁用方式非法捕捞所得，仍代为销售，应当构成掩饰、隐瞒犯罪所得罪。所以，是否为明知的判定极为重要，关系到本罪成立与否，应当按照犯罪事实和证据进行综合判定。如果在禁渔期，派船在海上收购或进行代售，或明知是采用禁用方式进行捕捞获得的，可以认定为明知。

除了定罪外，量刑也应当遵循罪责刑相适应的原则进行。根据《刑法》第三百一十二条规定，掩饰、隐瞒犯罪所得、犯罪所得收益罪，是"明知是犯罪所得及其产生的收益而予以窝藏、转移、收购、代为销售或者以其他方法掩饰、隐瞒的，处三年以下有期徒刑、拘役或者管制，并处或者单处罚金；如果情节严重的，处三年以上七年以下有期徒刑，并处罚金"。《最高人民法院关于审理掩饰、隐瞒犯罪所得、犯罪所得收益刑事案件适用法律若干问题的解释》第三条规定："掩饰、隐瞒犯罪所得及其产生的收益，具有下列情形之一的，应当认定为《刑法》第三百一十二条第一款规定的'情节严重'：（一）掩饰、隐瞒犯罪所得及其产生的收益价值总额达到十万元以上的；（二）掩饰、隐瞒犯罪所得及其产生的收益十次以上，或者三次以上且价值总额达到五万元以上的。"第八条规定："认定掩饰、隐瞒犯罪所得、犯罪所得收益罪，以上游犯罪事实成立为前提。上游犯罪尚未依法裁判，但查证属实的，不影响掩饰、隐瞒犯罪所得、犯罪所得收益罪的认定。上游犯罪事实经查证属实，但因行为人未达到刑事责任年龄等原因依法不予追究刑事责任的，不影响掩饰、隐瞒犯罪所得、犯罪所得收益罪的认定。"所以，如果在非法捕捞罪的审理过程中，行为人的行为构成明知而收购、转售则构成掩饰、隐瞒犯罪所得、犯罪所得收益罪。

如果其收购、转售三次以上，且总价值达到五万元以上，是否应当属于情节严重，在三年以上七年以下幅度内量刑？根据罪责刑相适应的原则，作为下游犯罪的掩饰、隐瞒犯罪所得罪的量刑一般不应高于其上游犯罪的法定刑。而《刑法》第三百四十条规定非法捕捞水产品罪，是违反保护水产资源法规，在禁渔区、禁渔期或者使用禁用的工具、方法捕捞水产品，情节严重的行为，应处三年以下有期徒刑、拘役、管制或者罚金。因此，非法捕捞水产品罪，一般情况下应判处三年以下有期徒刑，据此，掩饰、隐瞒非法捕捞水产品犯罪所得的量刑一般也不应高于三年有期徒刑。

五、关联法律法规

（一）《中华人民共和国刑法》（2023年修正）

第二十五条第一款　共同犯罪是指二人以上共同故意犯罪。

第五十二条　判处罚金，应当根据犯罪情节决定罚金数额。

第六十四条　犯罪分子违法所得的一切财物，应当予以追缴或者责令退赔；对被害人的合法财产，应当及时返还；违禁品和供犯罪所用的本人财物，应当予以没收。没收的财物和罚金，一律上缴国库，不得挪用和自行处理。

第六十七条　犯罪以后自动投案，如实供述自己的罪行的，是自首。对于自首的犯罪分子，可以从轻或者减轻处罚。其中，犯罪较轻的，可以免除处罚。

……

犯罪嫌疑人虽不具有前两款规定的自首情节，但是如实供述自己罪行的，可以从轻处罚；因其如实供述自己罪行，避免特别严重后果发生的，可以减轻处罚。

第七十二条　对于被判处拘役、三年以下有期徒刑的犯罪分子，同时符合下列条件的，可以宣告缓刑，对其中不满十八周岁的人、怀孕的妇女和已满七十五周岁的人，应当宣告缓刑：

（一）犯罪情节较轻；

（二）有悔罪表现；

（三）没有再犯罪的危险；

（四）宣告缓刑对所居住社区没有重大不良影响。

宣告缓刑，可以根据犯罪情况，同时禁止犯罪分子在缓刑考验期限内从事特定活动，进入特定区域、场所，接触特定的人。

被宣告缓刑的犯罪分子，如果被判处附加刑，附加刑仍须执行。

第三百一十二条　明知是犯罪所得及其产生的收益而予以窝藏、转移、收购、代为销售或者以其他方法掩饰、隐瞒的，处三年以下有期徒刑、拘役或者管制，并处或者单处罚金；情节严重的，处三年以上七年以下有期徒刑，并处罚金。

单位犯前款罪的，对单位判处罚金，并对其直接负责的主管人员和其他直接责任人员，依照前款的规定处罚。

第三百四十条　违反保护水产资源法规，在禁渔区、禁渔期或者使用禁用的工具、方法捕捞水产品，情节严重的，处三年以下有期徒刑、拘役、管制或者罚金。

（二）《中华人民共和国刑事诉讼法》（2018年修正）

第十五条　犯罪嫌疑人、被告人自愿如实供述自己的罪行，承认指控的犯罪事实，愿意接受处罚的，可以依法从宽处理。

海洋生态环境司法裁判规则
第 16 条

被告在禁渔区、禁渔期非法捕捞水产品,不利于海洋生物休养繁殖,对海域海洋生态环境造成严重影响,构成非法捕捞水产品罪。对该类犯罪,被告可以同时根据相关部门出具的评估报告承担相应的增殖放流责任,科学、合理地修复被破坏的海洋资源和生态环境

海洋生态环境司法裁判规则第16条

一、聚焦司法案件裁判观点

■ 争议焦点

如何确定增殖放流责任？

■ 裁判观点

对非法捕捞水产品罪，可以同时根据相关部门出具的评估报告，责令行为人承担相应的增殖放流责任，科学、合理地修复被破坏的海洋资源和生态环境。判决前对拟适用的修复性裁判方式进行可行性评估，以具有可执行性为基础，并与直接判处经济赔偿相权衡。具有修复可能性的，行为人如果选择由相关部门代为履行，则应保障行为人对费用使用情况的知情权。

二、司法案例样本对比

案例一

尹某、李某甲等犯非法捕捞水产品罪案

• 法院

江苏省某市中级人民法院

• 当事人

公诉机关：某市某区人民检察院
原审刑事附带民事诉讼原告人：某市某区人民检察院

上诉人（原审被告）：尹某

被告人：李某甲、秦某甲、秦某乙、李某乙、秦某丙

• **基本案情**

2012年6月初至7月30日，被告人尹某通过被告人李某甲召集被告人秦某甲、秦某乙、李某乙、秦某丙等人商议在禁渔期出海捕捞事宜，商定由被告人李某甲、秦某甲、秦某乙、李某乙、秦某丙在伏季休渔期间违规出海作业捕捞海产品，被告人尹某负责协调渔政执法部门，所捕获的海产品由被告人尹某集中收购。后被告人李某甲、秦某甲、秦某乙、李某乙、秦某丙相继于6月份开船至该市某港，前往127、128海区从事流刺网生产作业，捕捞的海产品全部由被告人尹某收购。至2012年7月30日，被告人尹某收购上述5名被告人捕捞的水产品价值共828 784元人民币，其中被告人李某甲330 924元人民币，被告人秦某甲156 540元人民币，被告人秦某乙144 480元人民币，被告人李某乙141 020元人民币，被告人秦某丙55 820元人民币。

2013年8月6日，某区某派出所在处理被告人尹某与另5名被告人因欠货款发生的纠纷时，发现6名被告人涉嫌非法捕捞水产品，该所经审查后于2014年6月3日依法立案侦查，并于同日将被告人秦某丙传唤至派出所，于6月5日将被告人秦某乙、秦某甲传唤至派出所，三被告人如实供述了在2013年伏季休渔期间驾渔船出海非法捕捞的犯罪事实。同年6月26日，被告人李某甲主动至派出所投案，并如实交代了其于2013年伏季休渔期间，驾渔船出海非法捕捞的犯罪事实。2014年7月31日，被告人尹某、李某乙被网上追逃。2014年8月17日，被告人尹某在家中被某派出所民警抓获归案。2014年8月26日，被告人李某乙在某市被某派出所抓获，并如实供述了在2013年伏季休渔期间驾渔船出海非法捕捞的犯罪事实。

某区海洋渔业技术指导站出具了《对某区秦某丙等5人伏休期间非法捕捞水产品行为所造成的生态损失修复意见》，该意见认为他们伏休期间进行非法捕捞，影响海洋生物休养繁殖，破坏了海洋生态环境，并建议通过增殖放流的方式进行修复，具体方案为：（1）放流品种：此案推荐放流中国对虾苗；（2）放流数量：1 365万尾，按照省渔业指挥部2015年中国对虾增殖放流中标价约60元/万尾，约合人民币81 900元；（3）放流方式：渔船运输至指定海域后人工放流；（4）放流时间：4—6月。

在该案审理过程中，某区人民法院将上述修复方案在某日报、某区人民法院及审判法院的官方微博、微信公众号进行了公示，广泛征求社会公众的意见。

原审法院另查明：（1）被告人尹某从另5名被告人处收购的部分水产品已卖出，货款全部收回。部分海蜇存放于某港码头，被案外人销售，尹某诉至某市人民法院，该院作出（2012）大丰商初字第××号民事判决书，判决案外人赔偿其海蜇款人民币26万元。

（2）被告人尹某于2014年9月4日向公安机关退缴违法所得6万元；被告人李某甲于2014年6月27日向公安机关退缴违法所得6万元，于2015年11月6日向某人民法院退缴违法所得10万元；被告人秦某甲于2014年6月6日向公安机关退缴违法所得3万元，于2015年11月2日向某区人民法院退缴违法所得4.5万元；被告人秦某乙于2014年6月6日向公安机关退缴违法所得3万元，于2015年11月2日向某区人民法院退缴违法所得4万元；被告人李某乙于2014年9月4日向公安机关退缴违法所得3万元，于2015年11月9日、11月12日及11月20日分别向某区人民法院退缴违法所得共计3.8万元；被告人秦某丙于2014年6月6日向公安机关退缴违法所得3万元。

（3）被告人李某甲向某区人民法院缴纳修复保证金2万元，被告人秦某甲向某区人民法院缴纳修复保证金1.1万元，被告人秦某乙向某区人民法院缴纳修复保证金1万元，被告人秦某丙向某区人民法院缴纳修复保证金4900元。被告人尹某自愿将其向公安机关退缴的违法所得6万元中的2.6万元作为修复保证金交由某区人民法院暂存。被告人李某乙同意将其交至公安机关的取保候审保证金1万元作为修复保证金。

原审法院认为，被告人尹某召集被告人李某甲、秦某甲、秦某乙、李某乙、秦某丙违反保护水产资源法规，在禁渔区、禁渔期非法捕捞水产品，情节严重，6名被告人的行为均已构成非法捕捞水产品罪，被告人尹某分别与被告人李某甲、秦某甲、秦某乙、李某乙、秦某丙共同实施上述犯罪行为，系共同犯罪。某区人民检察院指控6名被告人犯非法捕捞水产品罪，事实清楚，证据确实、充分，定性准确，依法予以支持。在共同犯罪中，被告人尹某负责协调渔政执法，收购另5名被告人所捕捞的海产品，另5名被告人分别负责使用自有渔船捕捞海产品，并将海产品出售给被告人尹某，被告人尹某与另5名被告人在共同犯罪中分工明确，相互配合，共同实施了犯罪行为。尹某与另5名被告人在共同犯罪中所起作用相当，不宜划分主从犯。被告人李某甲的辩护人提出的被告人李某甲等5人系从犯、被告人尹某系主犯的辩护意见与查明的事实和证据不符，不予采纳。被告人李某甲主动至公安机关投案，并如实交代犯罪事实，系自首，量刑时依法可以从轻处罚。被告人尹某、秦某甲、秦某乙、李某乙、秦某丙到案后如实供述犯罪事实，系坦白，且在庭审中自愿认罪，态度较好，量刑时依法可以从轻处罚。被告人尹某、李某甲、秦某甲、秦某乙、李某乙、秦某丙主动向公安机关退缴部分违法所得，在审理过程中被告人李某甲、秦某甲、秦某乙、李某乙又主动向原审法院退缴部分违法所得，确有悔罪表现，量刑时可酌情从轻处罚。同时6名被告人还主动向原审法院缴纳了海洋生态环境修复保证金，同意以实际行动修复被其犯罪行为损害的海洋生态环境，量刑时可酌情从轻处罚。根据被告人李某甲、秦某甲、秦某乙、李某乙、秦某丙的犯罪事实、量刑情节及悔罪表现，对其判处缓刑对所居住社区没有重大不良影响，依法可以适用缓刑。对被告人李某甲的辩护人提出的对被告人李某甲适用缓刑的量刑意见，依法予以采纳。对6名被告人的违法所得依法予以没收。

6名被告人在禁渔期、禁渔区非法捕捞海产品的犯罪行为，影响海洋生物休养繁殖，给海洋渔业资源造成严重破坏。为了保护国家海洋渔业资源，改善被6名被告人犯罪行为破坏的海洋生态环境，6名被告人应当根据《民法典》的规定，采取科学、合理的方式予以修复。原审法院对某区人民检察院要求被告修复生态环境的诉讼请求依法予以支持。根据专业机构出具的修复意见，采取增殖放流的方式，放流中国对虾苗可以有效进行修复。放流的具体数量，根据各被告人的犯罪情节，悔罪表现，结合各被告人非法捕捞水产品价值综合予以认定。被告人尹某应与另5名被告人共同承担修复义务。为明确各被告人修复责任，保障生态修复的有效实施，原审法院对各被告人应承担的修复责任予以确定。各被告人应放流中国对虾苗数量为：被告人尹某应放流433万尾，被告人李某甲应放流334万尾、被告人秦某甲应放流184万尾、被告人秦某乙、李某乙应分别放流166万尾、被告人秦某丙应放流82万尾。放流方式为渔船运输至相应海域人工放流，放流时间为2016年4月。

上诉人尹某提出，其对原审法院判决认定的犯罪事实及定性均没有异议，其愿意在二审中积极配合法院对生态的修复、赔偿，愿意支付环境修复费用，请求法院从轻判决。

- 案件争点

以愿意缴纳原审判决违法所得款，愿意支付环境的修复费用为理由，从而要求从轻处罚，是否符合法律规定的从轻处罚条件？

- 裁判要旨

法院认为，上诉人尹某及原审被告人李某甲、秦某甲、秦某乙、李某乙、秦某丙违反保护水产资源法规，在禁渔区、禁渔期非法捕捞水产品，情节严重，其行为均已构成非法捕捞水产品罪，且属共同犯罪。6 名被告人在禁渔期、禁渔区非法捕捞海产品的犯罪行为，给海洋渔业资源造成严重破坏。六被告人应当根据法律的规定，采取科学、合理的方式予以修复。原审法院根据上诉人及原审被告人犯罪的性质、情节和对社会的危害程度，处以相应的刑罚（6 名被告人犯非法捕捞水产品罪，判处一年至二年三个月不等的有期徒刑，部分适用缓刑，没收全部违法所得），并对上诉人及原审被告人适用的财产刑是依据罪责相适应原则分别判处相应的数额。现上诉人以愿意缴纳原审判决违法所得款，愿意支付环境的修复费用，从而要求从轻处罚为理由，不符合法律规定的从轻处罚条件。综上，原审判决认定事实清楚，证据确实、充分，审判程序合法，量刑适当。依照《刑事诉讼法》第二百二十五条第一款第一项的规定，裁定驳回上诉，维持原判。

案例二

张某兴非法捕捞水产品案

- 法院

海南省某中级人民法院

- 当事人

公诉机关：海南省人民检察院某分院

被告人：张某兴

• 基本案情

海南省人民检察院某分院指控被告人张某兴涉嫌犯非法捕捞水产品罪，于2022年1月20日向法院提起公诉。法院受理后，依法组成合议庭，公开审理了此案。海南省人民检察院某分院指派检察官孟某出庭支持公诉。被告人张某兴到庭参加诉讼。现已审理终结。

海南省人民检察院某分院指控：2021年12月1日下午2时许，被告人张某兴和其子张某1驾驶其擅自拆装的"某临渔××××"铁质拖网船从某市渔港出发向西南方向航行，张某兴和张某1轮流驾驶该船。当日19时30分许航行到禁渔区开始绕圈航行，张某兴指挥船员用拖网作业捕鱼，约每3小时拖网作业一次，12月3日8时许，被海警局某工作站当场查获。2021年12月5日，经张某兴申请，某海警局某工作站在某县公证处的见证下，将张某兴等人捕捞的渔获物称量变卖，得款3 688元。

2021年12月9日，经海南省海洋与渔业科学院鉴定，被查获的两张渔具为单船有袖（有翼）单囊拖网，最小网目尺寸为23 mm。根据《农业部关于实施海洋捕捞准用渔具和过渡渔具最小网目尺寸制度的通告》（农业部通告〔2013〕1号）附件2的规定，"南海有袖（有翼）单囊拖网最小网目尺寸标准为40 mm"，被告人张某兴使用的两张渔具均未达到国家标准。

2021年12月9日，某海洋信息科技有限公司出具的《某临渔××××船历史轨迹回溯报告》显示，2021年12月1日14时至12月3日13时，"某临渔××××"号船轨迹全程在禁渔区线内。

公诉机关据此认为，被告人张某兴违反保护水产资源法规，在禁渔区使用禁用的工具捕捞水产品，情节严重，其行为触犯了《刑法》第三百四十条，犯罪事实清楚，证据确实、充分，应当以非法捕捞水产品罪追究其刑事责任。被告人张某兴自愿认罪认罚，依据《刑事诉讼法》第十五条的规定，可以从宽处理。

被告人张某兴对公诉机关指控的犯罪事实、罪名均无异议，并自愿认罪认罚，同意公诉机关的量刑建议，在开庭过程中亦无异议。

经审理查明：2021年12月1日下午2时许，被告人张某兴和其子张某1驾驶其擅自拆装的"某临渔××××"铁质拖网船从某市渔港出发向西南方向航行，当日19时30分许航行到禁渔区开始绕圈航行，张某兴指挥船员用拖网作业捕鱼，约每3小时拖网作业一次。12月3日8时许，被海警局某工作站当场查获。根据某信息科技有限公司出具的

《某临渔××××船历史轨迹回溯报告》显示，2021年12月1日14时至12月3日13时，某临渔××××号船轨迹全程在禁渔区线内。2021年12月5日，经张某兴申请，某海警局某工作站在某县公证处的见证下，将张某兴等人捕捞的渔获物称量变卖，得款3 688元。

经海南省海洋与渔业科学院鉴定，本案被查获的2张渔具为单船有袖（有翼）单囊拖网，最小网目尺寸为23 mm。根据《农业部关于实施海洋捕捞准用渔具和过渡渔具最小网目尺寸制度的通告》（农业部通告〔2013〕1号）附件2的规定，南海有袖（有翼）单囊拖网最小网目尺寸标准为40 mm，被告人张某兴使用的2张渔具均未达到国家标准。

另查明，2021年12月15日张某兴与某县某镇某渔业公司签订合同采购渔业资源增殖放流鱼苗，同年12月17日张某兴在某县某港内增殖放流。

- 案件争点

行为人非法捕捞后通过放流形式恢复海洋生态，是否可以从宽处理？

- 裁判要旨

法院认为，被告人张某兴违反保护水产资源法规，在禁渔区采用禁用捕捞工具非法捕捞水产品，情节严重，其行为已构成非法捕捞水产品罪。公诉机关指控的犯罪事实清楚，证据确实、充分，指控的罪名成立，应予支持。被告人张某兴曾因无证驾驶船舶、驾驶"三无船舶"被某市海警局行政处罚，本次又无证驾驶"三无船舶"，该情节将在量刑时予以考量。被告人张某兴到案后能如实供述自己的罪行，具有坦白情节。其自愿认罪认罚，并采购鱼苗放流恢复海洋生态，依法可从宽处理。其对所居住的社区没有重大不良影响，可宣告缓刑。公诉机关的量刑建议适当，予以采纳。被告人张某兴非法捕捞渔获物的变卖款3 688元系违法所得，依法予以追缴，上缴国库。被查获的张某兴擅自拆装"某临渔××××"号的铁质渔船由扣押机关依法处理。根据被告人张某兴犯罪的事实、犯罪的性质、情节及对社会的危害程度，依照《刑法》第三百四十条、第六十四条、第六十七条第三款、第七十二条、第七十三条，《最高人民法院关于审理发生在我国管辖海域相关案件若干问题规定（二）》第四条第五项，《刑事诉讼法》第十五条之规定，判决如下：一、被告人张某兴犯非法捕捞水产品罪，判处有期徒刑十个月，缓刑一年。（刑期从判决确定之日起计算。限被告人张某兴自本判决生效之日起十日内持刑事判决书到住所地县级司法行政机关报到，接受社区矫正。二、扣押在案的渔网 2 张（网目尺寸均为 23 mm）由扣押机关予以没收；被查获的张某兴擅自拆装"某临渔××××"号的铁质渔船由扣押机关依法处理；非法捕捞渔获物变卖款 3 688 元依法没收，上缴国库。

案例三

谭某峰、谭某盛等非法捕捞水产品案

• **法院**

广东省某市某区人民法院

• **当事人**

公诉机关暨附带民事公益诉讼起诉人：某市某区人民检察院
被告人：谭某峰、谭某盛、谭某虎、邓某深

• **基本案情**

某市某区人民检察院指控：2018 年 3 月 22 日 21 时许，被告人谭某峰、谭某盛、谭某虎、邓某深合谋后，在禁渔期内驾驶橡皮艇携带探照灯、蓄电池和升压器等电鱼工具，去到本区某道某岛某高速桥下附近水域，以电力捕捞的方式对位于禁渔区域内的该水道的水产品实施捕捞。其间，被告人谭某峰、谭某盛、谭某虎、邓某深被广东省渔政总队某大队执法人员当场查获，并被缴获作案工具橡皮艇一艘、船桨两只、油箱一个、探照灯两盏、蓄电池一个、捞箕一个和塑料箱两个，以及非法捕捞的鱼 5.7 公斤。公诉机关认为，被告人谭某峰、谭某盛、谭某虎、邓某深无视国家法律，在禁渔区、禁渔期使用禁用的方法捕捞水产品，情节严重，其行为均触犯了《刑法》第三百四十条，犯罪事实清楚，证据确实、充分，应当以非法捕捞水产品罪追究其刑事责任。建议判处被告人谭某峰、谭某盛、谭某虎、邓某深拘役或者六个月至九个月有期徒刑。提请法院依法判处。

某市某区人民检察院向法院提出诉讼请求：1. 判令谭某峰、谭某盛、谭某虎、邓某深在珠江某水道增殖放流价值不低于 11 880 元的鲤鱼、鳙

鱼、鲫鱼、草鱼等鱼苗及成鱼（增殖放流由渔业部门依照相关规定监督指导），修复受损害的生态环境。2. 判令谭某峰、谭某盛、谭某虎、邓某深在省级以上电视台或全国发行的报纸公开道歉。事实和理由：经中国水产科学研究院珠江水产研究所评估，谭某峰等四人的非法捕捞行为造成直接经济损失1 080元，对天然渔业资源造成经济损失5 400元，对水域生态环境水质恶化造成经济损失5 400元。由于电捕鱼人员选择性捕捞受电伤害的水生生物，对江河水域生态环境造成的其他损失无法计算。建议投放鲤鱼、鳙鱼、鲫鱼、草鱼等鱼苗及成鱼，生态资源修复费用不低于11 880元。谭某峰、谭某虎、谭某盛、邓某深在禁渔期内使用电鱼方式非法捕捞水产品的行为，是一种严重破坏渔业资源和渔业水域生态环境的违法捕鱼行为，不仅会造成繁殖期鱼群繁殖能力、鱼苗质量、存活率大幅下降，还会对水域微生物环境造成毁灭性破坏，对水体造成污染，严重破坏生态循环，影响渔业资源平衡，违反了《渔业法》第三十条的规定，破坏渔业资源，损害国家和社会公共利益。根据《海洋环境保护法》（2017年修正，已修改）第九十条、《民法典》第四条的规定，谭某峰等人应承担民事侵权法律责任，附带民事诉讼。起诉人向法院提供了评估意见等证据。

被告人谭某峰等四人承认控罪，同意附带民事公益诉讼请求。

辩护人认为：被告人主观恶性小，没有造成严重后果；被告人如实供述自己的罪行，在取保期间自发进行公益宣传，并愿意增殖放流以弥补自己的错误；被告人是初犯，没有前科；综上请求对被告人免予刑事处罚。

审理期间，被告人谭某峰、谭某盛、谭某虎、邓某深已购买了价值1.2万元的鱼苗及成鱼，并已缴纳了刊登道歉声明的费用1 000元。

• 案件争点

对于非法捕捞行为，应如何确定增殖放流责任？

• 裁判要旨

法院认为，被告人谭某峰、谭某盛、谭某虎、邓某深无视国家法律，在禁渔区、禁渔期使用禁用的工具、方法捕捞水产品，情节严重，其行为已构成非法捕捞水产品罪，依法应当对其适用"三年以下有期徒刑、拘役、管制或者罚金"的量刑幅度予以处罚。四名被告人上述犯罪行为破坏生态环境，损害社会公共利益，应当承担相应的民事责任。附带民事公益诉讼起诉人要求被告人进行增殖放流和公开道歉的诉讼请求,符合法律规定,被告人均无异议,法院予以支持。鉴于四名被告人自愿认罪,如实供述自己的罪行,可以从轻处罚;被告人积极预交增殖放流费用和刊登道歉声明费用,确有悔罪表现,亦可酌情从轻处罚,并适用缓刑。辩护人关于对被告人免予刑事处罚的辩护意见理据不足,法院不予采纳。公诉机关关于对被告人判处拘役或者六个月至九个月有期徒刑的量刑意见,法院予以采纳。法院根据前述法定刑幅度、法定及酌定的量刑情节,并综合考虑被告人作案的具体事实、认罪态度等因素确定宣告刑。依照《刑法》第三百四十条、第三十六条、第六十七条第三款、第七十二条、第七十三条,《侵权责任法》(已被《民法典》废止)第四条、第八条、第十五条,《环境保护法》第六十四条,《中华人民共和国民事诉讼法》(以下简称《民事诉讼法》)第五十五条,以及《最高人民法院、最高人民检察院关于检察公益诉讼案件适用法律若干问题的解释》第二十条的规定,判决如下:一、被告人谭某峰犯非法捕捞水产品罪,判处拘役三个月,缓刑四个月;二、被告人谭某盛犯非法捕捞水产品罪,判处拘役二个月,缓刑三个月;三、被告人谭某虎犯非法捕捞水产品罪,判处拘役二个月,缓刑三个月;四、被告人邓某深犯非法捕捞水产品罪,判处拘役二个月,缓刑三个月;五、缴获非法捕捞的鱼5.7公斤及作案工具橡皮艇一艘、船桨两只、油箱一个、探照灯两盏、蓄电池一个、捞箕一个、塑料箱两个,予以没收、销毁;六、被告人谭某峰、谭某盛、谭某虎、邓某深于本判决发生法律效力之日起十日内在珠江某水道增殖放流价值不低于11 880元的鲤鱼、鳙鱼、鲫鱼、草鱼等的鱼苗及成鱼(增殖放流由渔政部门依照相关规定监督指导);七、被告人谭某峰、谭某盛、谭某虎、邓某深于本判决发生法律效力之日起十日内在广东省省级以上电视台或全国发行的报纸上发表经法院认可的道歉声明。

三、司法案例类案甄别

(一)事实对比

案例一:某市某区海洋渔业技术指导站出具了《对某区秦某丙等5人伏休期间非法捕捞水产品行为所造成的生态损失修复意见》,认为伏休期间进行非法捕捞,影响海洋生物休养繁殖,破坏了海洋生态环境。建议通过增殖放流的方式进行修复，具体方案为：1. 放流品种：本案推荐放流中国对虾苗；2. 放流数量：1 365 万尾，按照省渔业指挥部 2015 年中国对虾增殖放流中标价约 60 元/万尾，约合人民币 81 900 元；3. 放流方式：渔船运输至指定海域后人工放流；4. 放流时间：4—6 月。在该案审理过程中，某区人民法院将上述修复方案在某日报、某区人民法院及法院的官方微博、微信公众号进行了公示，广泛征求社会公众的意见。

原审法院对某区人民检察院要求被告修复生态环境的诉讼请求依法予以支持。根据专业机构出具的修复意见，采取增殖放流的方式，放流中国对虾苗可以有效地修复生态环境。放流的具体数量，根据各被告人的犯罪情节、悔罪表现，结合各被告人非法捕捞水产品价值综合予以认定。被告人尹某应与另五名被告人共同承担修复义务。为明确各被告人的修复责任，保障生态修复的有效实施，原审法院对各被告人应承担的修复责任予以确定。各被告人应放流中国对虾苗数量为：被告人尹某应放流 433 万尾，被告人李某甲应放流 334 万尾，被告人秦某甲应放流 184 万尾，被告人秦某乙、李某乙应分别放流 166 万尾、被告人秦某丙应放流 82 万尾。放流方式为渔船运输至相关海域人工放流，放流时间为 2016 年 4 月。

案例二：2021 年 12 月 15 日张某兴与某县某镇某渔业公司签订合同采购渔业资源增殖放流鱼苗，同年 12 月 17 日张某兴在某县某港内增殖放流。被告人张某兴到案后能如实供述自己的罪行，具有坦白情节。其自愿认罪认罚，并采购鱼苗放流恢复海洋生态，依法可从宽处理。其对所居住的社区没有重大不良影响，可宣告缓刑。公诉机关的量刑建议适当，予以采纳。

案例三：谭某峰、谭某虎、谭某盛、邓某深在禁渔期内使用电鱼方式非法捕捞水产品的行为，是一种严重破坏渔业资源和渔业水域生态环境的违法捕鱼行为，不仅会造成繁殖期鱼群繁殖能力、鱼苗质量、存活率大幅下降，还会对水域微生物环境造成毁灭性破坏，对水体造成污染，严重破坏生态循环，影响渔业资源平衡。经中国水产科学研究院珠江水产研究所评估，谭某峰等四人的非法捕捞行为造成直接经济损失 1 080 元，对天然渔业资源造成经济损失 5 400 元，对水域生态环境水质恶化造成经济损失 5 400 元。由于电捕鱼人员选择性捕捞受电伤害的水生生物，对江河水域生态环境造成的其他损失无法计算。建议投放鲤鱼、鳙鱼、鲫鱼、草鱼等鱼苗及成鱼，生态资源修复费用不低于 11 880 元。审理期间，四名被告人已购买了价值 1.2 万元的鱼苗及成鱼，并已缴纳了刊登道歉声明的费用 1 000 元。

（二）适用法律对比

案例一：为了打击犯罪，维护国家对水产资源的管理制度，保护海洋生态环境，保障海洋渔业资源的可持续发展与利用，依照《刑法》第三百四十条、第六十四条、第六十七条第一款、第七十二条第一款和第三款、第七十三条第二款和第三款，《环境保护法》第六十四条，结合《民法典》第十五条、《刑事诉讼法》第九十九条第二款之规定，判决如下：一、被告人尹某犯非法捕捞水产品罪，判处有期徒刑二年三个月；二、被告人李某甲犯非法捕捞水产品罪，判处有期徒刑二年，缓刑三年；三、被告人秦某甲犯非法捕捞水产品罪，判处有期徒刑一年六个月，缓刑三年；四、被告人秦某乙犯非法捕捞水产品罪，判处有期徒刑一年六个月，缓刑三年；五、被告人李某乙犯非法捕捞水产品罪，判处有期徒刑一年六个月，缓刑三年；六、被告人秦某丙犯非法捕捞水产品罪，判处有期徒刑一年，缓刑二年；七、依法没收被告人尹某的违法所得3.4万元，被告人李某甲的违法所得16万元，被告人秦某甲的违法所得7.5万元，被告人秦某乙的违法所得7万元，被告人李某乙的违法所得6.8万元，被告人秦某丙的违法所得3万元，分别由扣押机关某区公安机关、某区人民法院上缴国库；八、继续追缴被告人尹某、李某甲违法所得164 124元，被告人尹某、秦某甲违法所得74 740元，被告人尹某、秦某乙违法所得67 680元，被告人尹某、李某乙违法所得66 220元，被告人尹某、秦某丙违法所得19 020元，予以上缴国库；九、被告人尹某、李某甲、秦某甲、秦某乙、李某乙、秦某丙于2016年4月以增殖放流中国对虾苗1 365万尾的方式修复被其破坏的海洋生态环境。

案例二：被告人张某兴违反保护水产资源法规，在禁渔区采用禁用捕捞工具非法捕捞水产品，情节严重，其行为已构成非法捕捞水产品罪。公诉机关指控的犯罪事实清楚，证据确实、充分，指控的罪名成立，应予支持。被告人张某兴曾因无证驾驶船舶、驾驶"三无船舶"被某市海警局行政处罚，本次又无证驾驶"三无船舶"，该情节将在量刑时予以考量。被告人张某兴到案后能如实供述自己的罪行，具有坦白情节。其自愿认罪认罚，并采购鱼苗放流恢复海洋生态，依法可从宽处理。其对所居住的社区没有重大不良影响，可宣告缓刑。公诉机关的量刑建议适当，予以采纳。被告人张某兴非法捕捞渔获物的变卖款3 688元系违法所得，依法予以追缴,上缴国库。被查获的张某兴擅自拆装"某临渔××××"号的铁质渔船由扣押机关依法处理。最终法院根据被告人张某兴犯罪的事实、犯罪的性质、情节及对社会的危害程度,依照《刑法》第三百四十条、第六十四条、第六十七条第三款、第七十二条、第七十三条、《最高人民法院关于审理发生在我国管辖海域相关案件若干问题规定(二)》第四条第五项、《刑事诉讼法》第十五条之规定对其进行了判决。

案例三:被告人谭某峰、谭某盛、谭某虎、邓某深无视国家法律,在禁渔区、禁渔期使用禁用的工具、方法捕捞水产品,情节严重,其行为已构成非法捕捞水产品罪,依法应当对其适用"三年以下有期徒刑、拘役、管制或者罚金"的量刑幅度予以处罚。四名被告人的上述犯罪行为破坏生态环境,损害社会公共利益,应当承担相应的民事责任。附带民事公益诉讼起诉人要求被告人进行增殖放流和公开道歉的诉讼请求,符合法律规定,被告人均无异议,法院予以支持。鉴于四名被告人自愿认罪,如实供述自己的罪行,可以从轻处罚;被告人积极预交增殖放流费用和刊登道歉声明费用,确有悔罪表现,亦可酌情从轻处罚,并适用缓刑。辩护人关于对被告人免予刑事处罚的辩护意见理据不足,法院不予采纳。公诉机关关于对被告人判处拘役或者六个月至九个月有期徒刑的量刑意见,法院予以采纳。法院根据前述法定刑幅度、法定及酌定的量刑情节,并综合考虑被告人作案的具体事实、认罪态度等因素确定宣告刑。依照《刑法》第三百四十条、第三十六条、第六十七条第三款、第七十二条、第七十三条,《侵权责任法》(已被《民法典》废止)第四条、第八条、第十五条,《环境保护法》第六十四条,《民事诉讼法》第五十五条,以及《最高人民法院、最高人民检察院关于检察公益诉讼案件适用法律若干问题的解释》第二十条的规定进行判决。

(三)类案数据分析

截至 2024 年 1 月 26 日,以"非法捕捞水产品罪""禁渔""评估报告""修复"为关键词,通过公开案例库共检索出类案 428 件。

从地域分布来看,当前案例主要集中在湖北省、上海市、湖南省,分别占比 20.33%、14.72%、12.15%。其中湖北省的案件量最多,达到 87 件。

从案由分类情况来看，当前的案由分布由多至少分别是刑事，有409件；民事，有19件。

从审理程序分布情况来看，其中一审案件有425件，二审案件有3件。一审上诉率约为0.71%。

四、类案裁判规则的解析确立

随着海洋生态保护的重要性日益被关注，检察机关提起刑事附带民事诉讼的环境资源案件日益增多，故法院应积极探索创新审判及执行方式。法院在依法受理检察机关提起的非法捕捞类刑事附带民事起诉后，应查明案件事实，充分听取被告对修复方案的意见，可以采取将生态修复方案向社会公开，广泛征求公众的意见，在汇总、审查社会公众意见后，确认相关职能部门出具修复方案的科学性、合理性，引导社会公众参与环境司法。

为了实现预防与控制犯罪、救济被害人的刑事政策目标，我国设立了刑事附带民事诉讼的制度，这使得民事赔偿与刑事制裁可以一体化进行。在破坏环境资源保护罪犯罪案件的审理过程中，确定行为人刑事责任时，检察机关通过提起刑事附带民事诉讼，能够有效实现保护国家财产、集体财产等生态环境公共利益之目的。因此在此类案件中，检察机关除提起公诉追究行为人刑事责任外，还应通过提起刑事附带民事诉讼的途径维护国家财产、集体财产等生态环境公共利益。

在禁渔期使用禁用的工具进行捕捞水产品，情节严重的，其行为触犯了《刑法》第三百四十条的规定，构成非法捕捞水产品罪。如果行为人到案后能如实供述自己的罪行，具有坦白情节。行为人自愿认罪认罚，并通过采购鱼苗放流等方式恢复海洋生态，依法可从宽处理。在案件具体审理过程中，可以通过审判和执行方式的创新，对相关信息予以公开，便于公众了解和参与。通过民众参与和相关部门制定科学、合理的生态修复方案，对生态环境进行修复，利于引导社会公众参与科学决策的制定，对海洋生态环境保护起到了宣传和修复并重的良好效果。在信息公开过程中，可以将生态环境损害调查、鉴定评估、修复方案编制等涉及生态环境公共利益的重大事项公开。通过推行公众参与机制，便于公众监督，更有利于科学、合理的生态环境修复方案的制定。

行为人在禁渔期内使用电鱼等禁用工具非法捕捞水产品的行为，是一种严重破坏渔业资源和渔业水域生态环境的违法捕鱼行为。这种行为不仅会造成繁殖期鱼群繁殖能力、鱼苗质量、存活率大幅下降，还会对水域微生物环境造成毁灭性破坏，对水体造成污染，严重破坏生态循环，影响渔业资源平衡。故在具体的修复方案制定过程中，除了公众参与，相关部门的专业报告也是重要的制定依据。比如对生态环境破坏的评估，包括评估直接经济损失、天然渔业资源经济损失、水域生态环境水质恶化经济损失等，对放流品种、数额、方式、时间、地点等的确定，都需要制定科学、合理的方案。

五、关联法律法规

（一）《中华人民共和国刑法》（2023年修正）

第三十六条　由于犯罪行为而使被害人遭受经济损失的，对犯罪分子除依法给予刑事处罚外，并应根据情况判处赔偿经济损失。

承担民事赔偿责任的犯罪分子，同时被判处罚金，其财产不足以全部支付的，或者被判处没收财产的，应当先承担对被害人的民事赔偿责任。

第六十七条　犯罪以后自动投案，如实供述自己的罪行的，是自首。对于自首的犯罪分子，可以从轻或者减轻处罚。其中，犯罪较轻的，可以免除处罚。

……

犯罪嫌疑人虽不具有前两款规定的自首情节，但是如实供述自己罪行的，可以从轻处罚；因其如实供述自己罪行，避免特别严重后果发生的，可以减轻处罚。

第七十二条　对于被判处拘役、三年以下有期徒刑的犯罪分子，同时符合下列条件的，可以宣告缓刑，对其中不满十八周岁的人、怀孕的妇女和已满七十五周岁的人，应当宣告缓刑：

（一）犯罪情节较轻；

（二）有悔罪表现；

（三）没有再犯罪的危险；

（四）宣告缓刑对所居住社区没有重大不良影响。

宣告缓刑，可以根据犯罪情况，同时禁止犯罪分子在缓刑考验期限内从事特定活动，进入特定区域、场所，接触特定的人。

被宣告缓刑的犯罪分子，如果被判处附加刑，附加刑仍须执行。

第七十三条　拘役的缓刑考验期限为原判刑期以上一年以下，但是不能少于二个月。

有期徒刑的缓刑考验期限为原判刑期以上五年以下，但是不能少于一年。

缓刑考验期限，从判决确定之日起计算。

第三百四十条　违反保护水产资源法规，在禁渔区、禁渔期或者使用禁用的工具、方法捕捞水产品，情节严重的，处三年以下有期徒刑、拘役、管制或者罚金。

（二）《中华人民共和国民法典》（2021年1月1日施行）

第一百七十九条　承担民事责任的方式主要有：

（一）停止侵害；

（二）排除妨碍；

（三）消除危险；

（四）返还财产；

（五）恢复原状；

（六）修理、重作、更换；

（七）继续履行；

（八）赔偿损失；

（九）支付违约金；

（十）消除影响、恢复名誉；

（十一）赔礼道歉。

法律规定惩罚性赔偿的，依照其规定。

本条规定的承担民事责任的方式，可以单独适用，也可以合并适用。

（三）《中华人民共和国环境保护法》（2014年修订）

第六十四条　因污染环境和破坏生态造成损害的，应当依照《中华人民共和国侵权责任法》的有关规定承担侵权责任。

（四）《中华人民共和国侵权责任法》（已被《中华人民共和国民法典》废止）

第四条　侵权人因同一行为应当承担行政责任或者刑事责任的，不影响依法承担侵权责任。

因同一行为应当承担侵权责任和行政责任、刑事责任，侵权人的财产不足以支付的，先承担侵权责任。

第八条　二人以上共同实施侵权行为，造成他人损害的，应当承担连带责任。

（五）《最高人民法院、最高人民检察院关于检察公益诉讼案件适用法律若干问题的解释》（2020年修正，法释〔2020〕20号）

第二十条　人民检察院对破坏生态环境和资源保护，食品药品安全领域侵害众多消费者合法权益，侵害英雄烈士等的姓名、肖像、名誉、荣誉等损害社会公共利益的犯罪行为提起刑事公诉时，可以向人民法院一并提起附带民事公益诉讼，由人民法院同一审判组织审理。

人民检察院提起的刑事附带民事公益诉讼案件由审理刑事案件的人民法院管辖。

海洋生态环境司法裁判规则
第 17 条

　　在非法捕捞水产品罪的刑事案件中，应坚持结合宽严相济刑事政策，若被告能主动交纳海洋生态环境修复保证金并以实际行动（如人工增殖放流等方式）修复被其犯罪行为损害的海洋生态环境，量刑时可酌情从轻处罚

一、聚焦司法案件裁判观点

■ 争议焦点

以增殖放流等方式进行环境修复的,量刑时是否可以从轻处罚。

■ 裁判观点

非法捕捞水产品不仅触犯《刑法》,更破坏海洋生态环境,损害社会公益。在判处被告人刑罚的同时,可以判处被告人履行增殖放流生态修复的义务,还渔于海,实现对海洋生态环境的修复。在非法捕捞水产品引发的刑事案件中,人民法院应坚持结合宽严相济的刑事政策,若被告能主动交纳海洋生态环境修复保证金并以实际行动,如"捕什么还什么、捕多少还多少""对照涉案品种放流替代品种"的人工增殖放流方式等,修复被其犯罪行为损害的海洋生态环境,量刑时可酌情从轻处罚。

二、司法案例样本对比

案例一

金某等非法捕捞水产品案

- **法院**

山东省某市人民法院

- **当事人**

公诉机关暨附带民事公益诉讼起诉人:山东省某市人民检察院

被告人暨附带民事公益诉讼被告人：谢某、金某、黄某、康某、谭某、许某

• **基本案情**

公诉机关指控，2020年5月3日至2020年8月17日渤海海域休渔期内，徐某（已判决）雇请被告人金某、黄某、谭某、许某、康某在某市附近海域捕捞鲅鱼等水产品，由被告人谢某销售给他人。经查，涉案水产品共计2.3万余斤，销售额共计25万余元，经某市价格认定中心鉴定，涉案水产品价值250 216元。另查明，金某参与捕捞水产品销售价值25万余元，黄某参与捕捞水产品销售价值24.3万余元，康某参与捕捞水产品销售价值23.7万余元，谭某参与捕捞水产品销售价值17.3万余元，许某参与捕捞水产品销售价值15.6万余元。

公诉机关认为，六名被告人违反保护水产资源法规，在禁渔期非法捕捞水产品，情节严重，其行为触犯了《刑法》第三百四十条之规定，构成非法捕捞水产品罪。经审查，被告人谢某系坦白，依法可以从轻处罚，其作用相较于同案犯徐某为小，可比照徐某酌情从轻处罚，建议以非法捕捞水产品罪判处七个月以上十个月以下有期徒刑，如果能够上缴违法所得等，可适用缓刑；被告人金某、黄某、康某系坦白，依法可从轻处罚，系从犯，应当减轻处罚，建议以非法捕捞水产品罪判处三被告人三个月以上六个月以下拘役，如果能够上缴违法所得等，可适用缓刑；被告人谭某、许某系自首，依法可以从轻处罚，系从犯，应当减轻处罚，建议以非法捕捞水产品罪判处二被告人二个月以上五个月以下拘役，如果能够上缴违法所得等，可以适用缓刑。

附带民事公益诉讼起诉人山东省某市人民检察院诉称，2020年4月24日，山东省农业农村厅发布《关于加强海洋伏季休渔管理工作的通知》，规定2020年北纬35度以北的渤海和黄海海域海洋伏季休渔时间为5月1日12时至9月1日12时。2020年8月17日傍晚，徐某（已判决）、金某、黄某、康某在某市附近海域捕捞作业后，驾船回到某镇某村后海靠岸卸货时被侦查机关某海岸派出所民警当场查获。某市侦查机关于同日立案侦查。2020年8月18日，某市侦查机关从徐某（已判决）处扣押鲜鲅鱼345斤、账本1本。同日，金某、黄某、谭某、许某、康某、谢某因涉嫌非法捕捞水产品罪被取保候审。经查，2020年5月3日至2020年8月17日禁渔期期间，徐某（已判决，与谢某系夫妻关系）雇请金某、黄某、康

某、谭某、许某驾驶某招渔×××、某招渔×××船，分别结伙多次在某市附近海域捕捞鲅鱼、良鱼等30余种水产品，共计约2.3万余斤，由谢某销售给他人，销售价值25万余元。2021年4月20日，某市侦查机关某海岸派出所委托某市价格认证中心对涉案渔获物进行价格认定，某市价格认证中心于2021年4月29日出具价格认定结论书，认定涉案小辫子鱼等水产品于2020年9月1日的市场批发（批量）总价格为250 216元。2021年6月2日，公益诉讼起诉人委托某市自然资源和规划局对徐某非法捕捞造成的海洋生态环境损害的价值、海洋生态环境修复所需要的费用及具体修复方法作出鉴定报告。

2021年6月17日，某市自然资源和规划局作出《某市海洋生态环境修复增殖放流项目实施方案》，内容如下："根据我市当地海洋生物品种并结合成活率、生长周期，以及山东省农业农村厅的相关规定，结合我市往年增殖放流的实际情况，经统筹研究，建议采用增殖放流半滑舌鳎苗种，来尽快实现海洋生态环境的修复。总价值不低于12万元。"公诉机关请求依法判令六名被告人通过增殖放流的方式，修复被其犯罪行为损害的渔业资源和海洋生态环境。如不能恢复原状，六名被告人应当与徐某对受损的渔业资源修复费用承担连带赔偿责任。其中，谢某、金某应当对受损的渔业资源修复费用的12万元承担连带赔偿责任，黄某应当对其中的11.66万元承担连带赔偿责任，康某应当对其中的11.38万元承担连带赔偿责任，谭某应当对其中的8.3万元承担连带赔偿责任，许某应当对其中的7.49万元承担连带赔偿责任。

六名被告人对起诉指控的犯罪事实、量刑建议及当庭出示的证据均无异议，对其造成的经济损失同意依法赔偿。辩护人曲某提出的辩护意见是，被告人谢某系自首、从犯，依法应当从轻、减轻或免除处罚。被告人谢某归案后如实供述，系坦白，依法可减轻处罚。无犯罪前科，系初犯、偶犯，且认罪态度较好，依法可酌情对其从轻或减轻处罚。

被告人谢某认罪态度好，女儿生病需要照顾，丈夫已经被判刑，希望法庭可以酌情从轻处罚。

辩护人曲某提出的辩护意见是，被告人金某归案后如实供述，系坦白，依法可以从轻处罚。自愿认罪认罚，积极退赃，无犯罪前科，在共同犯罪中作用较小，系从犯，依法可以从轻、减轻处罚，望法庭综合全案对其从轻处罚。

辩护人董某提出的辩护意见是，被告人黄某无犯罪前科，自愿认罪认罚,主动坦白,愿意退赔,系从犯,建议法庭对其免予刑事处罚。

辩护人林某提出的辩护意见是,被告人康某系坦白,可以从轻处罚;系从犯,没有前科,自愿上缴违法所得,建议在公诉机关量刑范围内从轻处罚。

被告人康某系为徐某提供劳务,应由徐某赔偿附带民事公益诉讼请求的赔偿事项。辩护人马某提出的辩护意见是,被告人谭某主动投案,归案后如实供述,系坦白,依法可以从轻处罚。自愿认罪认罚,自愿签署认罪认罚具结书,积极退赃,共同犯罪中作用较小,系从犯,依法可以从轻、减轻处罚。且其愿意上缴违法所得,建议在公诉机关量刑范围内从轻处罚。

辩护人王某提出的辩护意见是,被告人许某系自首,归案后如实供述,系坦白,依法可以从轻处罚。自愿认罪认罚,积极退赃,无犯罪前科,共同犯罪中作用较小,系从犯,依法可以从轻、减轻处罚。被告人家庭困难,建议对被告人从轻、从宽处罚。

经审理查明的事实与公诉机关指控和附带民事公益诉讼起诉人起诉的事实均一致。

另查明,本案在审理过程中,被告人谢某缴纳附带民事公益诉讼赔偿款3.9万元,金某、黄某、康某各缴纳附带民事公益诉讼赔偿款1.8万元,谭某缴纳附带民事公益诉讼赔偿款1.54万元,许某缴纳附带民事公益诉讼赔偿款11.6万元。

上述事实,由公诉机关及附带民事公益诉讼起诉人提交并经法庭质证、确认的证据予以证实。

此案事实清楚,证据确实、充分,足以认定。

针对辩护人提出的辩护意见,根据本案的事实和证据,法院判决如下:1.曲某主张被告人谢某系自首,公诉机关认为被告人谢某在侦查机关第一次对其进行讯问时,其称不知道渤海湾的禁渔期,未能如实供述,故不符合自首的条件。法院认为,辩护人的辩护意见,不符合法律规定,法院不予采纳。2.辩护人董某提出对被告人黄某应判处定罪免刑,公诉机关认为,虽然被告人黄某最终认罪,但在庭审过程中其认罪态度反复,综合考虑其情节,公诉人认为黄某不符合免予刑事处罚的条件,坚持之前的公诉意见。法院认为,被告人黄某的犯罪情节严重,不符合法律规定的定罪免刑条件,辩护人的辩护意见,不符合法律规定,法院不予采纳。3.辩护人林某提出康某系提供劳务,应由徐某承担附带民事赔偿责任。附带民事公益诉讼起诉人认为，金某等六人和徐某不是简单劳务关系，六名被告人均存在犯罪故意，不是普通的民事侵权。六名被告人的行为已经影响渔业正常生长和繁殖，破坏了海洋生态环境，应当承担赔偿责任。法院认为，被告人康某明知禁渔期内禁止在渤海湾内捕捞水产品的规定而进行非法作业，破坏海洋生态环境，其应承担赔偿责任。故辩护人的辩护意见，不符合法律规定，法院不予采纳。

- **案件争点**

对非法捕捞行为人的量刑是否适当？

- **裁判要旨**

法院认为，六名被告人违反保护水产资源法规，在禁渔期非法捕捞水产品，情节严重，均构成非法捕捞水产品罪。公诉机关的指控成立。被告人谢某系本案的主犯，在共同犯罪中所起作用较徐某小，可比照徐某从轻处罚；被告人金某、黄某、康某、谭某、许某在共同犯罪中系本案的从犯，依法应从轻处罚。被告人谭某、许某系自首，依法可从轻处罚；被告人谢某、金某、黄某、康某系坦白，依法可从轻处罚；六名被告人愿意接受处罚，积极赔偿，对其判处缓刑没有再犯罪的危险，依法均可从轻处罚并判处缓刑；辩护人的相关辩护意见，符合事实和相关法律规定，法院予以采纳。对六名被告人的量刑建议适当，法院予以采纳。依照《刑法》第三百四十条、第二十五条第一款、第二十六条第一款和第四款、第二十七条第一款和第二款、第六十七条第一款和第三款、第七十二条第一款和第三款、第七十三条、第三十六条第一款、第六十四条，《民法总则》（已被《民法典》废止）第一百七十六条，《侵权责任法》（已被《民法典》废止）第四条第一款、第六条第一款、第八条，《最高人民法院关于审理环境民事公益诉讼案件适用法律若干问题的解释》第十八条、第二十条，《刑事诉讼法》第十五条、第二百零一条、第一百零一条之规定，作出判决如下：一、被告人谢某犯非法捕捞水产品罪，判处有期徒刑八个月，缓刑一年；二、被告人金某犯非法捕捞水产品罪，判处拘役五个月，缓刑六个月；三、被告人黄某犯非法捕捞水产品罪，判处拘役五个月，缓刑六个月；四、被告人康某犯非法捕捞水产品罪，判处拘役五个月，缓刑六个月；五、被告人谭某犯非法捕捞水产品罪，判处拘役三个月，缓刑四个月；六、被告人许某犯非法捕捞水产品罪，判处拘役二个月，缓刑三个月；七、未追缴的违法所得人民币 250 216 元，依法向被告人谢某及徐某追缴；八、扣押在案的赃物等由扣押机关依法处置；九、六名被告人与徐某赔偿附带民事公益诉讼起诉人山东省某市人民检察院经济损失人民币 12 万元（已付清），由附带民事公益诉讼起诉人山东省某市人民检察院支付渔业资源修复费用。

案例二

田某、英某非法捕捞水产品案

- **法院**

江苏省某县人民法院

- **当事人**

公诉机关：江苏省某县人民检察院
被告人：田某、英某

- **基本案情**

江苏省某县人民检察院指控：被告人田某、英某在禁渔期驾驶浮子筏航行至 109/6 渔区使用定置串联地笼网捕捞，捕捞渔获物共计 15 公斤，变卖款为人民币 50 元。

公诉机关为证实上述指控，随案移送了被告人供述和辩解、现场勘查笔录、查获经过等证据材料，并据此认为应当以非法捕捞水产品罪追究被告人田某、英某的刑事责任。提请法院依法审判。

被告人田某、英某对公诉机关指控的犯罪事实均无异议，均表示自愿认罪。

经审理查明，2018 年 6 月 10 日上午 5 时许，被告人田某、英某明知海洋伏季休渔，仍驾驶浮子筏从某市某港口出发行至 109/6 渔区，使用定置串联地笼网非法捕捞水产品。当日上午 8 时许，二被告人被某市海洋与渔业综合行政执法支队发现并当场查获捕捞的渔获物鳗鱼和杂鱼虾共计 15 公斤。2018 年 6 月 25 日，某市海洋与渔业综合行政执法支队将涉案渔获物以总价 50 元人民币拍卖给竞价人黄某。2018 年 8 月 17 日，被告人田某、英某非法捕捞期间所驾驶的浮子筏1艘、使用的地笼网8条及上述拍卖款人民币50元被公安边防总队海警支队扣押。

被告人田某、英某接到海警电话通知后，于2018年8月22日主动至江苏省公安边防总队海警支队接受讯问，均如实供述了自己的犯罪事实。

根据《农业部关于调整海洋伏季休渔制度的通告》（农业部通告〔2018〕1号），35°N—26°30′N黄海和东海海域笼壶作业伏季休渔时间为5月1日12时至8月1日12时。涉案渔具为定置串联地笼网，《江苏省渔业管理条例》第二十条将其列为禁用渔具。

此案审理中，被告人田某、英某积极主动履行环境修复义务，向法院缴纳海洋生态环境修复金人民币2 000元。

上述事实，有被告人田某、英某的供述与辩解，江苏省公安边防总队海警支队出具的受案登记表、立案决定书、查获经过、发破案经过、户籍证明、扣押决定书、扣押清单，某市海洋与渔业总综合行政执法支队出具的现场检查（勘验）笔录、查获照片，江苏省海洋渔具渔法鉴定中心出具的海洋渔具渔法检验（鉴定）报告等证据证实，足以认定。

• **案件争点**

主动交纳海洋生态环境修复金，量刑时可否从轻？

• **裁判要旨**

法院认为，被告人田某、英某违反保护水产资源法规，在2018年禁渔期间出海捕捞，且捕捞工具为禁用工具地笼网，地笼网网目尺寸小，且捕捞近海底层鱼虾类资源，其行为对海域生物资源具有一定破坏性和危害性，已构成非法捕捞水产品罪，且属共同犯罪。公诉机关指控被告人田某、英某犯非法捕捞水产品罪的事实清楚，证据确实、充分，指控的罪名成立，法院予以支持。被告人田某、英某在共同犯罪中，作用相当，均是主犯。被告人田某、英某接到电话通知后，均积极主动到案接受讯问并如实供述犯罪事实，系自首，均可以从轻处罚。被告人田某、英某能意识到自己的行为对海洋生态环境造成了一定的损害，并主动向法院交纳海洋生态环境修复金，认罪悔罪态度较好，量刑时可酌情从轻处罚。为了打击犯罪，保护海洋水产资源，维护海域生态环境，依照《刑法》第三百四十条、第二十五条第一款、第六十七条第一款、第五十二条、第六十四条之规定，作出判决如下：一、被告人田某犯非法捕捞水产品罪，判处罚金人民币 2 000 元（已缴纳）；二、被告人英某犯非法捕捞水产品罪，判处罚金人民币 2 000 元（已缴纳）；三、对扣押在案的渔获物变卖款人民币 50 元予以追缴，由江苏省公安边防总队海警支队负责上缴国库；对扣押在江苏省公安边防总队海警支队的浮子筏 1 艘、地笼网 8 条予以没收。

案例三
王某朋等人非法捕捞水产品案

• **法院**

山东省某市中级人民法院

• **当事人**

公诉机关暨公益诉讼起诉人：某市人民检察院
被告人：王某朋、王某文、吕某金、孙某琨

• **基本案情**

2019 年 6 月中下旬，被告人王某朋、王某文与被告人吕某金预谋在国家禁渔期组织渔船出海进行非法捕捞，捕捞的海产品由吕某金收购。后王某朋通过他人联系到被告人孙某琨，商定捕捞返回的渔船在孙某琨承包的码头停靠卸货，孙某琨收取靠港费每条每次人民币 1 000 元，同时收购捕捞的螃蟹（部分靠港费以捕捞的螃蟹顶账）。2019 年 6 月中下旬至 7 月 17 日，王某朋、王某文组织 10 余条渔船在某海域通过网捕的方式先后十余次捕捞爬虾、螃蟹等海产品。经统计，王某朋、王某文非法捕捞并出售给吕某金的海产品共计 147 692.5 斤，价值人民币 100 余万元；非法捕捞期间，孙某琨收取靠港费共计人民币 4 万余元，期间还收购海产品价值人民币 3.615 万元。

案发后，王某朋、王某文、孙某琨、吕某金均被公安机关抓获归案。王某文向公安机关缴纳违法所得人民币 20.1 万元；吕某金、孙某琨各缴纳违法所得人民币 10 万元。

另查，经某大学滨海生态高等研究院出具鉴定意见：王某朋、王某文等人在国家法定禁渔期内非法捕捞各类渔业资源生物的行为，造成了渔业资源和海洋生态环境的损害，建议采用增殖放流中国对虾的方式进行该海域渔业资源的恢复，需增殖放流中国对虾（大于 10 mm）的苗种数量为 4 422 042 尾、三疣梭子蟹 192 047 尾，依据山东省农业农村厅《2020 年度全省增殖放流工作指导意见》中的指导价格，此案增殖放流苗种总价值 6.342 5 万元。审理中，被告人王某朋、王某文、孙某琨、吕某金交纳渔业资源修复费用合计 6.342 5 万元。

原审法院依据《刑法》第三百四十条、第二十五条第一款、第二十六条第一款和第四款、第二十七条、第六十四条、第六十七条第三款、第七十二条第一款，《刑事诉讼法》第一百零一条第二款，《民事诉讼法》第五十五条，《侵权责任法》（已被《民法典》废止）第四条、第六条、第十五条之规定，作出判决如下：一、被告人王某朋犯非法捕捞水产品罪，判处有期徒刑一年四个月；二、被告人王某文犯非法捕捞水产品罪，判处有期徒刑一年，缓刑二年；三、被告人吕某金犯非法捕捞水产品罪，判处有期徒刑一年，缓刑二年；四、被告人孙某琨犯非法捕捞水产品罪，判处罚金人民币 8 000 元；五、追缴被告人违法所得合计人民币 40.1 万元，由公安机关上缴国库；六、被告人王某朋、王某文、吕某金、孙某琨赔偿受损的渔业资源修复费用合计人民币 6.342 5 万元。

宣判后，在法定期限内，原公诉机关不抗诉，原审公益诉讼起诉人及原审被告人王某文、吕某金、孙某琨均服判不上诉，原审被告人王某朋不服提出上诉，其上诉理由是：1. 上诉人具有自首情节；2. 上诉人认罪认罚，积极缴纳犯罪所得，赔偿交纳渔业受损的修复费用，一审法院量刑过重，请求二审法院依法改判缓刑。

经二审审理查明的事实和证据与一审相同。

• 案件争点

对非法捕捞行为人的量刑是否准确？

• 裁判要旨

法院认为，上诉人王某朋及原审被告人王某文、吕某金、孙某琨违反保护水产资源法规，在禁渔期内捕捞水产品，情节严重，其行为侵犯了国家对水产资源的管理活动，均构成非法捕捞水产品罪。上诉人王某朋曾因犯非法拘禁罪被判处有期徒刑,释放后五年内再犯应当判处有期徒刑以上刑罚之罪者,系累犯,应依法予以从重处罚;上诉人王某朋及原审被告人王某文、吕某金在共同犯罪中起主要作用,均系主犯;原审被告人孙某琨在共同犯罪中起次要、辅助作用,系从犯,应依法予以从轻处罚;上诉人王某朋及原审被告人王某文、吕某金、孙某琨归案后均能如实供述基本犯罪事实,自愿认罪认罚,积极退交违法所得,交纳修复费用,依法均可相应予以从轻处罚。上诉人及各原审被告人非法捕捞水产品的行为造成了渔业资源和海洋生态环境的损害,侵害了国家利益和社会公共利益,依法应修复被其犯罪行为损害的渔业资源和海洋生态环境,或赔偿受损的渔业资源修复费用。

对于上诉人王某朋提出的其具有自首情况的上诉理由,经查,某市公安机关出具的到案经过及上诉人王某朋的供述证实,上诉人王某朋系在某派出所对某港口突击检查时被当场抓获的,依法不构成自首,故该上诉理由不成立,法院不予采纳。

对于上诉人王某朋提出的一审判决量刑过重,请求改判缓刑的上诉理由,经查,上诉人王某朋系累犯,依法不符合适用缓刑条件,原审法院综合考虑本案事实、情节,所量刑罚符合法律规定,故该上诉理由不成立,法院不予采纳。

综上,原审判决认定事实清楚,证据确实、充分,定罪准确,量刑适当,审判程序合法。依照《刑事诉讼法》第二百三十六条第一款第一项之规定,裁定驳回上诉,维持原判。

三、司法案例类案甄别

(一)事实对比

案例一:2021年4月20日,某市侦查机关某派出所委托某市价格认证中心对涉案渔获物进行价格认定,某市价格认证中心,认定涉案小鲞子鱼等水产品于2020年9月1日的市场批发(批量)总价格为250 216元。2021年6月2日,法院委托某市自然资源和规划局对徐某非法捕捞造成的海洋生态环境损害的价值、海洋生态环境修复所需要的费用及具体修复方法作出鉴定报告。2021年6月17日,某市自然资源和规划局作出《某市海洋生态环境修复增殖放流项目实施方案》,请求依法判令被告人谢某、金某、黄某、康某、谭某、许某通过增殖放流方式，修复被其犯罪行为损害的渔业资源和海洋生态环境。如不能恢复原状，六名被告人应当与徐某对受损的渔业资源修复费用承担连带赔偿责任。其中，谢某、金某应当对受损的渔业资源修复费用的 12 万元承担连带赔偿责任，黄某应当对其中的 11.66 万元承担连带赔偿责任，康某应当对其中的 11.38 万元承担连带赔偿责任，谭某应当对其中的 8.3 万元承担连带赔偿责任，许某应当对其中的 7.49 万元承担连带赔偿责任。法院认为：六名被告人愿意接受处罚，积极赔偿，对其判处缓刑没有再犯罪的危险，依法均可从轻处罚并判处缓刑。六名被告人与徐某赔偿附带民事公益诉讼起诉人山东省某市人民检察院经济损失人民币 12 万元（已付清），由附带民事公益诉讼起诉人山东省某市人民检察院支付渔业资源修复费用。

案例二：此案审理中，被告人田某、英某积极主动履行环境修复义务，向法院赔偿海洋生态环境修复金人民币 2 000 元。被告人田某、英某在共同犯罪中，作用相当，均是主犯。被告人田某、英某接到电话通知后，均积极主动到案接受讯问并如实供述犯罪事实，系自首，均可以从轻处罚。被告人田某、英某能意识到自己的行为对海洋生态环境造成了一定的损害，并主动向法院交纳海洋生态环境修复金，认罪悔罪态度较好，量刑时可酌情从轻处罚。

案例三：经鉴定意见，王某朋、王某文等人在国家法定禁渔期内非法捕捞各类渔业资源生物的行为，造成了渔业资源和海洋生态环境的损害，建议采用增殖放流中国对虾的方式进行该海域渔业资源的恢复，需增殖放流中国对虾（大于 10 mm）的苗种数量为 4 422 042 尾、三疣梭子蟹 192 047 尾，依据山东省农业农村厅《2020 年度全省增殖放流工作指导意见》中的指导价格，此案增殖放流苗种总价值 6.342 5 万元。审理中，被告人王某朋、王某文、孙某琨、吕某金交纳渔业资源修复费用合计 6.342 5 万元。一审法院认为被告人王某朋、王某文、吕某金、孙某琨归案后均能如实供述基本犯罪事实，自愿认罪认罚，积极退交违法所得，赔偿修复费用，依法均可相应予以从轻处罚。

二审法院认为：上诉人王某朋及原审被告人王某文、吕某金、孙某琨归案后均能如实供述基本犯罪事实，自愿认罪认罚，积极退交违法所得，赔偿修复费用，依法均可相应予以从轻处罚。上诉人及各原审被告人非法捕捞水产品的行为造成了渔业资源和海洋生态环境的损害，侵害了国家利益和社会公共利益,依法应修复被其犯罪行为损害的渔业资源和海洋生态环境,或赔偿受损的渔业资源修复费用。

(二)适用法律对比

案例一:法院认为,被告人谢某、金某、黄某、康某、谭某、许某违反保护水产资源法规,在禁渔期非法捕捞水产品,情节严重,均构成非法捕捞水产品罪。公诉机关的指控成立。被告人谢某系此案的主犯,在共同犯罪中所起作用较徐某小,可比照徐某从轻处罚;被告人金某、黄某、康某、谭某、许某在共同犯罪中系此案的从犯,依法应从轻处罚。被告人谭某、许某系自首,依法可从轻处罚;被告人谢某、金某、黄某、康某系坦白,依法可从轻处罚;六名被告人愿意接受处罚,积极赔偿,对其判处缓刑没有再犯罪的危险,依法均可从轻处罚并判处缓刑;辩护人的相关辩护意见,符合事实和相关法律规定,法院予以采纳。对被告人谢某、金某、黄某、康某、谭某、许某的量刑建议适当,法院予以采纳。依照《刑法》第三百四十条、第二十五条第一款、第二十六条第一款和第四款、第二十七条第一款和第二款、第六十七条第一款和第三款、第七十二条第一款和第三款、第七十三条、第三十六条第一款、第六十四条,《民法总则》(已被《民法典》废止)第一百七十六条,《侵权责任法》(已被《民法典》废止)第四条第一款、第六条第一款、第八条,《最高人民法院关于审理环境民事公益诉讼案件适用法律若干问题的解释》第十八条、第二十条,《刑事诉讼法》第十五、第二百零一条、第一百零一条之规定,进行判决。

案例二:为了打击犯罪,保护海洋水产资源,维护海域生态环境,依照《刑法》第三百四十条、第二十五条第一款、第六十七条第一款、第五十二条、第六十四条之规定,作出判决如下:一、被告人田某犯非法捕捞水产品罪,判处罚金人民币2 000元(已缴纳);二、被告人英某犯非法捕捞水产品罪,判处罚金人民币2 000元(已缴纳);三、对扣押在案的渔获物变卖款人民币50元予以追缴,由江苏省公安边防总队海警支队负责上缴国库;对扣押在江苏省公安边防总队海警支队的浮子筏1艘、地笼网8条予以没收。

案例三:被告人非法捕捞水产品的行为造成了渔业资源和海洋生态环境的损害,侵害了国家利益和社会公共利益,公益诉讼起诉人要求被告人修复被其犯罪行为损害的渔业资源和海洋生态环境，或赔偿受损的渔业资源修复费用6.342 5万元，符合《侵权责任法》（已被《民法典》废止）第四条、第六条、第十五条的规定，予以支持。根据各被告人在共同犯罪中所起作用及犯罪情节，原审法院依照《刑法》第三百四十条、第二十五条第一款、第二十六条第一款和第四款、第二十七条、第六十四条、第六十七条第三款、第七十二条第一款，《刑事诉讼法》第一百零一条第二款，《民事诉讼法》第五十五条，《侵权责任法》（已被《民法典》废止）第四条、第六条、第十五条之规定，作出判决如下：一、被告人王某朋犯非法捕捞水产品罪，判处有期徒刑一年四个月；二、被告人王某文犯非法捕捞水产品罪，判处有期徒刑一年，缓刑二年；三、被告人吕某金犯非法捕捞水产品罪，判处有期徒刑一年，缓刑二年；四、被告人孙某琨犯非法捕捞水产品罪，判处罚金人民币8 000元；五、追缴被告人违法所得合计人民币40.1万元，由公安机关上缴国库；六、被告人王某朋、王某文、吕某金、孙某琨赔偿受损的渔业资源修复费用合计人民币6.342 5万元。

（三）类案数据分析

截至2024年1月26日，以"非法捕捞水产品""主动""修复保证金""从轻"为关键词，通过公开案例库共检索出类案19件。

从地域分布来看，当前案例主要集中在四川省、江苏省、福建省，其中四川省的案件量最多，达到7件。

从案由分类情况来看，当前的案由分布由多至少分别是刑事，有18件；民事，有1件。

从审理程序分布情况来看，一审案件有13件，二审案件有5件，并能够推算出一审上诉率为38.46%。

四、类案裁判规则的解析确立

根据我国《刑法》第三百四十条规定："违反保护水产资源法规，在禁渔区、禁渔期或者使用禁用的工具、方法捕捞水产品，情节严重的，处三年以下有期徒刑、拘役、管制或者罚金。"非法捕捞水产品不仅触犯

《刑法》，更破坏海洋生态环境，损害社会公益。因此在非法捕捞水产品罪案件的审理过程中，应当在判处被告人刑罚的同时，履行增殖放流生态修复的义务，利用科学有效的方式，还渔于海，实现对海洋生态环境的修复。

具体而言，需要由有关部门评估生态修复赔偿的具体责任及承担方式。如果行为人主动赔偿海洋生态环境修复金，同意以实际行动修复被其犯罪行为损害的海洋生态环境，量刑时可酌情从轻处罚。人民法院判决生态环境侵权人采取增殖放流方式恢复水生生物资源、修复水域生态环境的，应当遵循自然规律，遵守水生生物增殖放流管理规定，根据专业修复意见合理确定放流水域、物种、规格、种群结构、时间、方式等，并可以由渔业行政主管部门协助监督执行。在非法捕捞水产品引发的刑事案件中，人民法院应坚持结合宽严相济的刑事政策，若被告能主动交纳海洋生态环境修复保证金并以实际行动，如"捕什么还什么、捕多少还多少""对照涉案品种放流替代品种"的人工增殖放流方式等，修复被其犯罪行为损害的海洋生态环境，量刑时可酌情从轻处罚。

在环境公益诉讼的刑事附带民事诉讼中，民事赔偿责任的承担，虽与刑事案件中的定罪量刑没有直接的关系，但依然可以作为情节的重要参考。非法捕捞水产品的行为造成了渔业资源和海洋生态环境的损害，侵害了国家利益和社会公共利益，公益诉讼起诉人要求被告人修复被其犯罪行为损害的渔业资源和海洋生态环境，或赔偿受损的渔业资源修复费用的，符合相关法律规定。当然，并非所有按照修复方案主动积极进行增殖放流措施的行为人，均应当在量刑时给予缓刑等较轻处罚。要综合考虑行为人的其他情节，如果不存在自首等情节，或是累犯等情况，则不必然适用缓刑。本着罪责刑相一致的刑事法律理论，如果行为人有积极悔过、积极认罪认罚的态度，可以在刑事案件中的定罪量刑阶段予以考虑。特别是在非法捕捞水产品罪这类涉及生态环境保护的案件中，环境损害的处罚或责任承担，是定罪量刑的重要参考要素，交纳海洋生态环境修复金、主动按照有关部分出具的修复方案进行增殖放流等措施的，可以认定为认罪悔罪态度良好，在量刑时予以考量。通过增殖放流等环境修复手段，便于修复行为人对生态环境造成的损害，真正起到生态环境保护作用。

五、关联法律法规

（一）《中华人民共和国刑法》（2023 年修正）

第三百四十条　违反保护水产资源法规，在禁渔区、禁渔期或者使用禁用的工具、方法捕捞水产品，情节严重的，处三年以下有期徒刑、拘役、管制或者罚金。

（二）《最高人民法院、最高人民检察院关于检察公益诉讼案件适用法律若干问题的解释》（2021 年 1 月 1 日施行，法释〔2020〕20 号）

第十八条　人民法院认为人民检察院提出的诉讼请求不足以保护社会公共利益的，可以向其释明变更或者增加停止侵害、恢复原状等诉讼请求。

第二十条　人民检察院对破坏生态环境和资源保护，食品药品安全领域侵害众多消费者合法权益，侵害英雄烈士等的姓名、肖像、名誉、荣誉等损害社会公共利益的犯罪行为提起刑事公诉时，可以向人民法院一并提起附带民事公益诉讼，由人民法院同一审判组织审理。

人民检察院提起的刑事附带民事公益诉讼案件由审理刑事案件的人民法院管辖。

海洋生态环境司法裁判规则
第 18 条

单位和个人使用海域，必须依法取得海域使用权。海域使用权无论是最初申请取得，还是后续受让取得，均需办理海域使用权登记，且权利主体自领取海域使用权证书之日起取得海域使用权，否则均为非法使用、无权使用

海洋生态环境司法裁判规则第 18 条

一、聚焦司法案件裁判观点

■ **争议焦点**

海域使用权如何取得？

■ **裁判观点**

《海域使用管理法》第三条规定："海域属于国家所有，国务院代表国家行使海域所有权。任何单位或者个人不得侵占、买卖或者以其他形式非法转让海域。单位和个人使用海域，必须依法取得海域使用权。"因此，海域使用权不能买卖，只能依法转让，一般需要交易双方共同向海事行政主管部门申请变更登记，审查批准后才能依法转让。

二、司法案例样本对比

案例一

季某勇与王某成、王某强、滕某海域使用权纠纷案

• **法院**

山东省某人民法院

• **当事人**

上诉人（原审原告）：季某勇
被上诉人（原审被告）：王某成
被上诉人（原审被告）：王某强
被上诉人（原审第三人）：滕某

• 基本案情

2018年7月2日，季某勇通过滕某购买王某成与王某强位于某市某镇的2 569亩海域使用权及养殖设施，季某勇与滕某之间系委托合同关系，也是朋友关系，滕某又与王某成、王某强是朋友关系。当日，季某勇给了滕某现金36万元，滕某又将此36万元付给了王某成、王某强。为证明其主张的成立，季某勇提交了两张收条。一张收条收款人为滕某，载明信息为"今收到季某勇委托本人购买王某强、王某成海域款：现金36万元"；另一张收条收款人为王某成、王某强，载明信息为："今收到滕某付给王某强、王某成以下纬道数的海区的（撅腿）款36万元。"两张收条下方均注明了相同的海域四至范围。

2021年11月4日，经季某勇查询，某市海洋发展和渔业局出具一份情况说明，载明信息如下：经查，王某强、王某成未在我局办理海域使用权确权登记手续。

季某勇主张：1. 季某勇委托滕某购买王某成、王某强的海域及养殖设施，季某勇与滕某之间以及滕某与王某成、王某强之间均未签订书面合同，但是分别存在口头合同。根据《民法典》第九百二十六条的规定，季某勇作为委托人享有介入权，有权提起此案之诉。

2. 王某成、王某强收到季某勇交付的36万元转让款后，至今未能交付2 569亩海域使用权相关批准使用手续及海域、设施。现已证明王某成、王某强根本未取得案涉海域的海域使用权，因此，海域使用权转让行为因违反了法律的强制性规定而无效。季某勇无过错，王某成、王某强应承担全部的过错责任，返还已收取的转让款及利息。

3. 王某成、王某强辩称转让的是撅腿，不是海域使用权，其辩解实属推卸责任，企图掩盖真实交易目的，逃避法律追究，拒绝承担法律责任。撅腿为木质海域养殖设施，季某勇、滕某如果只想购买撅腿产品，完全可以到木材厂定做或到渔具店购买，价格便宜，便于装运。然而，此案约定的撅腿分布在2 569亩海域中，该撅腿均固定在海底，由王某成、王某强用于养殖，产生效益。季某勇获得海域使用权也是为了养殖、海上观光旅游等，是利用撅腿及海域获取经济利益，而不是单纯获取该海域中的木质撅腿。

对此，王某成、王某强解释称：1. 王某成、王某强与滕某之间不存在海域使用权转让合同，王某成、王某强与滕某之间存在的只是口头约定的购买养殖设施，收条中载明的 36 万元为撅腿款证明了滕某购买的不是海域使用权。王某成、王某强与滕某之间没有签订书面合同。2. 关于诉争海域，王某成、王某强一直是无证养殖，因为该海域一直由王某成、王某强投资打桩搞养殖。两人收到了滕某给的 36 万元，当时说的是滕某自己购买的撅腿款，季某勇养殖一年之后，我们才知道。

一审法院认为，季某勇诉称其与王某成、王某强之间存在口头的海域使用权转让合同。对此，王某成、王某强明确予以否认。根据《最高人民法院关于适用〈中华人民共和国民事诉讼法〉的解释》（2022 年修正）第九十一条的规定"主张法律关系存在的当事人，应当对产生该法律关系的基本事实承担举证证明责任。"此案中，证明季某勇、王某成、王某强之间存在海域使用权转让合同法律关系的举证责任在于季某勇。

此案双方当事人争议的焦点是滕某以自己名义与王某成、王某强签订的买卖合同的内容。庭审中，各方当事人均确认交易时，彼此之间均未签订书面合同，仅有口头约定。根据诉辩双方的主张，此案存在以下三个焦点问题：一是滕某与王某成、王某强之间买卖合同的交易标的；二是季某勇是否享有委托人的介入权；三是滕某与王某成、王某强签订的买卖合同是否有效。

法院认为，滕某与王某成、王某强口头约定的买卖合同所涉交易标的为诉争海域内的养殖设施（撅腿），不涉及海域使用权的转让。

季某勇不享有委托人的介入权。滕某与王某成、王某强签订的口头买卖合同合法有效。

季某勇主张确认季某勇、滕某与王某成、王某强之间海域使用权转让行为无效的诉讼请求，缺乏法律依据，不予支持。季某勇的其他诉讼请求系基于合同无效要求被告承担的违约责任，亦缺乏法律依据，不予支持。依据《合同法》（已被《民法典》废止）第四十四条、第五十二条、第四百零二条，《海域使用管理法》第三条，《最高人民法院关于适用〈中华人民共和国民事诉讼法〉的解释》第九十一条，《最高人民法院关于适用〈中华人民共和国民法典〉时间效力的若干规定》第一条第二款的规定，作出判决如下：驳回原告季某勇的诉讼请求。案件受理费 6 700 元，因简易程序审理减半收取 3 350 元，由原告季某勇负担。

二审中，当事人没有提交新证据。但是，季某勇和王某成、王某强共同确认，滕某接受季某勇委托后，以季某勇的名义与王某成、王某强达成口头买卖协议，但双方仍然对购买标的陈述不一致。

• 案件争点

滕某与王某成、王某强之间买卖合同的交易标的,是否为海域使用权?

• 裁判要旨

二审法院认为,此案为确认合同无效纠纷案件,因季某勇和王某成、王某强在二审审理中共同确认滕某接受季某勇委托后,未以自己的名义,而是以委托人季某勇的名义与王某成、王某强达成口头协议,季某勇与王某成、王某强存在直接的口头买卖合同关系,所以此案中有关季某勇介入权的主张无须进行审理。季某勇与滕某的委托关系如何履行,季某勇与王某成、王某强的买卖合同如何履行均不影响合同效力的认定。因此,对于季某勇上诉所称滕某是否按照委托事项履行了委托关系以及王某成、王某强不能按照买卖合同交付撅腿的内容均不属于本案审理范围。

季某勇作为原告提起的为合同无效诉讼,而非合同履行产生的违约之诉,本案争议系合同订立时的行为引发的诉讼,因案涉口头协议订立于2018年7月2日前后,一审法院适用《最高人民法院关于适用〈中华人民共和国民法典〉时间效力的若干规定》第一条第二款规定,确定此案属于《民法典》施行前的法律事实引起的民事纠纷案件,应适用《民法典》施行前的法律、司法解释是正确的。

季某勇以与王某成、王某强存在口头海域使用权转让协议,而王某成、王某强并不享有海域使用权为由,请求判定双方口头买卖协议无效。但在案件审理中,季某勇除其本人及其受托人滕某的口头陈述外,未有其他证据证明季某勇与王某成、王某强达成的口头买卖协议中包含有海域使用权转让的部分,季某勇和滕某作为买卖一方的委托人和受托人,其作出的有关合同内容的陈述只是单方陈述,该陈述内容未得到合同另一方王某成、王某强的认可,也与在履行合同中一方当事人收取款项向另一方出具的收条载明的"撅腿款"的收款内容不一致。滕某作为受托人向委托人季某勇出具的海域款收条只是委托关系协商的证明,既不能证明该委托的意思已经转达到合同相对方,也不能证明购买海域的意思已经与合同相对方协商一致。季某勇在口头协议达成后的四年内,既未对王某成、王某强收取撅腿款的收条提出异议,也未要求王某成、王某强办理海域使用权转让手续。对此,季某勇未作出合理解释。一审法院根据《最高人民法院关于适用〈中华人民共和国民事诉讼法〉的解释》(2020年修正)第九十一条的规定,认定季某勇作为主张方负有证明季某勇、王某成、王某强之间存在海域使用权转让合同法律关系的举证责任是正确的。因季某勇未能证明其与王某成、王某强存在口头海域使用权转让合同关系,因此,季某勇请求确认合同无效没有事实和法律依据,季某勇的上诉请求不成立。

综上所述,季某勇的上诉请求不能成立,应予驳回;一审判决认定事实清楚,适用法律正确,应予维持。依照《民事诉讼法》第一百七十七条第一款第一项规定,二审判决驳回上诉,维持原判。

案例二

山东某威集团制盐场与杨某天、崔某台海域使用权纠纷案

- **法院**

山东省某人民法院

- **当事人**

上诉人(原审被告):山东某威集团制盐场(简称"某威制盐场")
被上诉人(原审原告):杨某天
原审第三人:崔某台

- **基本案情**

2002年6月15日,某市某镇城镇建设委员会作为合同甲方,与乙方杨某天签订《滩涂承包合同》。合同内容如下:"1. 办理滩涂使用证,必须经某镇政府批准;2. 合同不作为确权的依据,在使用期限内不得擅自改变其使用性质,不得建设永久性建筑物、构筑物,如果确需建设,本人申请,经建委批准后方可动工;3. 承包期内如遇国家及镇政府建设需要,必须按照镇政府通知要求及时退出,并清理场地,中止承包合同。未尽年限承包费与损失情况甲方给乙方适当补偿……6. 承包期满,如乙方继续承

包,甲乙双方协商签订合同可继续承包管理使用,如乙方不再承包,损失部分镇政府不予补偿。"合同由某市某镇城镇建设委员会加盖公章并由代表签字,杨某天签字盖姓名章。

2006年3月4日,某市人民政府向杨某天颁发《海域使用权证书》,项目名称为海水养殖,用海类型为渔业用海,用海面积19.51公顷,终止日期为2016年3月3日。

2013年10月31日,某市人民政府向杨某天颁发《海域使用权证书》,海域使用权人为杨某天,地址在××市××镇××路,项目名称为杨某天盐业用海,项目性质为经营性,用海类型一级类为工业用海,二级类为盐业用海,宗海面积19.423 4公顷,用海方式为盐业,终止日期2028年9月26日。

杨某天每年度定期缴纳海域使用金。2005年1月26日,杨某天作为合同甲方,与乙方崔某台签订合同书,共同协商甲方虾池由乙方承包,承包期15年。2005年4月19日,崔某台作为甲方,与乙方某威制盐场签订《盐田承包合同》,共同协商甲方将虾池及部分滩涂承包给乙方改建盐田。

2005年12月6日,某市某镇人民政府作为发包方(甲方)与承包方山东潍坊某威实业有限公司(乙方)签订《盐田承包合同》,经双方共同协商,甲方将乙方承包崔某台虾池滩涂(杨某天的虾池、任某新的滩涂)改造盐田延长年限承包给乙方使用。合同由某市某镇人民政府加盖公章并由代表签字,某威实业有限公司加盖公章并由代表签字。

某威制盐场于2021年12月10日庭审中确认,杨某天主张的海域使用证范围内的涉案海域自2005年4月19日与崔某台签订《盐田承包合同》之日起至今一直由某威制盐场占有使用,盐田系其自行建造。

一审法院认为,本案系海域使用权纠纷。《最高人民法院关于适用〈中华人民共和国民法典〉时间效力的若干规定》第一条第三款规定,《民法典》施行前的法律事实持续至《民法典》施行后,该法律事实引起的民事纠纷案件,适用《民法典》的规定,但是法律、司法解释另有规定的除外。本案属于《民法典》施行前的法律事实持续至《民法典》施行后,因此应适用《民法典》的规定。

本案的焦点问题:某威制盐场是否应向杨某天返还海域使用证范围内19.423 4公顷盐田。

杨某天作为海域使用权人,对海域使用证范围内19.423 4公顷海域享有占有、使用、收益的权利,有权要求某威制盐场停止侵害,其请求某威制盐场将海域使用证范围内19.423 4公顷盐田按现状返还,理由正当,一审法院予以支持。

综上,依照《民法典》第二百零九条第一款、第二百四十七条、第三百二十八条、第四百六十二条,《海域使用管理法》第六条,《民事诉讼法》第一百四十四条,《最高人民法院关于适用〈中华人民共和国民法典〉时间效力的若干规定》第一条第三款规定,作出判决如下:某威制盐场于判决生效之日起十日内向杨某天按现状返还《海域使用权证书》范围内19.423 4公顷盐田。

• 案件争点

某威制盐场是否应向杨某天返还涉案盐田?

• 裁判要旨

关于某威制盐场是否应该按照经营现状向杨某天返还涉案盐田。《民法典》第二百三十五条的规定:"无权占有不动产或者动产的,权利人可以请求返还原物。"此案中,杨某天是涉案海域登记的海域使用权人,对涉案海域享有用益物权,其作为权利人,可以请求无权占有人返还原物。杨某天与崔某台、崔某台与某威制盐场就涉案海域签订承包、转承包合同,两合同均约定,"承包期满,承包合同终止,乙方按经营现状交给甲方"。合同约定的履行期于2019年12月30日届满。某威制盐场虽主张合同期满后双方仍继续履行,但并未继续向崔某台支付过海域租赁费,崔某台亦未向杨某天支付。某威制盐场系以其行为表示拒绝履行合同。在此情形下,杨某天在合同期满后向崔某台、某威制盐场主张返还海域,符合常理。由此,杨某天与崔某台、崔某台与某威制盐场之间的合同应自合同约定的履行期限届满时终止,某威制盐场对涉案海域的继续占有即为无权。某威制盐场拒绝返还,对杨某天构成侵权。杨某天起诉要求某威制盐场将现状已为盐田的海域返还,应予以支持。杨某天与某威制盐场之间是否存在直接的合同关系,不影响其作为物权人行使返还原物请求权。

综上所述,某威制盐场的上诉请求不能成立,应予驳回;一审判决认定事实清楚,适用法律正确,应予维持。依照《民事诉讼法》第一百七十七条第一款第一项规定,判决驳回上诉,维持原判。

案例三

某市某水产有限公司与某环保疏浚有限公司海上养殖损害责任纠纷案

• **法院**

山东省某人民法院

• **当事人**

上诉人（原审原告）：某市某水产有限公司（简称"某水产公司"）
上诉人（原审被告）：某环保疏浚有限公司

• **基本案情**

2008年6月1日、12月1日，某市人民政府颁发国海证083700××9号、093700××9号及国海证083700××2号、国海证093700××0号、国海证093700××1号五份《海域使用权证书》，载明的海域使用权人分别为宋某杰、郭某波、赵某挥、李某远，项目名称为浅海底播养殖，用海方式为开放式养殖。登记机关某市海洋与渔业局分别对海域使用权进行了登记，并收取了相应的海域使用金。上述四人于2015年6月5日分别出具"声明"称，其个人均系某水产公司职工，五份《海域使用权证书》项下相应海域由某水产公司从事菲律宾蛤仔养殖并承担海域使用金，全部收益和风险由某水产公司享有和承担。但涉案的五份《海域使用权证书》海域使用权人一栏中并未登记某水产公司的名称。某水产公司于2008年在某海洋大学教授闫某某的指导下，开始在上述五份《海域使用权证书》标明的海域进行菲律宾蛤仔的养殖。

2010年4月15日，某环保疏浚有限公司向监理人山东省某工程管理咨询有限公司及业主某市港航基础工程有限公司发出003号、004号工程业务联系单，认为在建工程施工作业可能存在对周边水域回淤、污染环境的隐患，要求两公司采取相应措施。山东某工程管理咨询有限公司认为情况属实；某市港航基础工程有限公司回复将尽早协调实施防泄漏处理。

施工期间，绞吸作业和吹填溢流产生的悬浮泥沙均对附近海域的海水水质产生影响。此次施工仅对外航道疏浚了约 2 800 米,内航道尚未施工,整体工程并未施工完毕便于 2010 年 6 月 17 日停工。

2010 年 11 月 26 日,山东省海洋与渔业司法鉴定中心作出司法鉴定报告书。

鉴定结果:1. 某市商港航道疏浚吹填导致其作业区周边养殖海域内悬浮物超渔业水质标准,损害了部分人工养殖贝类。2. 养殖贝类经济损失共计 11 767 862.24 元,其中菲律宾蛤仔损失 7 304 151.10 元,缢蛏损失 3 716 085.89 元,青蛤损失 747 625.25 元。

2011 年 8 月,某水产公司向山东省高级人民法院提起诉讼,要求某环保疏浚有限公司赔偿经济损失 1.85 亿元。

2012 年 12 月 6 日,某水产公司提出申请,要求对于污染损害所致的经济损失重新进行司法鉴定。

2012 年 12 月 23 日,某水产公司出具《某市某航道疏浚吹填作业引发的悬浮物污染致本公司菲律宾蛤仔死亡经济损失评估》,认为某环保疏浚有限公司的疏浚吹填作业致某水产公司养殖的菲律宾蛤仔全部死亡。

一审法院认为此案的争议焦点为,某水产公司的养殖行为是否合法。

《海域使用管理法》第三条第二款规定:"单位和个人使用海域,必须依法取得海域使用权。"第十九条规定:"海域使用申请人自领取海域使用权证书之日起,取得海域使用权。"国家海洋局制定的《海域使用权管理规定》第二条规定:"海域使用权的申请审批、招标、拍卖、转让、出租和抵押,适用本规定。"第三十七条规定:"海域使用权有出售、赠与、作价入股、交换等情形的,可以依法转让。"第四十条第一款规定:"海洋行政主管部门收到转让申请材料后,十五日内予以批复。批准的,转让双方应当在十五日内办理海域使用权变更登记,领取海域使用权证书。不予批准的,海洋行政主管部门依法告知转让双方。"根据上述规定,任何单位和个人使用海域均应自领取《海域使用证书》之日起才取得海域使用权。某水产公司使用的海域系登记在宋某杰、郭某波、赵某挥、李某远名下,即便是由上述四人将海域使用权转让于某水产公司使用,也应依法向海洋行政主管部门提出申请,经批准后作变更登记再领取《海域使用权证书》。然而未有证据证明某水产公司取得过《海域使用权证书》,故某水产公司主张取得涉案海域使用权没有证据支持,某水产公司使用涉案海域不符合法律规定。《中华人民共和国渔业法》第十一条规定:"单位和个人使用国家规划确定用于养殖业的全民所有的水域、滩涂的,使用者应当向县级以上地方人民政府渔业行政主管部门提出申请，由本级人民政府核发养殖证，许可其使用该水域、滩涂从事养殖生产。"由此可见，使用海域从事养殖是一种经行政许可后方可从事的行为，而养殖证是单位或个人使用水域、滩涂从事养殖生产活动的法律凭证，未依法取得养殖证就不享有使用水域、滩涂从事养殖生产的权利，其使用权不受法律保护。某水产公司非法使用海域并进行非法养殖获得的利益属非法利益，不应受国家法律法规的保护。综上，某水产公司未能提供合法有效的《海域使用权证书》和养殖证，其养殖合法的主张不能成立。

经一审法院审判委员会研究认为，某水产公司无《海域使用权证书》而使用海域的行为不受法律保护，其主张海域测量费、海域使用费、海域公示费计入成本不予支持。某水产公司无养殖证从事养殖的行为亦不受法律保护，其主张的船上费用、苗种运输费、差旅费及职工工资等法院亦不予支持。

• 案件争点

某环保疏浚有限公司是否应当支付某水产公司财产损失及相应利息？

• 裁判要旨

《海域使用管理法》和《渔业法》系单位和个人使用海域从事养殖生产的法律依据，《海域使用管理法》规定，单位和个人使用海域，必须依法取得海域使用权。《渔业法》规定，单位和个人使用国家规划确定用于养殖业的全民所有的水域、滩涂的，使用者应当向县级以上地方人民政府渔业行政主管部门提出申请，由本级人民政府核发养殖证，许可其使用该水域、滩涂从事养殖生产。此案中，某水产公司以四名员工的名义取得了涉案《海域使用权证书》，但未取得养殖证。因此，其在涉案海域的养殖生产不完全符合法律规定，某水产公司无权向某环保疏浚有限公司主张养殖的收益损失，但可要求某环保疏浚有限公司赔偿其为养殖投入的成本损失。

某水产公司的上诉请求部分成立，予以支持。某环保疏浚有限公司的上诉请求不成立，予以驳回。依照《海域使用管理法》第三条第二款，《渔业法》第十一条第一款，《侵权责任法》（已被《民法典》废止）第六十五条和《民事诉讼法》（2012年修正，已修改）第一百七十条第一款第二项规定，法院作出判决如下：1. 维持法院（2015）×海法海事重字×号民事判决第二项；2.变更法院（2015）×海法海事重字×号民事判决第一项为：某环保疏浚有限公司于判决生效之日起十日内赔偿某水产公司苗种损失 7 092 222 元及自 2010 年 6 月 18 日起至判决确定的应付之日止的银行同期贷款利息。

三、司法案例类案甄别

（一）事实对比

案例一：2018 年 7 月 2 日，季某勇通过滕某购买王某成与王某强位于某市某镇的 2 569 亩海域使用权及养殖设施，季某勇与滕某之间系委托合同关系，也是朋友关系，滕某又与王某成、王某强是朋友关系。当日，季某勇给了滕某现金 36 万元，滕某又将此 36 万元交付给了王某成、王某强。为证明其主张的成立，季某勇提交了两张收条。一张收条收款人为滕某，载明信息为"今收到季某勇委托本人购买王某强、王某成海域款：现金 36 万元"；另一张收条收款人为王某成、王某强，载明信息为"今收到滕某付给王某强、王某成以下纬道数的海区的撅腿款 36 万元"。两张收条下方均注明了相同的海域四至范围。2021 年 11 月 4 日，经季某勇查询，某市海洋发展和渔业局出具一份情况说明，载明信息如下：经查，王某强、王某成未在我局办理海域使用权确权登记手续。二审中，当事人没有提交新证据。但是，季某勇和王某成、王某强共同确认，滕某接受季某勇委托后，以季某勇的名义与王某成、王某强达成口头买卖协议，但双方仍然对购买标的陈述不一致。

案例二：2002 年 6 月 15 日，某市某镇城镇建设委员会作为合同甲方，与乙方杨某天签订《滩涂承包合同》，承包期 10 年，使用性质为水产品养殖。2006 年 3 月 4 日，某市人民政府向杨某天颁发《海域使用权证书》，项目名称为海水养殖，用海类型为渔业用海，用海面积 19.51 公顷，终止日期为 2016 年 3 月 3 日。2013 年 10 月 31 日，某市人民政府向杨某天颁发《海域使用权证书》，海域使用权人为杨某天，项目名称为杨某天盐业用海，项目性质为经营性，用海类型一级类为工业用海，二级类为盐业用海，宗海面积 19.423 4 公顷，用海方式为盐业，终止日期 2028 年 9 月 26 日。2005 年 1 月 26 日，杨某天作为合同甲方，与乙方崔某台签订合同书，共同协商甲方虾池由乙方承包。2005 年 4 月 19 日，崔某台作为甲方，与乙方某威制盐场签订《盐田承包合同》，共同协商甲方将虾池及部分滩涂承包给乙方改建盐田。2005年12月6日，某市某镇人民政府作为发包方（甲方）与承包方某威实业有限公司（乙方）签订《盐田承包合同》，经双方共同协商，甲方将乙方承包崔某台虾池滩涂（杨某天的虾池、任某新的滩涂）改造盐田延长年限承包给乙方使用。某威制盐场于2021年12月10日庭审中确认，杨某天主张的海域使用证范围内的涉案海域自2005年4月19日与崔某台签订《盐田承包合同》之日起至今一直由某威制盐场占有使用，盐田系其自行建造。

案例三：2008年6月1日、12月1日，某市人民政府颁发国海证083700××9号、093700××9号及国海证083700××2号、国海证093700××0号、国海证093700××1号五份《海域使用权证书》，载明的海域使用权人分别为宋某杰等四人，项目名称为浅海底播养殖，用海方式为开放式养殖。登记机关某市海洋与渔业局分别对海域使用权进行了登记，并收取了相应的海域使用金。上述四人于2015年6月5日分别出具"声明"称，其个人均系某水产公司职工，五份《海域使用权证书》项下相应海域由某水产公司从事菲律宾蛤仔养殖并承担海域使用金，全部收益和风险由某水产公司享有和承担。但涉案的五份《海域使用权证书》海域使用权人一栏中并未登记有某水产公司的名称。某水产公司于2008年开始在上述五份《海域使用权证书》标明的海域进行菲律宾蛤仔的养殖。

（二）适用法律对比

案例一：2002年1月1日起施行的《海域使用管理法》第三条规定："海域属于国家所有，国务院代表国家行使海域所有权。任何单位或者个人不得侵占、买卖或者以其他形式非法转让海域。单位和个人使用海域，必须依法取得海域使用权。"因此，海域使用权不能买卖，只能依法转让，一般需要交易双方共同向海事行政主管部门申请变更登记，审查批准后才能依法转让。根据该法的规定，使用海域滩涂养殖需办理《海域使用权证》，未予办理的为非法养殖。

案例二：依照《民法典》第二百四十七条规定，矿藏、水流、海域属于国家所有；第三百二十八条规定，依法取得的海域使用权受法律保护。《海域使用管理法》第六条规定："国家建立海域使用权登记制度，依法登记的海域使用权受法律保护。"此案中，杨某天将涉案19.423 4公顷海域的使用权依法进行登记,取得了《海域使用权证书》,依法取得涉案海域使用权,对涉案 19.423 4 公顷海域享有占有、使用、收益的权利。《民法典》第四百六十二条规定,占有的不动产或者动产被侵占的,占有人有权请求返还原物;对妨害占有的行为,占有人有权请求排除妨害或者消除危险;因侵占或者妨害造成损害的,占有人有权依法请求损害赔偿。此案中,杨某天为《海域使用权证书》登记的权利人,而某威制盐场自认其对涉案海域占有使用,故杨某天关于占有保护请求权的主张应予支持。《民法典》第二百零九条第一款规定,不动产物权的设立、变更、转让和消灭,经依法登记,发生效力;未经登记,不发生效力,但是法律另有规定的除外。故某威制盐场未依法取得涉案海域的使用权,无权使用涉案海域,其占有使用涉案海域并无法律依据,其行为构成侵权。二审法院认为:依照《民法典》第二百三十五条的规定:"无权占有不动产或者动产的,权利人可以请求返还原物。"此案中,杨某天是涉案海域登记的海域使用权人,对涉案海域享有用益物权,其作为权利人,可以请求无权占有人返还原物。

案例三:《海域使用管理法》和《渔业法》系单位和个人使用海域从事养殖生产的法律依据,《海域使用管理法》规定,单位和个人使用海域,必须依法取得海域使用权。《渔业法》规定,单位和个人使用国家规划确定用于养殖业的全民所有的水域、滩涂的,使用者应当向县级以上地方人民政府渔业行政主管部门提出申请,由本级人民政府核发养殖证,许可其使用该水域、滩涂从事养殖生产。此案中,某水产公司以四名员工的名义取得了涉案《海域使用权证书》,但未取得养殖证。因此,其在涉案海域的养殖生产不完全符合法律规定,某水产公司无权向某环保疏浚有限公司主张养殖的收益损失,但可要求某环保疏浚有限公司赔偿其为养殖投入的成本损失。

（三）类案数据分析

截至 2024 年 1 月 26 日,以"海域使用权登记""非法使用"为关键词,通过公开案例库共检索出类案 20 件。

从地域分布来看,当前案例主要集中在山东省、辽宁省、海南省,其中山东省的案件量最多,达到 8 件。

从案由分类情况来看,当前的案由分布由多至少分别是民事,有 5 件;行政,有 5 件。

从行业分类情况来看,当前的行业分布主要集中在制造业、交通运输、仓储和邮政业。

从审理程序分布情况来看,一审案件有 8 件,二审案件有 12 件,并能够推算出一审上诉率为 66.67%。

通过对一审裁判结果进行分析可知:当前条件下全部/部分支持的有 4 件;全部驳回的有 4 件。

通过对二审裁判结果进行分析可知:当前条件下维持原判的有 10 件;改判的有 2 件。

四、类案裁判规则的解析确立

《海域使用管理法》和《渔业法》系单位和个人使用海域从事养殖生产的法律依据。

(一)应合法取得海域使用权

《海域使用管理法》规定,单位和个人使用海域,必须依法取得海域使用权。《渔业法》规定,单位和个人使用国家规划确定用于养殖业的全民所有的水域、滩涂的,使用者应当向县级以上地方人民政府渔业行政主管部门提出申请,由本级人民政府核发养殖证,许可其使用该水域、滩涂从事养殖生产。未取得养殖证的,其在涉案海域的养殖生产不完全符合法律规定,无权主张养殖的收益损失,但可要求赔偿其为养殖投入的成本损失。

《海域使用管理法》第三条规定:"海域属于国家所有,国务院代表国家行使海域所有权。任何单位或者个人不得侵占、买卖或者以其他形式非法转让海域。单位和个人使用海域,必须依法取得海域使用权。"因此,海域使用权不能买卖,只能依法转让,一般需要交易双方共同向海事行政主管部门申请变更登记,审查批准后才能依法转让。

(二)无权使用海域进行养殖的为非法养殖

根据《民法典》第二百三十五条的规定:"无权占有不动产或者动产

的，权利人可以请求返还原物。"海域使用权承包合同约定的履行期限届满时终止，承包人对海域的继续占有即为无权，海域使用权人可以依法请求海域返还。使用海域从事养殖是一种经行政许可后方可从事的行为，而养殖证是单位或个人使用水域、滩涂从事养殖生产活的法律凭证，未依法取得养殖证就不享有使用水域、滩涂从事养殖生产的权利，其使用权不受法律保护。

在海域使用权相关案件审理过程中，法院应当审查行为人是否依法获得海域使用权，是否依法办理《海域使用权证书》，未予办理的为非法养殖。然而，根据我国沿海养殖的实际状况，自《海域使用管理法》颁布之后，无证非法养殖现象在一定范围内存在，造成这种局面的发生，有多方面的原因。不可忽略的事实是，人民政府为了解决原有养殖户的生活与生存等民生问题，并未强行禁止养殖户清理相应海域的养殖物资。但此种事实情况的存在，并不代表非法养殖行为合法化，仅为特殊的历史遗留问题，非法养殖行为并不受法律保护。

（三）无权占有海域的行为可构成侵权

依照我国《民法典》第二百零九条第一款规定，不动产物权的设立、变更、转让和消灭，经依法登记，发生效力；未经登记，不发生效力，但是法律另有规定的除外。故他人未依法取得海域使用权的，无权使用海域，其占有使用海域并无法律依据，其行为对于海域使用权人而言，构成侵权。

五、关联法律法规

（一）《中华人民共和国海域使用管理法》（2002年1月1日施行）

第三条　海域属于国家所有，国务院代表国家行使海域所有权。任何单位或者个人不得侵占、买卖或者以其他形式非法转让海域。

单位和个人使用海域，必须依法取得海域使用权。

第六条第一款　国家建立海域使用权登记制度，依法登记的海域使用权受法律保护。

(二)《中华人民共和国合同法》(已被《中华人民共和国民法典》废止)

第四十四条　依法成立的合同，自成立时生效。

法律、行政法规规定应当办理批准、登记等手续生效的，依照其规定。

第五十二条　有下列情形之一的，合同无效：

（一）一方以欺诈、胁迫的手段订立合同，损害国家利益；

（二）恶意串通，损害国家、集体或者第三人利益；

（三）以合法形式掩盖非法目的；

（四）损害社会公共利益；

（五）违反法律、行政法规的强制性规定。

第四百零二条　受托人以自己的名义，在委托人的授权范围内与第三人订立的合同，第三人在订立合同时知道受托人与委托人之间的代理关系的，该合同直接约束委托人和第三人，但有确切证据证明该合同只约束受托人和第三人的除外。

(三)《中华人民共和国民法典》(2021年1月1日施行)

第二百零九条第一款　不动产物权的设立、变更、转让和消灭，经依法登记，发生效力；未经登记，不发生效力，但是法律另有规定的除外。

第二百四十七条　矿藏、水流、海域属于国家所有。

第三百二十八条　依法取得的海域使用权受法律保护。

(四)《中华人民共和国渔业法》(2013年修正)

第十一条第一款　国家对水域利用进行统一规划，确定可以用于养殖业的水域和滩涂。单位和个人使用国家规划确定用于养殖业的全民所有的水域、滩涂的，使用者应当向县级以上地方人民政府渔业行政主管部门提出申请，由本级人民政府核发养殖证，许可其使用该水域、滩涂从事养殖生产。核发养殖证的具体办法由国务院规定。

海洋生态环境司法裁判规则
第 19 条

发生事故的船舶,其所有人应当对由船上或者源自船舶的任何燃油造成的污染损害承担责任。非漏油船舶就案涉船舶碰撞漏油事故负有过失的,非漏油船舶所有人应当根据其过错程度承担相应污染损害赔偿责任,且油污损害索赔权利人可直接请求其赔偿

海洋生态环境司法裁判规则第19条

一、聚焦司法案件裁判观点

■ 争议焦点

油污损害索赔权利人是否可以直接请求有过错的非漏油船承担相应责任？

■ 裁判观点

船舶碰撞发生海上漏油事故，漏油船舶所有人及光船承租人不具备法定免责情形的，负有船舶污染损害赔偿责任，另依据过错原则，非漏油船舶就案涉船舶碰撞漏油事故负有过失的，非漏油船舶所有人亦应承担赔偿责任。具备海上船舶溢油清除服务资质的行为人，就案涉船舶碰撞事故引发的污染损害采取了有效防污清污措施的，有权向各责任人提起限制性海事赔偿请求，主张合理的防污清污费用和利息支付，应予支持。

二、司法案例样本对比

案例一

上海某安船务有限公司与普某有限公司等船舶污染损害责任纠纷案

• 法院

中华人民共和国最高人民法院

• 当事人

再审申请人（一审原告、二审上诉人）：上海某安船务有限公司（简称"某安公司"）

被申请人（一审被告、二审上诉人）：普某公司（简称"普某公司"）
被申请人（一审被告、二审上诉人）：法某公司
被申请人（一审被告、二审被上诉人）：罗某公司

• 基本案情

2013年3月19日00时32分，普某公司所有并由达某公司光船租赁的"达××××"轮与罗某公司所有的"舟××××"轮在长江口灯船东北约124海里的东海海域发生碰撞，致使"达××××"轮五号燃油舱严重破损，该舱燃油除少量流入四号、五号货舱外，其余全部泄漏海中；该轮四号燃油舱也在事故中破损，其中少量燃油泄漏海中。上述泄漏燃油共计613.278吨。事故发生后，"达××××"轮将其进水和燃油泄漏情况向海事行政主管部门报告，海事行政主管部门随即安排多艘船舶进行清污作业。

2013年3月19日15时30分，"××019"轮接到海事行政主管部门通知，开始前往碰撞事故现场。3月20日10时30分，该轮抵达事故现场进行清污作业。2013年3月25日22时，"××018"轮接到某安公司通知，准备相应物资。3月26日至27日，"××018"轮到达抢险现场，使用吸油毡、消油剂和吸油拖栏进行清污。

2013年5月21日，罗某公司因案涉船舶碰撞损害赔偿责任纠纷在一审法院对达某公司、普某公司提起诉讼。2016年5月30日，二审法院作出（2015）浙海终字第×号民事判决，终审认定"达××××"轮与"舟××××"轮对涉案碰撞事故各承担50%的责任。

2013年7月10日，一审法院作出（2013）甬海法限字第×号民事裁定，准许罗某公司设立非人身伤亡海事赔偿责任限制基金，某安公司在债权登记期间就涉案费用申请债权登记并得以准许。2015年10月15日，一审法院作出（2015）甬海法限字第×号民事裁定，准许普某公司、达某公司设立海事赔偿责任限制基金，基金总额为8 132 125元的特别提款权及其利息，某安公司在债权登记期间就涉案费用申请债权登记并得以准许，为此产生债权登记申请费1 000元。此案诉讼中，某安公司自认在普某公司和达某公司支付的预付金中已扣除5 630 980元。

一审法院经审理认为：涉案船舶碰撞事故致使"达××××"轮燃油舱受损，部分燃油泄漏入海。某安公司根据海事行政主管部门安排，对漏油船舶"达××××"轮开展防污清污作业，某安公司与普某公司、达某

公司、罗某公司之间不存在防污清污合同关系。某安公司为防止或者减轻涉案碰撞事故所致的污染损害，派遣2艘船舶对碰撞事故引发的污染损害采取较为有效的防污清污措施，有权向责任方主张由此产生的合理费用。

一审法院结合全案证据材料，参考参与该次应急处置行动的其他船舶费用情况，对某安公司主张的各项费用认定如下：某安公司在涉案防污清污过程中产生的合理费用合计4 940 979元。某安公司主张涉案防污清污费的利息，其证据与理由不足，故不予支持。

"达××××"轮因涉案船舶碰撞发生燃油泄漏，对我国管辖海域造成油污损害，某安公司对此开展防污清污作业，各方对防污清污费产生争议，此案应当适用《2001年国际燃油污染损害民事责任公约》《最高人民法院关于审理船舶油污损害赔偿纠纷案件若干问题的规定》。根据《2001年国际燃油污染损害民事责任公约》第一条第三款、第二条、第三条第一款和《最高人民法院关于审理船舶油污损害赔偿纠纷案件若干问题的规定》第四条的规定，就"达××××"轮作为漏油船舶造成的油污损害，普某公司作为该轮所有人、达某公司作为该轮的登记光船承租人，理应承担涉案防污清污作业所产生的合理费用。罗某公司系"舟××××"轮所有人，该轮并非漏油船舶，某安公司要求罗某公司对案涉防污清污费承担连带责任的诉请，证据与理由均不足。

综上，一审法院经其审判委员会讨论决定，依照《中华人民共和国涉外民事关系法律适用法》第三条，《2001年国际燃油污染损害民事责任公约》第一条第三款、第二条、第三条第一款，《海商法》第二百零七条第一款第四项、第二百一十二条，《民事诉讼法》（2012年修正，已修改）第六十四条第一款、第二百五十九条，《最高人民法院关于审理船舶油污损害赔偿纠纷案件若干问题的规定》第四条、第九条、第十九条的规定，于2017年6月30日作出（2015）甬海法商初字第×号民事判决：1.某安公司对普某公司、达某公司享有清污费用4 940 979元的债权；2.某安公司就上述债权可参与普某公司、达某公司为涉案碰撞事故设立的非人身伤亡海事赔偿责任限制基金分配；3.驳回某安公司的其他诉讼请求。一审案件受理费168 580元，由某安公司负担135 625元，普某公司负担的32 955元和有关"达××××"轮事故的债权登记申请费1 000元（在基金分配时先行拨付）。

一审法院宣判后，某安公司、普某公司和达某公司均不服一审判决，分别提起上诉。

二审法院经审理认为：此案属涉外民事纠纷。根据各方当事人的一致选择，此案应当适用中华人民共和国法律。因中华人民共和国为《2001年国际燃油污染损害民事责任公约》的缔约国，此案应当适用该公约；对于该公约未规定的事项，适用中华人民共和国国内法。

二审法院认为，船舶油污损害是特殊侵权，根据特别法优于普通法适用的原则，此案并不适用《民法通则》（已被《民法典》废止）或者《侵权责任法》（已被《民法典》废止）。一审法院适用《海商法》以及《最高人民法院关于审理船舶油污损害赔偿纠纷案件若干问题的规定》。该司法解释相关规定体现了对油污损害赔偿实行"谁漏油，谁赔偿"原则，一审法院适用该司法解释第四条的规定，判令漏油船舶"达××××"轮船东普某公司和达某公司对某安公司的防污清污费承担全部赔偿责任正确。某安公司主张非漏油船舶所有人罗某公司对其防污清污费直接承担连带责任或者50％按份责任，缺乏依据。

涉案防污清污费是某安公司已经发生的费用，对利息损失一般应予以支持。但鉴于某安公司已经在一审中取得普某公司和达某公司支付的清污费用现金预付款5 630 980元；且一审法院已于2015年10月15日作出民事裁定，准许普某公司和达某公司申请设立海事赔偿责任限制基金，基金总额为8 132 125元的特别提款权，该基金总额自基金设立日之后的利息停止计付。而一审法院于2017年6月30日作出本案一审判决，对某安公司的利息诉请未予支持，并无明显不当。

综上，二审法院依照《民事诉讼法》（2017年修正，已修改）第一百七十条第一款第一项的规定，于2018年4月10日作出（2017）浙民终××号民事判决：驳回上诉，维持原判。二审案件受理费144 215元，由某安公司负担110 025元，普某公司、达某公司负担34 190元。

某安公司不服，申请再审。

• **案件争点**

在两艘船舶互有过失碰撞导致一艘船舶漏油污染环境的情形下，对于其中有过失的非漏油船舶一方是否应当承担污染损害赔偿责任以及如何承担责任？

• **裁判要旨**

事故船舶"达××××"轮和"舟××××"轮分别为英国籍、巴拿马籍船舶，两艘船舶的所有人、光船承租人（经营人）均为外国公司，此案具有涉外因素。中华人民共和国加入了《2001年国际燃油污染损害民事责任公约》，此案属于该国际条约的适用范围，应当优先适用该国际条约。对于有关国际条约没有规定的事项，应当适用《海商法》《侵权责任法》（已被《民法典》废止）等中华人民共和国国内法及有关司法解释的规定。根据《2001年国际燃油污染损害民事责任公约》第一条第七款关于"预防措施"的定义和第九款关于"污染损害"的定义，"污染损害"包括预防措施的费用和由预防措施造成的进一步损失或者损害，"预防措施"系指事故发生后任何人采取的防止或者尽量减少污染损害的任何合理措施。该公约规定的"污染损害"范围即为其规定的污染损害赔偿范围，根据该公约上述条款的文义及其上下文并参照该公约的目的及宗旨，可以明确采取预防措施的人所发生的费用属于污染损害赔偿范围，采取预防措施的人也相应可以主张预防措施的费用。某安公司从事的涉案防污清污作业属于该公约规定的预防措施。一、二审法院认定某安公司具有索赔防污清污费的主体资格，符合该公约精神，并无不当，各方当事人在再审中对此也没有异议，法院予以维持。根据各方当事人在再审中的诉辩主张，此案争议聚焦于费用赔偿的责任主体等问题。

（一）关于漏油船舶"达××××"轮方面的责任主体

根据《2001年国际燃油污染损害民事责任公约》第三条第一款的规定，除该条第三款和第四款规定的免责情形外，事故发生时的船舶所有人应当对由船上或者源自船舶的任何燃油造成的污染损害负责。该公约第一条第三款定义该公约中的"船舶所有人"系指船舶的所有人，包括船舶的登记所有人、光船承租人、管理人和经营人在内。普某公司、达某公司分别作为"达××××"轮的所有人、光船承租人（经营人），属于《2001年国际燃油污染损害民事责任公约》规定的船舶所有人，其在涉案事故中不存在该公约第三条第三款和第四款规定的免责情形，应当对"达××××"轮事故造成的预防措施费用（防污清污费）等污染损害承担赔偿责任，一、二审法院判决普某公司、达某公司对案涉防污清污费承担全部赔偿责任正确，法院予以维持。

(二)关于非漏油船舶"舟××××"轮方面的责任主体

在两艘船舶互有过失碰撞导致一艘船舶漏油污染环境的情形下,对于其中有过失的非漏油船舶一方是否应当承担污染损害赔偿责任以及如何承担责任的问题,是此案讼争主要问题之一,涉及有关国际条约和国内法的理解与适用。《2001年国际燃油污染损害民事责任公约》第三条第一款关于"事故发生时的船舶所有人应当对由船上或者源自船舶的任何燃油造成的污染损害负责"的规定,是关于漏油船舶所有人承担责任的正面表述,但不能由此反向推断其他任何人不应当负责,该条款并无排除其他责任人的含义。该公约第三条第六款关于"本公约中任何规定均不损害独立于本公约的船舶所有人的任何追偿权"的规定,是关于漏油船舶所有人追偿权的规定,并不意味油污损害索赔权利人不能直接请求其他责任人赔偿。《2001年国际燃油污染损害民事责任公约》在第三条第三款第二项中专门规定船舶所有人免责事由之一"损害完全系由第三方故意造成损害的行为或者不作为所引起",但该公约通篇没有规定该第三方是否应当承担责任。根据《2001年国际燃油污染损害民事责任公约》有关条款文义和公约主旨可知,该公约仅规定漏油船舶方面的责任,在类似本案船舶碰撞导致一艘船舶漏油的情形中,非漏油船舶一方的责任承担问题应当根据有关国家的国内法予以解决。

《侵权责任法》(已被《民法典》废止)第六十八条规定:"因第三人的过错污染环境造成损害的,被侵权人可以向污染者请求赔偿,也可以向第三人请求赔偿。污染者赔偿后,有权向第三人追偿。"《最高人民法院关于审理环境侵权责任纠纷案件适用法律若干问题的解释》(已废止)第五条规定:"被侵权人根据侵权责任法第六十八条规定分别或者同时起诉污染者、第三人的,人民法院应予受理。被侵权人请求第三人承担赔偿责任的,人民法院应当根据第三人的过错程度确定其相应赔偿责任。污染者以第三人的过错污染环境造成损害为由主张不承担责任或者减轻责任的,人民法院不予支持。"在案涉船舶污染事故中,尽管"舟××××"轮没有漏油,但其因部分驾驶过失与"达××××"轮发生碰撞,导致"达××××"轮漏油造成污染,"舟××××"轮所有人罗某公司是上述法律和司法解释中规定的第三人,其应当按照有关生效判决,即二审法院(2015)浙海终字第××号民事判决确定的50%过错比例承担污染损害赔偿责任。《最高人民法院关于审理船舶油污损害赔偿纠纷案件若干问题的规定》第四条关于"船舶互有过失碰撞引起油类泄漏造成油污损害的,受损害人可以请求泄漏油船舶所有人承担全部赔偿责任"的规定,主要沿袭《2001年国际燃油污染损害民事责任公约》等有关国际条约不涉及第三人责任之宗旨,并无排除其他有过错者可能承担责任之意,对该条文作通常理解,也显然不能得出受损害人可以请求漏油船舶所有人承担责任或者受损害人不可以请求其他有过错者承担责任的结论。罗某公司所谓"谁漏油,谁负责"的观点,并没有全面反映有关国际条约和国内法分别对污染者与第三人实行无过错责任原则、过错责任原则的基本内涵——原则上污染者负全责,另有过错者负相应责任。罗某公司主张其作为非漏油船舶所有人不应承担案涉事故污染损害赔偿责任,于法不符,法院不予支持。一、二审法院认定罗某公司不应当承担案涉事故污染损害赔偿责任,理解与适用法律错误,法院予以纠正。

某安公司在一审中请求普某公司、达某公司与罗某公司对有关费用赔偿承担连带责任,在再审中请求普某公司、达某公司对防污清污费承担全部赔偿责任,罗某公司按50%过错比例承担赔偿责任,普某公司、达某公司与罗某公司的赔偿总额以防污清污费19 645 169元及其利息为限。从某安公司一审请求与再审请求的对比看,其一审请求包含两层含义:一是请求各责任人均承担全部责任;二是请求各责任人承担连带责任。其再审请求相对一审请求,主要调整有二:一是仅请求罗某公司按50%过错比例承担赔偿责任;二是不再请求罗某公司与普某公司、达某公司承担连带责任,仅主张各责任人赔偿总额以防污清污费19 645 169元及其利息为限。由此可知,某安公司的再审请求在一审请求的基础上有所减少,而没有增加,这是其自由处分诉讼权利的体现,法院依法予以准许。普某公司、达某公司主张某安公司要求罗某公司承担补充责任,属于新的诉讼主张,不应纳入再审审理范围,与事实和法律不符,法院不予支持。在此案中,对于当事人的各项诉讼请求,一、二审法院应当根据其请求权基础逐一审理认定。某安公司请求普某公司、达某公司给付防污清污费,普某公司、达某公司应当给付防污清污费6 514 516.47元及其利息。某安公司同时请求罗某公司承担赔偿责任,罗某公司应当按其50%过错比例给付防污清污费3 257 258.24元及其利息。普某公司、达某公司与罗某公司对某安公司累计给付的费用总额,应当以防污清污费6 514 516.47元及其利息为限,上述三公司其一在其责任范围内给付该费用本息总额之全部或者部分,其他公司对某安公司的给付义务相应减免。尽管某安公司在一审中请求普某公司、达某公司与罗某公司承担连带赔偿责任，在连带责任形式上没有法律依据，但请求普某公司、达某公司与罗某公司各自承担赔偿责任的主张部分成立，一、二审法院没有依法判决罗某公司按其50%过错比例承担相应赔偿责任确有不当，法院予以纠正。

综上，一、二审法院认定事实与适用法律有误，处理欠妥，法院予以纠正。法院依照《民事诉讼法》（2017年修正，已修改）第二百零七条第一款、第一百七十条第一款第二项之规定，作出判决如下：撤销浙江省高级人民法院（2017）浙民终××号民事判决、法院（2015）甬海法商初字第××号民事判决……罗某公司应当向某安公司给付防污清污费人民币3 257 258.24元及其利息。某安公司的该项债权为罗某公司可以依法限制赔偿责任的海事赔偿请求，由某安公司从罗某公司就"舟××××"轮案涉事故所设立的海事赔偿责任限制基金中受偿。某安公司可以在参与上述第二项判决所确定的海事赔偿责任限制基金分配的同时或者前后，以防污清污费人民币3 257 258.24元及其上述利息参与罗某公司就"舟××××"轮案涉事故所设立的海事赔偿责任限制基金的分配，按比例受偿。

三、司法案例类案甄别

（一）事实对比

2013年3月，普某公司所有并由达某公司光船租赁的"达××××"轮与罗某公司所有的"舟××××"轮发生碰撞，致使"达××××"轮泄漏燃油共计613.278吨。事故发生后，某安公司参与由海事行政主管机关组织的应急处置行动，采取了油污搜寻和清除等多项应急处置措施，由此产生处置费人民币25 276 149元。鉴于某安公司已获得普某公司和达某公司支付款项5 630 980元，未受偿金额为19 645 169元。某安公司请求法院判令普某公司、达某公司、罗某公司连带支付某安公司应急处置费19 645 169元及利息，并承担案件受理费和债权登记申请费等诉讼费用。

（二）适用法律对比

《侵权责任法》（已被《民法典》废止）第六十八条规定："因第三人

的过错污染环境造成损害的,被侵权人可以向污染者请求赔偿,也可以向第三人请求赔偿。污染者赔偿后,有权向第三人追偿。"《最高人民法院关于审理环境侵权责任纠纷案件适用法律若干问题的解释》(已废止)第五条规定:"被侵权人根据侵权责任法第六十八条规定分别或者同时起诉污染者、第三人的,人民法院应予受理。被侵权人请求第三人承担赔偿责任的,人民法院应当根据第三人的过错程度确定其相应赔偿责任。污染者以第三人的过错污染环境造成损害为由主张不承担责任或者减轻责任的,人民法院不予支持。"在案涉船舶污染事故中,尽管"舟××××"轮没有漏油,但其因部分驾驶过失与"达××××"轮发生碰撞,导致"达××××"轮漏油造成污染,"舟××××"轮所有人罗某公司是上述法律和司法解释中规定的第三人,其应当按照有关生效判决,即二审法院(2015)浙海终字第××号民事判决确定的50%过错比例承担污染损害赔偿责任。《最高人民法院关于审理船舶油污损害赔偿纠纷案件若干问题的规定》第四条关于"船舶互有过失碰撞引起油类泄漏造成油污损害的,受损害人可以请求泄漏油船舶所有人承担全部赔偿责任"的规定,主要沿袭《2001年国际燃油污染损害民事责任公约》等有关国际条约不涉及第三人责任之宗旨,并无排除其他有过错者可能承担责任之意,对该条文作通常理解,也显然不能得出受损害人可以请求漏油船舶所有人承担责任或者受损害人不可以请求其他有过错者承担责任的结论。罗某公司所谓"谁漏油,谁负责"的观点,并没有全面反映有关国际条约和国内法分别对污染者与第三人实行无过错责任原则、过错责任原则的基本内涵——原则上污染者负全责,另有过错者负相应责任。罗某公司主张其作为非漏油船舶所有人不应承担案涉事故污染损害赔偿责任,于法不符,法院不予支持。一、二审法院认定罗某公司不应当承担案涉事故污染损害赔偿责任,理解与适用法律错误,法院予以纠正。

(三)类案数据分析

截至2024年1月26日,以"船舶所有人""污染损害赔偿责任""过错""漏油"为关键词,通过公开案例库共检索出类案11件。

从地域分布来看,当前案例主要集中在最高人民法院、浙江省、福建省,分别占比45.45%、45.45%、9.09%。其中最高人民法院的案件量最多,达到5件。

从案由分类情况来看，当前的案由分布由多至少分别是海事海商纠纷，有5件；非讼程序案件案由，有5件；合同、准合同纠纷，有1件。

从行业分类情况来看，当前的行业分布主要集中在交通运输、仓储和邮政业，有6件；农、林、牧、渔业，有1件；居民服务、修理和其他服务业，有1件；科学研究和技术服务业，有1件；金融业，有1件。

从程序分类统计可以得出当前的审理程序分布状况，其中一审案件有4件，二审案件有1件，再审案件有6件，能够推算出一审上诉率约为25.00%。

四、类案裁判规则的解析确立

因双方船舶过失发生碰撞致一艘船舶漏油造成污染环境的，依据国际条约和国内法应分别对污染者与第三人实行无过错责任原则、过错责任原则，即污染者负全责，另有过错者应负相应责任。

（一）法律适用问题

依据《2001年国际燃油污染损害民事责任公约》第三条第一款规定，事故发生时的船舶所有人应当对由船上或者源自船舶的任何燃油造成的污染损害承担责任，但并不意味油污损害索赔权利人不能直接请求其他责任人赔偿。在涉外案例中，我国法院应当优先适用国际条约的有关规定，对于国际条约中没有规定的，应当适用《中华人民共和国海商法》《中华人民共和国民法典》等中华人民共和国国内法及其司法解释的规定。因双方船舶过失发生碰撞致一艘船舶漏油造成污染环境的，依据国际条约和国内法应分别对污染者与第三人实行无过错责任原则、过错责任原则，即污染者负全责，另有过错者应负相应责任。

根据《2001年国际燃油污染损害民事责任公约》第一条第七款关于"预防措施"的定义和第九款关于"污染损害"的定义，"污染损害"包括预防措施的费用和由预防措施造成的进一步损失或者损害，"预防措施"系指事故发生后任何人采取的防止或者尽量减少污染损害的任何合理措施。该公约规定的"污染损害"范围即为其规定的污染损害赔偿范围，根据该公约上述条款的文义及其上下文并参照该公约的目的及宗旨，可以明确采取预防措施的人所发生的费用属于污染损害赔偿范围，采取预防措施的人也相应可以主张预防措施的费用。

（二）责任主体

1. 漏油船的责任主体

根据《2001年国际燃油污染损害民事责任公约》第三条第一款的规定，除该条第三款和第四款规定的免责情形外，事故发生时的船舶所有人应当对由船上或者源自船舶的任何燃油造成的污染损害负责。该公约第一条第三款定义该公约中的"船舶所有人"系指船舶的所有人，包括船舶的登记所有人、光船承租人、管理人和经营人在内。

2. 非漏油船的责任主体

在两艘船舶互有过失碰撞导致一艘船舶漏油污染环境的情形下，对于其中有过失的非漏油船舶一方是否应当承担污染损害赔偿责任以及如何承担责任的问题，涉及有关国际条约和国内法的理解与适用。《2001年国际燃油污染损害民事责任公约》第三条第一款关于"事故发生时的船舶所有人应当对由船上或者源自船舶的任何燃油造成的污染损害负责"的规定，是关于漏油船舶所有人承担责任的正面表述。但不能由此反向推断其他任何人不应当负责，该条款并无排除其他责任人的含义。该公约第三条第六款关于"本公约中任何规定均不损害独立于本公约的船舶所有人的任何追偿权"的规定，是关于漏油船舶所有人追偿权的规定，并不意味油污损害索赔权利人不能直接请求其他责任人赔偿。《2001年国际燃油污染损害民事责任公约》在第三条第三款第二项中专门规定船舶所有人免责事由之一"损害完全系由第三方故意造成损害的行为或者不作为所引起"，但该公约通篇没有规定该第三方是否应当承担责任。根据《2001年国际燃油污染损害民事责任公约》有关条款文义和公约主旨可知，该公约仅规定漏油船舶方面的责任，在类似本案船舶碰撞导致其中一艘船舶漏油的情形中，非漏油船舶一方的责任承担问题应当根据有关国家的国内法予以解决。

《最高人民法院关于审理环境侵权责任纠纷案件适用法律若干问题的解释》（已废止）第五条规定："被侵权人根据侵权责任法第六十八条规定分别或者同时起诉污染者、第三人的，人民法院应予受理。被侵权人请求第三人承担赔偿责任的，人民法院应当根据第三人的过错程度确定其相应赔偿责任。污染者以第三人的过错污染环境造成损害为由主张不承担责任或者减轻责任的，人民法院不予支持。"

实际上，国际条约和国内法分别对污染者与第三人实行无过错责任原则、过错责任原则的基本内涵——原则上污染者负全责，另有过错者相应负责。因此，在确定船舶碰撞漏油引发的海洋环境污染损害赔偿案件中，应当综合国际条约和国内法的规定，分别对污染者和过错者追究相应责任。如果非漏油船在船舶碰撞中有过错，则应当按照其过错承担相应的责任。

五、关联法律法规

（一）《中华人民共和国侵权责任法》（已被《中华人民共和国民法典》废止）

第六十八条　因第三人的过错污染环境造成损害的，被侵权人可以向污染者请求赔偿，也可以向第三人请求赔偿。污染者赔偿后，有权向第三人追偿。

（二）《最高人民法院关于审理环境侵权责任纠纷案件适用法律若干问题的解释》（2015年6月3日施行，法释〔2015〕12号，已废止）

第五条　被侵权人根据侵权责任法第六十八条规定分别或者同时起诉污染者、第三人的，人民法院应予受理。

被侵权人请求第三人承担赔偿责任的，人民法院应当根据第三人的过错程度确定其相应赔偿责任。

污染者以第三人的过错污染环境造成损害为由主张不承担责任或者减轻责任的，人民法院不予支持。

（三）《最高人民法院关于审理船舶油污损害赔偿纠纷案件若干问题的规定》（2020年修正）

第四条　船舶互有过失碰撞引起油类泄漏造成油污损害的，受损害人可以请求泄漏油船舶所有人承担全部赔偿责任。

海洋生态环境司法裁判规则
第 20 条

海洋生态环境损害使养殖者遭受损失,养殖者可凭养殖证申请补偿或索取赔偿;无证养殖并不意味着养殖户的财产毫无法律上的权利,法律保护其在养殖区域投入的养殖成本,他人在非法侵害时仍应承担赔偿责任

一、聚焦司法案件裁判观点

■ 争议焦点

非法养殖是否应予以赔偿？

■ 裁判观点

没有养殖许可证和海域使用权证属于非法养殖，在此情况下取得的养殖收益不能受到法律保护；但是由于进行非法养殖的人对其购买的养殖苗种具有合法的财产权益，该合法权益不应因养殖行为的违法性而丧失，应予以一定程度的法律保护。

二、司法案例样本对比

案例一

何某堂等诉广西某鑫公司海域渔业污染损害赔偿纠纷案

- 法院

某海事法院

- 当事人

原告：何某堂、许某本、何某就
被告：广西某鑫公司

- 基本案情

原告合伙经营的五个文蛤养殖场共 312 亩位于某县某镇某海域。原告分别于 1999 年、2000 年、2004 年中领取国家海域使用许可证，批准使用期限分别为 1999 年 1 月 1 日至 1999 年 12 月 31 日、2000 年月 1 日至 2000 年 12 月 30 日、2004 年 6 月 21 日至 2007 年 6 月 21 日。2002 年 9 月至 2003 年 5 月，原告筹资 1 020 150 元向吴某辉、莫某意、顾某良购买文蛤苗，共计 154 500 公斤投放养殖场。2003 年 10 月 31 日，被告开始制糖生产。11 月 10 日，被告开始酒精生产。11 月中旬，原告的文蛤大量死亡。11 月 27 日 21 时，被告停止酒精生产。2003 年 1 月至 12 月，原告交纳海域使用金 22 300 元。

2003 年 11 月 25 日，环境监测中心出具监测结果：被告 35 吨锅炉冲灰水排放口所排放的废水混合着酒精废液，排放的污水严重超标，其中化学需氧量（COD）超过国家污水综合排放标准中一级标准 79.76 倍，生化需氧量（BOD）超过国家污水综合排放标准中一级标准 65.67 倍。11 月 27 日 21 时，被告关闭酒精生产车间，11 月 28 日 16 时再次监测：压榨排放口排放的污水化学需氧量（COD）超过国家污水综合排放标准中一级标准 1.27 倍；螺场生化需氧量 5.2mg/L，稍超标准值。

2004 年 1 月 8 日，渔业监测中心作出《鉴定报告》，认为根据广西水产研究所水产生物技术实验室的检测结果，基本排除了文蛤因病致死的可能；被告外排污水中 COD、BOD 等多项主要污染物指标严重超标。根据近三年来对该海域的连续检测结果，该海域在正常情况下 COD 为 0.82—2.31 mg/L，平均值为 1.53 mg/L。因此，螺场 COD 高达 11.4 mg/L，显属不正常现象，表明该海域受到了外来污染物的污染。但由于接到事故报告的时间较迟，监测中心未能对现场情况进一步调查取证，以确定是否因养殖水体受到污染而直接导致养殖文蛤大量死亡。文蛤死亡最终原因，有待结合当地渔政、环保部门对当地文蛤养殖情况、养殖场及周边环境、近期企业生产排污情况等作进一步调查分析并最终判断确定。

2004 年 3 月 30 日，李某南、陈某汉等 9 名专家出具专家意见，对污染造成的损失进行评估，其受污染面积 3 653 亩，按四年平均亩产量 807.4 公斤计，污染损失率 73.67%，共损失文蛤产量 2 118 000 公斤。

2004 年 5 月 10 日，区渔政处作出事件结论：2003 年 11 月期间，某县某镇文蛤养殖场大批文蛤死亡的原因系被告向某县某海域排放严重超过国家规定排放标准的污水进入文蛤养殖场所致，污染面积 3 653 亩，造成养殖文蛤死亡损失 2 118 000 公斤，按每公斤 4.4 元计算，直接经济损失不低于 931.92 万元。

原告认为，根据《广西壮族自治区海域使用管理办法》第十六条"养殖用海最高期限为 40 年"、《海域使用管理法》第二十五条"养殖用海最高期限为 15 年"的规定，其使用海域并未超过法定的期限。某县政府批准原告使用海域的期限仅为 1 年，违反了法律法规的规定，不应作为裁判依据。同时，有关政府下属部门向原告收取部分海域使用金，说明其使用海域养殖得到了政府的许可。

《海域使用管理法》为后法，《渔业法》为前法，根据后法优于前法的法律适用原则，应适用后法《海域使用管理法》来确定原告的海域养殖权，即只要取得海域使用权证就取得了海域养殖权，无须再取得养殖证。

被告认为，原告在既未取得海域使用权，又未取得养殖权的情况进行养殖属非法养殖，不应受法律保护。

• **案件争点**

非法养殖应否赔偿的问题。

• **裁判要旨**

此案中，原告是否具有合法的海域使用权和养殖权成为其养殖利益是否应予保护的关键。原告虽然提交了 8 本《海域使用权证书》，但均超过了批准使用期限或者案发后才取得，不能证明其案发时具有合法使用海域的权利。原告未向某县人民政府或主管部门申领海域使用权证就于 2002 年 9 月开始使用海域养殖文蛤，其养殖行为显然违法。原告虽缴纳了部分海域使用金，但缴纳海域使用金并不等于取得了海域使用权，还要持有地方人民政府核发的《海域使用权证书》，这是法律强制性规定，不论政府还是公民、法人都必须无条件执行，故原告对 312 亩海域不具有合法的使用权。养殖证是单位或者个人使用水域、滩涂从事养殖生产活动的法律凭证，单位或者个人依法取得了养殖证，意味着使用者在批准使用期限内使用水域滩涂从事养殖生产并收益的权利受法律保护。

综上，法院认为原告既未取得海域使用权，又未取得养殖权，其养殖行为显属非法使用海域和非法养殖。根据《中华人民共和国民法通则》（已被《民法典》废止）第五条"公民、法人的合法的民事权益受法律保护，任何组织和个人不得侵犯"和《海域使用管理法》第二十三条、第四十二条及农业部《完善水域滩涂养殖证制度试行方案》第四条的规定，原告非法使用海域非法养殖文蛤获得的利益属非法利益，不应受国家法律法规的保护。故对原告请求被告赔偿养殖文蛤损失的主张，应依法予以驳回。

全面分析此案情况，原告未取得海域使用权和养殖权，擅自将文蛤苗非法投放养殖，违反了我国法律的强制性规定，其行为具有过错，致使文蛤被污染损害，原告应自负主要责任。但考虑到原告对购买的文蛤苗具有合法的财产权，被告违法排污造成原告投放的文蛤苗损失应予适当补偿。原告筹资 1 020 150 元购买 154 500 公斤文蛤苗，平均每公斤 6.6 元，按专家意见损失率 0.736 7 计算，原告文蛤苗损失为 751 212 元。原告对此损失应承担 60% 的责任，被告承担 40% 的责任。

综上，依照《中华人民共和国民法通则》（已被《民法典》废止）第一百一十七条"损坏国家的、集体的财产或者他人财产的，应当恢复原状或者折价赔偿"；第一百二十四条"违反国家保护环境防止污染的规定，污染环境造成他人损害的，应当依法承担民事责任"；第一百三十一条"受害人对于损害的发生也有过错的，可以减轻侵害人的民事责任"。《环境保护法》（1989 年版，已于 2014 年修订）第四十一条第一款"造成环境污染危害的，有责任排除危害，并对直接受到损害的单位或者个人赔偿损失"的规定，经法院审判委员会讨论决定，判决被告广西某鑫公司赔偿原告何某堂、许某本、何某就文蛤苗种损失 300 484 元。

案例二

吕某奎等与山海关船舶某工有限责任公司海上污染损害赔偿纠纷上诉案

• **法院**

天津市某人民法院

• **当事人**

上诉人（原审原告）：吕某奎、周某权、吕某明等 79 人

被上诉人（原审被告）：山海关船舶某工有限责任公司（简称"某工公司"）

基本案情

吕某奎等 79 人主张其系长期在某海域进行扇贝养殖的养殖户，79 人均未取得养殖许可证和海域使用权证。某工公司系该海域附近唯一从事船舶修造业务的大型企业。

2010 年 8 月 2 日上午，该海域海水出现异常。当日 11 时 30 分，某市环境保护局接到举报，安排环境监察、监测人员，协同某市相关人员到达现场，对海岸情况进行巡查。根据现场巡查情况，海水呈红褐色且浑浊。某市环境保护局的工作人员同时对海水进行取样监测，并于 8 月 3 日作出《监测报告》，海水水质分析结果显示海水悬浮物 24 mg/L、石油类 0.082 mg/L、铁 13.1 mg/L。

吕某奎等 79 人向法院提起诉讼，请求判令某工公司赔偿其养殖损失 20 084 940 元。

一审法院认为：吕某奎等 79 人提交的证据不足以证明涉案养殖区域遭受某工公司污染。一审法院依照《民事诉讼法》（2007 年修正，已修改）第六十四条第一款之规定，判决驳回吕某奎等 79 人的诉讼请求。

吕某奎等 79 人不服一审判决提起上诉。

案件争点

未取得养殖许可证和海域使用权证，养殖行为不具有合法性，原告的养殖损害的赔偿范围应如何确定？

裁判要旨

二审法院认为：此案为海上污染损害赔偿纠纷，吕某奎等 79 人应当就某工公司实施了污染行为以及该行为使自己受到损害之事实承担举证责任，并提交污染行为和损害之间可能存在因果关系的初步证据；某工公司应当就法律规定的不承担责任或者减轻责任的情形及行为与损害之间不存在因果关系承担举证责任。

关于某工公司的责任范围。王某荣等 21 人要求以同期扇贝市场价格计算养殖损失。对此，法院认为：关于养殖损害的赔偿范围，根据《海域使用管理法》和《渔业法》的相关规定，个人使用海域进行养殖的，必须依法取得《海域使用权证书》和《养殖许可证书》。此案中，王某荣等 21 人均未取得《养殖许可证书》，21 人中仅有吕某鹏、张某、张某荣 3 人取得

《海域使用权证书》,但均于污染事故发生前到期。同时,《海域使用权证书》的"发证机关"某市人民政府的信访事项复核复查办公室以及"填证机关"某市国土资源管理局亦出具意见,确定王某荣等21人的养殖系非法养殖。据此,应认定王某荣等21人的养殖行为不具有合法性。在此情形下,王某荣等21人养殖损害的赔偿范围应仅限于成本损失,对其主张的收入损失,不应予以支持。

综上,二审法院依照《侵权责任法》(已被《民法典》废止)第六十五条、第六十六条,《海洋环境保护法》(1999年修订,已修改)第九十五条,《民事诉讼法》(2007年修正,已修改)第一百七十条第一款第二项之规定,作出判决如下:1.撤销一审判决;2.某工公司赔偿王某荣等21人养殖损失共计1 377 696元;3.驳回吕某奎等79人的其他诉讼请求。

案例三

马某乐、张某旺、马某科、张某布、马某伦与青岛某公司、某某工程公司、某某航道局海上养殖损害责任纠纷案

• 法院

山东省某人民法院

• 当事人

上诉人(原审原告):马某乐、张某旺、马某科、张某布、马某伦
上诉人(原审被告):青岛某公司
上诉人(原审被告):某某工程公司
上诉人(原审被告):某某航道局

• 基本案情

马某乐等五人在原审法院起诉称:马某乐等五人共同在某市附近海域承包浅海、岩礁,从事鲍鱼、海参底播养殖。自2009年底起,养殖物开始大量死亡,上述养殖物死亡是由于某港建设施工,致使其承包海域遭受污染所致,马某乐等五人因此遭受经济损失780万元。青岛某公司是某港项目的建设单位,某某工程公司、某某航道局是某港项目的主要施工单

海洋生态环境司法裁判规则第 20 条

位,三者应对施工过程中污染造成的损害承担连带赔偿责任。请求判令青岛某公司、某某工程公司、某某航道局停止侵权行为并赔偿经济损失 780 万元及相应利息。

原审法院审理查明:2001 年 11 月 27 日,梁某某与青岛某某水产开发公司签订《浅海增殖区承包合同》,约定:青岛某某水产开发公司将某增殖区海域共计 290 亩发包给梁某某;承包期限 15 年,自 2002 年 1 月 1 日至 2016 年 12 月 31 日止,并约定了经发包人同意承包权可以转让及其他内容。2006 年 3 月 7 日,梁某某与马某乐等五人签订《浅海增殖区转让协议》,约定:梁某某将 2001 年 11 月 27 日承包青岛某某水产开发公司的浅海增殖区于 2006 年 3 月 7 日转让给马某乐等五人使用;2006 年度之后的承包费由马某乐等五人负担;其他权利义务按原合同履行。承包期开始后,马某乐等五人即在承包海域从事鲍鱼、海参底播养殖。

2009 年 3 月 1 日,《某港区总体规划》获得交通运输部、山东省人民政府联合批复,港区规划面积约 70 平方公里,码头总岸线长度约 35.7 公里,泊位数 112 个,设计总吞吐能力达 3.7 亿吨,其中规划了 3 个超大型矿石泊位和 2 个超大型油品泊位。2009 年 5 月 12 日,某港建设最先启动的某通用码头项目完成码头工程的围堰合拢,此后,某港区的开发建设进入全面实施阶段。其中,青岛某公司系北一突堤兼西防波堤施工引堤项目、东防波堤工程项目、西防波堤工程项目、西护岸及堆场回填、北二突堤后方围堰及堆场吹填工程、航道工程(某作业区进港航道)的建设单位;某某工程公司系某通用码头项目、北一突堤兼西防波堤施工引堤项目、北二突堤后方围堰及堆场吹填工程、东防波堤工程项目、西防波堤工程项目、矿石码头项目码头引桥及主体工程的施工单位;某某航道局系矿石码头项目航道及泊位疏浚工程的施工单位。

2009 年底,马某乐等五人及附近养殖户开始陆续发现养殖区内的养殖物出现非正常死亡。马某乐等五人及其他养殖户遂委托山东某海事司法鉴定所对受损养殖区域致损原因进行鉴定,并对受损养殖物的价值进行评估。

2011 年 11 月 30 日,山东某海事司法鉴定所出具技术鉴定报告,结论为马某乐等五人承包的海上养殖区出现的养殖物非正常死亡与某港区建设有关,给马某乐等五人造成经济损失 448.409 万元,上述损失并不包括马某乐等五人养殖时间中断和缩短造成的损失。

原审法院认为:此案系港口建设施工污染引发的海上养殖损害责任纠

纷案件。此案的争议焦点为：马某乐等五人养殖的合法性；马某乐等五人的损失构成情况；青岛某公司、某某工程公司、某某航道局所应承担的责任。

关于马某乐等五人养殖的合法性问题：由于马某乐等五人未能提交有效的海域使用权证及养殖证，故其养殖合法的主张不能成立。

关于马某乐等五人请求的损失构成问题：马某乐等五人主张，其损失包括山东某海事司法鉴定所出具的技术鉴定报告认定的直接经济损失4 484 090元、承包费损失600 000元、鉴定费30 000元、预期利益损失2 998 780元，以上损失共计8 112 870元，马某乐等五人自愿放弃部分索赔，主张索赔经济损失780万元。

原审法院认为，虽然马某乐等五人没有提交有效的海域使用证及养殖许可证，未能证明其养殖的合法性，但鉴于马某乐等五人实际投放苗种养殖的事实，对其养殖成本应予保护。根据山东某海事司法鉴定所出具的技术鉴定报告，马某乐等五人委评海域受损时海参保有密度为 0.192 只/m^2，合计35 962只，污染所致死亡率60%，依此计算污染导致海参死亡数量应为21 577只；委评海域鲍鱼保有密度为 2.083 粒/m^2，合计390 146粒，污染所致死亡率79.68%，依此计算污染导致鲍鱼死亡数量为310 868粒。上述死亡海参和鲍鱼的成本，即为此案中应受保护的损失。由于无法确定死亡海参、鲍鱼的实际购买时间，故参照受损前历年马某乐等五人购买海参苗、鲍鱼苗的价格，酌定以最低单价即鲍鱼苗4.5元/粒、海参苗8.73元/只作为确定马某乐等五人损失的依据。马某乐等五人损失总计为1 587 273.21元。马某乐等五人主张的人工造礁损失因未能提供证据证实其实际损失情况及主张的其他损失，因不属于养殖成本损失，故不予支持。山东某海事司法鉴定所的技术鉴定报告中所认定的直接经济损失，因未考虑养殖合法性问题，对该结论不予采纳。

综上，根据《侵权责任法》（已被《民法典》废止）第六十五条的规定，因污染环境发生纠纷，污染者应当就法律规定的不承担责任或减轻责任的情形及其行为与损害之间不存在因果关系承担举证责任。在此案中，马某乐等五人已经举证证明被告的污染行为以及损害事实，但被告并未能够有效证明其存在不承担责任或减轻责任的情形，也未能有效证明其行为与损害之间不存在因果关系，故在建设施工过程中产生污染造成损害的事实成立，理应承担侵权责任。因被告系共同侵权，故应承担连带责任。但是，由于马某乐等五人未能有效证明其养殖行为的合法性，故在此案中只对其养殖成本1 587 273.21元予以保护，对其他诉请金额，不予支持。此案系侵权纠纷，对马某乐等五人主张的利息损失，不予支持。依照《侵权责任法》（已被《民法典》废止）第六十五条、第六十六条、第八条、第十三条、第十五条第一款第六项、第十九条之规定，作出判决如下：1. 青岛某公司、某某工程公司、某某航道局共同赔偿马某乐等五人经济损失1 587 273.21元，于判决生效后十日内付清。2. 上述三被告对以上款项承担连带赔偿责任。3. 驳回马某乐等五人的其他诉讼请求。

马某乐等五人不服原审判决上诉。

• 案件争点

1. 马某乐等五人的养殖行为是否合法；
2. 三被告是否应对马某乐等五人主张的养殖损失承担赔偿责任；
3. 马某乐等五人主张的损失数额如何确定？

• 裁判要旨

关于第一个焦点问题。《海域使用管理法》第三条第二款规定："单位和个人使用海域，必须依法取得海域使用权。"第十九条规定："海域使用申请人自领取海域使用证书之日起才取得海域使用权。"国家海洋局制定的《海域使用权管理规定》第二条规定："海域使用权的申请审批、招标、拍卖、转让、出租和抵押，适用本规定。"第四十三条规定："海域使用权出租、抵押的，双方当事人应当到原登记机关办理登记手续。"第四十八条规定："未经登记擅自出租、抵押海域使用权，出租、抵押无效。"根据上述规定，任何单位和个人使用海域均应自领取《海域使用权证书》之日起才取得海域使用权，通过出租取得海域使用权的应当到登记机关办理登记手续，否则出租无效。马某乐等五人使用的海域系其自梁某某处承包而来，梁某某则是通过青岛某某水产开发公司承包而来，但涉案争议海域只有部分登记在青岛某某水产开发公司名下，即使马某乐等五人在承包涉案海域时出租人有合法的海域使用权，马某乐等五人使用涉案海域也因未在登记机关办理出租登记而无效。因此，马某乐等五人使用涉案海域不符合法律规定。《渔业法》第十一条规定："单位和个人使用国家规划确定用于养殖业的全民所有的水域、滩涂的，使用者应当向县级以上地方人民政府渔业行政主管部门提出申请，由本级人民政府核发养殖证，许可其使用该水域、滩涂从事养殖生产。"养殖证是单位或个人使用水域、滩涂从事养殖生产活动的法律凭证，未依法取得养殖证就不享有使用水域、滩涂从事养殖生产的权利，其使用权不受法律保护。马某乐等五人在涉案海域进行养殖未取得养殖证，其在涉案海域进行养殖的行为不受法律保护。综上，马某乐等五人未能提供合法有效的《海域使用权证书》和《养殖证书》，原审法院认定马某乐等五人主张养殖行为合法不成立是正确的。

关于第二个焦点问题。此案中，马某乐等五人委托山东某海事司法鉴定所对养殖物致损的原因进行了鉴定，鉴定结论为马某乐等五人养殖区域内养殖物的非正常死亡与某港区建设有关。山东某海事司法鉴定所的司法鉴定许可证书记载其鉴定业务范围包括海水养殖司法鉴定，鉴定报告署名的三位鉴定人员也具备海事司法鉴定的资质，鉴定进行了现场取样，该鉴定报告得出的结论应予采信。马某乐等五人在涉案海域进行养殖的行为虽然不符合法律规定，但渔业生产本身并非法律禁止的危害社会公共利益的行为，无证养殖并不意味着养殖户的财产毫无法律上的权利，他人非法侵害时仍应承担赔偿责任。某港区进行施工虽然经过环境影响评价，但是否是严格按照标准进行的施工无法予以证明，爆破、疏浚、底泥抛填等施工行为必然导致泥沙悬浮的增加，引起水质的变化，导致海水污染，造成马某乐等五人所在养殖区域存在养殖物死亡的情况，因此，侵权人应当承担相应的赔偿责任。某某工程公司及某某航道局是在某港区施工的两家单位，作为施工方应当为直接侵权人，上述两单位分别实施侵权行为，每个单位的施工行为均足以造成该损害结果，因此上述两单位应承担连带赔偿责任。青岛某公司作为建设单位，负责工程的发包等事项，并不直接参与施工，因此青岛某公司并非侵权人，马某乐等五人要求青岛某公司承担连带责任无法律依据，对马某乐等五人的该项诉讼请求不应予以支持。

关于第三个焦点问题。《海域使用管理法》第一条规定："为了加强海域使用管理，维护国家海域所有权和海域使用权人的合法权益，促进海域合理开发和可持续利用，制定本法。"《渔业法》第一条规定："为了加强渔业资源的保护、增殖、开发和合理利用，发展人工养殖，保障渔业生产者的合法权益，促进渔业生产的发展，适用应社会主义建设和人民生活的需要，特制定本法。"因此，法律的宗旨既鼓励利用海洋资源发展生产，又要求加强环境保护、资源管理。行政机关颁发海域使用权证和养殖证，即是将渔业生产行为纳入国家的监督管理，保护海洋环境资源。马某乐等五人未取得海域使用权证和养殖证，就有可能脱离国家有关部门的监督管理，违背制定法律的目的，其养殖利益不能与合法养殖行为受同等法律保护，法律只应保护其在养殖区域投入的养殖成本。某某工程公司及某某航道局的施工行为引起涉案海域的海水水质发生变化，造成环境污染，导致马某乐等五人的养殖物死亡，某某工程公司及某某航道局作为侵权人应当承担赔偿责任。原审法院根据鉴定报告确定的死亡率，并参照马某乐等五人历年购买苗种的价格，确定马某乐等五人投入苗种的损失为1 587 273.21元并无不当。马某乐等五人承包涉案海域不受法律保护，其主张将承包费计入成本不予支持。鉴定费属于马某乐等五人举证所发生的费用，也不应计入养殖成本。马某乐等五人主张人工造礁费，但未提供证据证明人工造成礁所发生的成本，对此二审法院亦不予支持。因此，某某工程公司与某某航道局应连带赔偿马某乐等五人养殖成本的损失1 587 273.21元。

综上，原审法院认定马某乐等五人养殖行为不合法，某某工程公司及某某航道局连带赔偿马某乐等五人的损失并无不当。青岛某公司并非侵权人，原审判定其与施工单位承担连带责任不当，应予纠正。

根据《侵权责任法》（已被《民法典》废止）第十一条、第六十五条，《民事诉讼法》第一百七十条第一款第二项之规定，作出判决如下：1. 撤销法院（2012）青海法海事初字第×号民事判决；2. 某某工程公司与某某航道局连带赔偿马某乐、张某旺、马某科、张某布、马某伦养殖损失1 587 273.21元，于判决生效后十日内付清；3. 驳回马某乐等五人的其他诉讼请求。

三、司法案例类案甄别

（一）事实对比

案例一：何某堂等人合伙经营位于某县某镇某海域的312亩文蛤养殖场。2003年11月中旬何某堂等人的文蛤大量死亡。11月25日，环境监测中心监测结果显示：某鑫公司排放的污水严重超标。2004年1月8日，渔业环境监测中心作出的《渔业污染事故调查鉴定报告书》表明，涉案海域受到了外来污染物的污染。同年5月10日，广西壮族自治区水产局渔政处所作的《广西某县某镇养殖文蛤受污染事件结论》认为，2003年11月期间，某县某镇文蛤养殖场文蛤死亡原因系某鑫公司排放严重超过国家规定排放标准的污水所致，造成文蛤死亡损失2 118 000公斤，直接经济损失不低于931.92万元。何某堂等人据此向某市海事法院提起诉讼。法院查明，何某堂等人没有养殖证，且海域使用许可证也已过期。

案例二：王某荣等21人均未取得《养殖许可证书》，21人中仅有吕某鹏、张某、张某荣3人取得《海域使用权证书》，但均于污染事故发生前到期。同时，《海域使用权证书》的"发证机关"某市人民政府的信访事项复核复查办公室以及"填证机关"某市国土资源管理局亦出具意见，确定王某荣等21人的养殖系非法养殖。2010年8月2日上午，某海域海水出现异常。当日11时30分，某市环境保护局接到举报，安排环境监察、监测人员，协同某市相关人员到达现场，对海岸情况进行巡查。根据现场巡查情况，海水呈红褐色且浑浊。某市环境保护局的工作人员同时对海水进行取样监测，并于8月3日作出《监测报告》，对海水水质进行分析，分析结果显示海水pH值8.28、悬浮物24 mg/L、石油类0.082 mg/L、铁13.1 mg/L。

案例三：在此案中，1. 马某乐等五人自身并不具有养殖许可证和海域使用证；2. 马某乐等五人是基于与梁某某签订的浅海增殖区转让协议实际使用涉案海域，马某乐等五人提供了两份《中华人民共和国水域滩涂养殖许可证》申请表，但两申请表并非行政主管部门颁发的《养殖许可证书》，而且其中载明的申请使用期限已经在2006年之前到期，马某乐等五人与其他养殖户所主张实际使用的与该两份申请表有关的海域远超申请表中载明的面积，因此马某乐等五人并未能提供涉案海域的合法养殖许可；3. 马某乐等五人主张涉案海域具有《海域使用权证书》，但并未就此举证；4. 即使涉案海域具有《海域使用权证书》，但因马某乐等五人自始至终未能提供《养殖许可证》，亦不能认定养殖合法。

（二）适用法律对比

案例一：《中华人民共和国民法通则》（已被《民法典》废止）第一百一十七条规定："损坏国家的、集体的财产或者他人财产的，应当恢复原状或者折价赔偿"。第一百二十四条规定："违反国家保护环境防止污染的规定，污染环境造成他人损害的，应当依法承担民事责任"。第一百三十一条规定："受害人对于损害的发生也有过错的，可以减轻侵害人的民事责任"。《环境保护法》（1989年版，已于2014年修订）第四十一条第一款规定："造成环境污染危害的，有责任排除危害，并对直接受到损害的单位或者个人赔偿损失"。依照上述规定，经法院审判委员会讨论决定，判决被告赔偿原告文蛤苗种损失 300 484 元。

案例二：《海洋环境保护法》（1999 年修正，已修改）第九十五条明确规定，只要行为人将物质或者能量引入海洋造成损害，即视为污染；《侵权责任法》（已被《民法典》废止）第六十五条亦未将环境污染责任限定为排污超过国家标准或者地方标准。故，无论国家或地方标准中是否规定了某类物质的排放控制要求，或排污是否符合国家或地方规定的标准，只要能够确定污染行为造成环境损害，行为人就必须承担赔偿责任。根据《海域使用管理法》和《渔业法》的相关规定，个人使用海域进行养殖的，必须依法取得《海域使用权证书》和《养殖许可证书》。此案中，王某荣等 21 人均未取得《养殖许可证书》，21 人中仅有吕某鹏等 3 人取得《海域使用权证书》，但均于污染事故发生前到期。同时，《海域使用权证书》的"发证机关"某市人民政府的信访事项复核复查办公室以及"填证机关"某市国土资源管理局亦出具意见，确定王某荣等 21 人的养殖系非法养殖。据此，应认定王某荣等 21 人的养殖行为不具有合法性。在此情形下，王某荣等 21 人养殖损害的赔偿范围应仅限于成本损失，对其主张的收入损失，不应予以支持。

案例三：《海域使用管理法》第三条对单位和个人使用海域，规定了必须依法取得海域使用权，即应取得海域使用权证。《渔业法》第十一条对单位和个人使用国家规划确定用于养殖业的全民所有的水域、滩涂的，规定了应取得使用该水域、滩涂从事养殖生产的许可，即取得养殖证。根据《海洋环境保护法》（1999 年修正，已修改）第九十五条的规定，"海洋环境污染损害，是指直接或者间接地把物质或者能量引入海洋环境，产生的损害海洋生物资源、危害人体健康、妨害渔业和海上其他合法活动、损害海水使用素质和减损环境质量等有害影响。"在此案中，涉案工程建设、施工项目，必然会将物质和能量引入海洋环境。根据《侵权责任法》（已被《民法典》废止）第六十五条的规定，"因污染环境发生纠纷，污染者应当就法律规定的不承担责任"以及该法第六十六条的规定，"因污染环境发生纠纷，污染者应当就法律规定的不承担责任或者减轻责任的情形及其行为与损害之间不存在因果关系承担举证责任。"在此案中，马某乐等五人已经举证证明三被告的污染行为以及损害事实，但三被告并未能够有效证明其存在不承担责任或减轻责任的情形，也未能有效证明其行为与损害之间不存在因果关系，故在建设施工过程中产生污染造成损害的事实成立，理应承担侵权责任。因三被告系共同侵权，故应承担连带责任。但是，由于马某乐等五人未能有效证明其养殖行为的合法性，故在本案中只对其养殖成本 1 587 273.21 元予以保护，对其他诉请金额，不予支持。

（三）类案数据分析

截至 2024 年 1 月 26 日，以"海洋生态环境损害""无证养殖""赔偿"为关键词，通过公开案例库共检索出类案 77 件。

从地域分布来看，当前案例主要集中在山东省、江苏省、浙江省，其中山东省的案件量最多，达到 27 件。

从案由分类情况来看，当前最主要的案由是民事，有 53 件；其次是行政，有 15 件；最后是刑事，有 8 件。

从行业分类情况来看，当前的行业分布主要集中在建筑业，有 15 件；租赁和商务服务业，有 12 件；农、林、牧、渔业，有 8 件；电力、热力、燃气及水生产和供应业，有 6 件；金融业，有 4 件。

从审理程序分布情况来看，一审案件有 35 件，二审案件有 38 件，再审案件有 1 件，国家赔偿案件有 2 件。

四、类案裁判规则的解析确立

根据《海域使用管理法》第三条第二款规定："单位和个人使用海域，必须依法取得海域使用权"以及《渔业法》的相关规定，个人使用海域进行养殖的，必须依法取得《海域使用权证书》和《养殖许可证书》。同时，根据《海域使用管理法》第十九条规定："海域使用申请人自领取海域使用证书之日起才取得海域使用权。"国家海洋局制定的《海域使用权管理规定》第二条规定："海域使用权的申请审批、招标、拍卖、转让、出租和抵押，适用本规定。"第四十三条规定："海域使用权出租、抵押的，双方当事人应当到原登记机关办理登记手续。"第四十八条规定："未经登记擅自出租、抵押海域使用权，出租、抵押无效。"根据上述规定，任何单位和个人使用海域均应自领取《海域使用权证书》之日起才取得海域使用权，通过出租取得海域使用权的应当到登记机关办理登记手续，否则出租无效。故养殖户以海上污染主张养殖损害经济损失，需要持有合法有效的养殖许可证和海域使用证，以证明养殖的合法性。法律的宗旨既鼓励利用海洋资源发展生产，又要求加强环境保护、资源管理。行政机关颁发海域使用权证和养殖证，即是将渔业生产行为纳入国家的监督管理，保护海洋环境资源。如没有《养殖许可证书》和《海域使用权证书》，则属于非法养殖，在此情况下取得的养殖收益不能受到法律保护。

但是，由于进行非法养殖的人对其购买的养殖苗种具有合法的财产权益，该合法权益不应因养殖行为的违法性而丧失，应予以一定程度的法律保护。因污染环境发生的纠纷，污染者应当就法律规定的不承担责任或减轻责任的情形及其行为与损害之间不存在因果关系承担举证责任。如污染者未能够有效证明其存在不承担责任或减轻责任的情形，也未能有效证明其行为与损害之间不存在因果关系，故污染造成损害的事实成立，理应承担侵权责任。

综上，因海洋生态环境损害使养殖者遭受损失，养殖者可凭养殖证申请补偿或索取赔偿；无证养殖并不意味着养殖户的财产毫无法律上的权利，法律保护其在养殖区域投入的养殖成本，他人在非法侵害时仍应承担赔偿责任。这一原则的确立既体现了无证养殖的法律后果，也体现了非法侵害他人财产权的法律责任，充分诠释了既要鼓励合法利用海洋资源发展生产，也要大力加强环境保护和资源管理的法律宗旨。

五、关联法律法规

（一）《中华人民共和国海域使用管理法》（2002年1月1日施行）

第三条　海域属于国家所有，国务院代表国家行使海域所有权。任何单位或者个人不得侵占、买卖或者以其他形式非法转让海域。

单位和个人使用海域，必须依法取得海域使用权。

（二）《中华人民共和国渔业法》（2013年修正）

第十一条　国家对水域利用进行统一规划，确定可以用于养殖业的水域和滩涂。单位和个人使用国家规划确定用于养殖业的全民所有的水域、滩涂的，使用者应当向县级以上地方人民政府渔业行政主管部门提出申请，由本级人民政府核发养殖证，许可其使用该水域、滩涂从事养殖生产。核发养殖证的具体办法由国务院规定。

集体所有的或者全民所有由农业集体经济组织使用的水域、滩涂，可以由个人或者集体承包，从事养殖生产。

（三）《中华人民共和国海洋环境保护法》（2023年修订）

第一百二十条　本法中下列用语的含义是：

（一）海洋环境污染损害，是指直接或者间接地把物质或者能量引入海洋环境，产生损害海洋生物资源、危害人体健康、妨害渔业和海上其他合法活动、损害海水使用素质和减损环境质量等有害影响。

……

（四）《中华人民共和国民法典》（2021年1月1日施行）

第一千二百二十九条　因污染环境、破坏生态造成他人损害的，侵权人应当承担侵权责任。

第一千二百三十条　因污染环境、破坏生态发生纠纷，行为人应当就法律规定的不承担责任或者减轻责任的情形及其行为与损害之间不存在因果关系承担举证责任。